21世纪普通高等教育规划教材·市场营销系列

市场营销理论与实务

陈子清　主编

上海财经大学出版社

图书在版编目(CIP)数据

市场营销理论与实务/陈子清主编. —上海:上海财经大学出版社,
2018.5
(21世纪普通高等教育规划教材·市场营销系列)
ISBN 978-7-5642-3036-4/F·3036

Ⅰ.①市… Ⅱ.①陈… Ⅲ.①市场营销学-高等学校-教材
Ⅳ.①F713.50

中国版本图书馆CIP数据核字(2018)第119048号

□ 责任编辑　袁　敏
□ 封面设计　晨　宇

市场营销理论与实务

陈子清　主编

上海财经大学出版社出版发行
(上海市中山北一路369号　邮编200083)
网　　址:http://www.sufep.com
电子邮箱:webmaster@sufep.com
全国新华书店经销
上海宝山译文印刷厂印刷装订
2018年5月第1版　2018年5月第1次印刷

787mm×1092mm　1/16　11.25印张　288千字
印数:0 001—4 000　定价:33.00元

21世纪普通高等教育规划教材

编委会

总策划 宋 谨

编 委 （排名不分先后）

石永恒	清华大学	韩冬芳	山西大学商务学院
郑甘澍	厦门大学	何传添	广东外语外贸大学
吴 迪	上海交通大学	吴建斌	南京大学
张一贞	山西财经大学	张中强	西南财经大学
江 林	中国人民大学	梁莱歆	中南大学
施 娟	吉林大学	余海宗	西南财经大学
吴国萍	东北师范大学	关玉荣	渤海大学
胡大立	江西财经大学	曹 刚	湖北工业大学
彭晓洁	江西财经大学	孟 昊	天津财经大学
袁崇坚	云南大学	齐 欣	天津财经大学
李少惠	兰州大学	张颖萍	渤海大学
黎江虹	中南财经政法大学	吴开松	中南民族大学
罗昌宏	武汉大学	杜江萍	江西财经大学
徐艳兰	中南财经政法大学	盛洪昌	长春大学
吴秋生	山西财经大学	刘丁酉	武汉大学
闫秀荣	哈尔滨师范大学	刘继森	广东外语外贸大学
姚晓民	山西财经大学	张慧德	中南财经政法大学
夏兆敢	湖北工业大学	屈 韬	广东商学院
安 烨	东北师范大学	尤正书	湖北大学
张昊民	上海大学	胡放之	湖北工业大学
黄金火	湖北经济学院	李文新	湖北工业大学
李会青	山西大学商务学院	张 洪	武汉理工大学
任月君	东北财经大学	夏 露	湖北工业大学
蒲清泉	贵州大学	牛彦秀	东北财经大学

前　言

市场营销学是一门建立在经济科学、行为科学和现代管理理论基础上的应用学科。市场营销理论、方法和技巧已广泛应用于经济和社会生活的各个方面。近年来，根据市场人才需求信息统计，社会急需大批既懂市场营销理论又能很好地进行市场营销运作的高素质技能人才。本书是为培养应用型专业人才的教学需要编写而成的。

本人从事市场营销专业教学已有三十多年，根据丰富的教学实践经验，结合社会实际编写了本书。本书的最大特点是在保证市场营销理论体系完整性的基础上，着重突出针对性、通俗性、实用性、可操作性、前瞻性等特点。每章都设有引例、思考题、案例讨论和课后实践项目，使学生在系统掌握现代市场营销理论的基础上，提高营销实践的应用能力。

在本书的编写过程中参阅了大量的文献资料，借鉴了国内外营销学者的部分最新研究成果，除了在文中注明出处之外，其余部分尽可能地在参考文献中列出。在此，向营销学界的众多专家、学者及作者致谢！

由于编者水平有限，本书难免存在不足之处，恳请广大读者批评、指正。

编　者
2018 年 3 月

目 录

前言

第一章 绪论
引例 ……… 1
第一节 市场与市场营销 ……… 3
第二节 市场营销学概述 ……… 6
第三节 市场营销观念 ……… 9
   思考题 ……… 13
   案例讨论 ……… 13
   课后实践 ……… 14

第二章 市场营销环境
引例 ……… 15
第一节 营销环境概述 ……… 16
第二节 宏观营销环境 ……… 18
第三节 微观营销环境 ……… 23
第四节 环境分析与营销对策 ……… 26
   思考题 ……… 28
   案例讨论 ……… 29
   课后实践 ……… 29

第三章 消费者购买行为分析
引例 ……… 31
第一节 消费者需要 ……… 33
第二节 消费者购买动机 ……… 36

第三节　影响消费者购买行为的主要因素分析 ……… 40
第四节　消费者购买决策过程 ……… 42
　思考题 ……… 44
　案例讨论 ……… 44
　课后实践 ……… 45

第四章　市场营销调研

引例 ……… 47
第一节　市场营销调研 ……… 47
第二节　市场营销预测 ……… 52
　思考题 ……… 56
　案例讨论 ……… 56
　课后实践 ……… 57

第五章　目标市场选择

引例 ……… 58
第一节　市场细分 ……… 60
第二节　目标市场 ……… 63
第三节　市场定位 ……… 66
　思考题 ……… 69
　案例讨论 ……… 70
　课后实践 ……… 74

第六章　产品策略

引例 ……… 75
第一节　产品概念、分类及产品组合 ……… 77
第二节　产品生命周期 ……… 82
第三节　新产品开发策略 ……… 85
第四节　品牌策略 ……… 88
第五节　包装策略 ……… 90
　思考题 ……… 93
　案例讨论 ……… 94
　课后实践 ……… 99

第七章　定价策略

引例 …… 100
第一节　影响定价的主要因素 …… 101
第二节　企业定价方法 …… 103
第三节　定价的基本策略 …… 105
　思考题 …… 108
　案例讨论 …… 108
　课后实践 …… 109

第八章　分销策略

引例 …… 110
第一节　分销渠道及其类型 …… 111
第二节　批发商与零售商 …… 114
第三节　分销渠道策略与管理 …… 119
　思考题 …… 127
　案例讨论 …… 127
　课后实践 …… 130

第九章　促销策略

引例 …… 132
第一节　促销与促销组合 …… 135
第二节　人员推销策略 …… 138
第三节　广告策略 …… 141
第四节　销售促进策略 …… 145
第五节　公共关系策略 …… 148
　思考题 …… 150
　案例讨论 …… 151
　课后实践 …… 152

第十章　市场营销的新概念

引例 …… 153
第一节　新媒体营销 …… 153
第二节　体验营销 …… 156
第三节　绿色营销 …… 159

第四节　整合营销 ……160
第五节　关系营销 ……162
　　思考题 ……164
　　案例讨论 ……164
　　课后实践 ……166

参考文献

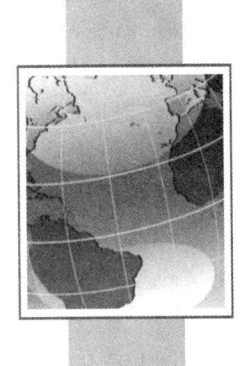

第一章
绪　论

引例

"海尔现象"启示中国智造互联网转型之路

"曾几何时,说起中国产品就是质次价低的代名词。"这是 2015 年 4 月 8 日播出的《焦点访谈》对中国品牌认知的评价。

的确,在相当长一段时间内,中国制造在国际市场上缺乏强有力的品牌,大多数企业也缺少建立自主品牌的意识与决心,这成为中国制造向中国创造转型的最大障碍。目前中国制造业面临的这一困境引起了众多中央级媒体的集体关注与反思,众多媒体纷纷推出"中国品牌"的专题报道,对海尔、阿里巴巴等全球知名的中国品牌进行深入报道研究,以期为中国制造业的创牌之路提供借鉴。

作为中国企业"走出去"的典型代表,海尔成为此次中央级媒体集中关注报道的焦点,《人民日报》、《新闻联播》、《焦点访谈》、新华社、《经济日报》等权威媒体均进行了集中关注,深入探究了海尔的全球创牌之道。在谈到海尔的创牌成效时,《人民日报》撰文指出,"从'产品走出去'到'企业走出去',海尔集团用十几年时间,走出了一条从中国名牌到世界品牌的道路"。

海尔让中国品牌享誉全球

权威市场调研机构欧睿国际的调研报告显示,中国制造的产量在全球占比高达 40.5%,但中国品牌的海外占比却仅有 2.9%。这一数据真切地反映了当前中国制造在全球市场缺乏自主品牌的困境。

这就难怪《焦点访谈》栏目在开篇指出,在全球经济一体化的背景下,中国经济要发展就必须融入全球市场参与国际竞争,而要参与竞争,除了产品的质量、价格、服务之外,品牌也是产品竞争力的重要组成部分。该栏目同时指出,以海尔为代表的很多中国企业经过艰苦努力,顽强攻关,终于赢得了国际市场的认可。

作为最早以自主品牌进入全球市场的中国企业,海尔集团在自主品牌建设方面探索出一个非常独特的方式。2015 年 4 月 9 日,中央电视台《新闻联播》栏目以《海尔:在世界家电市场争夺自己的领地》为标题对这一模式进行了重点报道。报道指出,海尔品牌是我国最早获得国际认可的家电品牌,经过多年努力,海尔的冰箱、洗衣机、空调等产品销售到全球 100 多个国家和地区。

一个颇值得关注的现象是,在巴黎市中心玛德莱娜广场的达蒂(Darty)商场,最贵的冰箱就是海尔的。2015年1~2月的出口数据显示,在整个家电行业平均单价同比下降4%的情况下,海尔却实现了29%的逆势增长。对此,《人民日报》评论认为,目前海尔在发达国家已初步树立了中高端形象。

能够在海外市场不断向中高端转型,这得益于海尔在全球构建的三位一体战略布局,在这一布局下,企业能够快速把握不同地区的用户需求,并整合全球的一流创新资源来满足用户的需求。《经济日报》在评论这一发展模式时表示,这不仅支撑海尔在全球市场实现了稳步、快速发展,也为其成为知名国际品牌奠定了基础。

来自国际权威的品牌价值评测机构 Interbrand 和 Brand Z 的统计显示,2014 年度,海尔的品牌价值分别增长32%和34%,品牌总价值高达1 038亿元,居家电行业之首。

互联工厂探梦"中国制造2025"

"所谓互联网时代的名牌就是有多少用户能够跟着你。从用户来讲,就是我所有的需求在你这里都能得到实现。"在接受《新闻联播》栏目采访时,海尔集团董事局主席、首席执行官张瑞敏这样看待海尔的创牌之路。

在互联网时代,企业单纯依靠广告宣传等传统方式已经不能创造一个好的品牌,要创牌首先就是要创造用户,而要创造用户就必须能够具备满足用户日益个性化需求的能力。对海尔在互联网时代的转型之路,新华社给出了这样的评价,"海尔背后是'互联网+家电'的率先落地。经过十年探索,一个脱胎换骨、'互联味'十足的海尔呼之欲出"。

的确,如今海尔向互联网转型的步伐不断加快,这种转型集中体现在对个性化用户需求的满足上,在这方面海尔的实践就是坚定地探索互联工厂。《经济日报》在报道中指出,海尔探索互联工厂就是为充分满足全球用户的个性化需求,为此还创造性地建立了"全流程并联交互开放式创新生态体系",充分与用户、供应商、全球一流资源进行交互。在这个体系的指导下,海尔搭建了用户、供应商及一流资源并联交互产生创意及解决方案的研发模式。

事实上,互联工厂是支撑海尔大规模个性化定制的平台,是创新满足个性化用户需求的全新模式。据了解,从2012年开始,海尔便规划建设数字化互联工厂,通过对传统生产模式的颠覆与升级,打造按需设计、按需制造、按需配送的互联工厂体系,使整个制造过程实现高度的柔性,满足个性化定制的需求。目前,海尔已建成沈阳冰箱、郑州空调等4个全球领先的示范性互联工厂。

在探讨海尔的创新之路时,《光明日报》撰文指出,海尔转型升级的路径就是在建设互联工厂的同时,将企业由传统的管控组织改造成新型的创业平台,去掉过多的中间管理层,让一流的资源无障碍进入;让员工成为平台上的创业者,即"创客"。

在颠覆制造模式创新满足用户的个性化需求的同时,海尔的实践正在将"中国制造2025"理念变成现实,成为这一理念的坚定实践者。

海尔的创新实践取得了不俗的市场成效。欧睿国际发布的全球家电市场最新调查结果显示,目前海尔全球大型白电市场品牌份额率先突破两位数,达到10.2%,6次蝉联全球第一。

资料来源:新华科技,2015年4月15日。

【营销启示】 海尔成功转型升级说明,在互联网时代,传统的制造业要及时转变观念,颠覆和升级原有生产模式,打造按需设计、按需制造、按需配送的互联工厂体系,整合全球的一流创新资源,满足用户个性化的需求。

第一节　市场与市场营销

一、市场的概念和分类

(一)市场的概念

市场起源于古时人类对于固定时段或地点进行交易的场所的称呼,指买卖双方进行交易的场所。如我国《易·系辞下》所说的"日中为市,致天下之民,聚天下之货,交易而退,各得其所",就是对这种在一定时间和地点进行商品交易的市场的描述。

随着生产和社会分工的发展,商品交换日益频繁,市场的概念已从狭义的空间意义上的场所,逐步演变为广义的市场。特别是随着社会交往的网络虚拟化,市场不一定是真实的场所和地点,当今许多买卖都是通过计算机网络来实现的,中国最大的电子商务网站淘宝网就是提供交换的虚拟市场。因此,随着社会分工和市场经济的发展,市场的概念也在不断发展和深化,并在深化过程中体现出不同层次的多重含义。经济学家认为,市场是一个商品经济范畴,是商品内在矛盾的表现,是供求关系、商品交换关系的总和,是通过交换反映出来的人与人之间的关系。管理学家则侧重从具体的交换活动及其运行规律去认识市场。著名营销学者菲利普·科特勒(Philip Kotler)认为:"所谓市场,是指某种产品的实际购买者和潜在购买者的集合。"我们认为市场是在商品经济活动中,买方和卖方之间为满足需求及实现产品或服务价值,所形成的商品交换关系的总和。市场这一概念具有以下几层含义:

1. 市场是商品交换的场所。例如,在某些商品交换活动中会逐渐形成的固定交易场所,如集贸市场、建材市场、电脑大世界等。

2. 市场是某种商品或服务需求的总和。所谓需求,是指人们购买某产品或服务的货币支付能力,需求量一般用货币额来表示,某种商品的需求多少,就决定了某种商品市场的大小,没有需求就没有市场。当我们讲某地区的水果市场很大,即指该地区对水果的需求总和大,形成的市场规模大。

3. 市场是消费者、购买力和购买欲望的有机统一体。菲利普·科特勒认为:"市场由一切具有特定需求和欲望,并且愿意和可能通过交换来使需求和欲望得到满足的潜在顾客所组成。市场规模取决于具有这种需要及支付能力,并且愿意进行交换的人的数量。"因此,在现实中,市场必须具备以下三个要素,即购买者的数量、购买欲望和购买力。购买者的数量是形成市场的基础,购买欲望是进行交换活动的前提,购买力是形成现实的市场的必要条件,三者缺一不可,只有当这三个要素结合在一起时才能促成交易行为。营销市场的三要素决定了市场规模,决定了市场的基本状况及其发展变化。

4. 市场是指一切商品交换关系的总和。市场构成的主体包括买方和卖方,客体即用于交换的商品。人们通常把卖方的总和称为行业,而将买方的总和称为市场。伴随商品从卖方转移到买方,资金从买方转移到卖方,同时实现信息在买卖双方之间双向传递。市场即是买方和卖方之间产品所有权关系、资金关系、信息关系等的总和。简单的市场营销系统模型如图1-1所示。

(二)市场的分类

市场可以按各种分类方法分为以下类型:

1. 按市场区域划分,可以分为国际市场与国内市场。例如,我国发布对外贸易统计数据

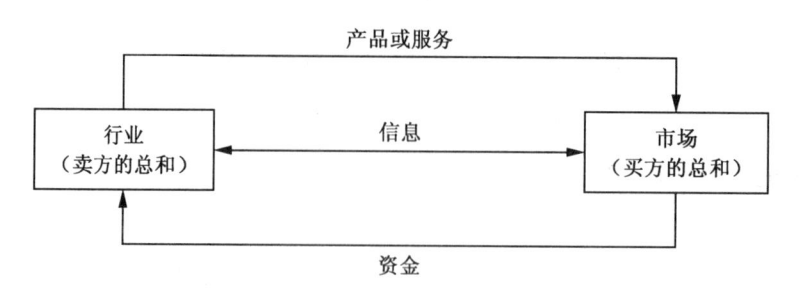

图1-1 简单的市场营销系统模型

时,常将国际市场划分为亚洲市场、西欧市场、东欧市场、北美市场、南美市场、非洲市场、澳洲市场、拉丁美洲市场。国内市场又可以划分为城市市场和农村市场等。

2. 按商品流通环节划分,可以分为批发市场和零售市场。零售市场又分为超级市场、连锁店、百货公司、专业批发市场、商业贸易中心、集市贸易市场、杂货店等。

3. 按商品的性质和用途划分,市场可以分为生活资料市场和生产资料市场,或消费品市场和工业品市场,又称消费者市场和组织市场。具体分类如图1-2所示。

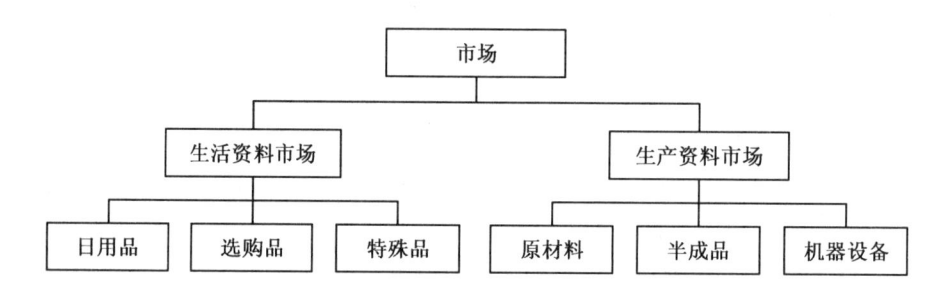

图1-2 生活资料市场和生产资料市场

生活资料市场是为最终消费者服务的,即满足个人或家庭生活的需要。通常又将消费品划分为日用品、选购品和特殊品。日用品是消费者在日常生活中需要经常购买的商品,如食品、日用百货等;选购品一般指消费者在购买时对商品质量、价格、式样、品牌等要进行反复选择和比较才决定购买的商品,如服装、化妆品、家用电器等;特殊品主要指高档消费品,如高档电器、珠宝首饰、住房、小汽车等。消费品市场是一切商品市场的出发点和归宿点,它最终决定了工业品市场的需求水平。其主要特点是消费者需求差异大、购买金额小、购买次数多、购买动机复杂。

生产资料市场是为生产服务的市场,生产资料包括原材料、半成品和零部件、机器设备等。生产资料市场是消费品市场的派生市场,因工业产品的技术含量较高,其购买是一种专家购买行为,参与决策的人较多,决策时间长,购买频率低,一次性购买金额大,同时需要较强的售前和售后服务。

二、市场营销的定义

伴随着营销理论和实践的不断发展创新,市场营销的概念在不同时期有着不同的表述。如美国市场营销协会(AMA)在1960年的定义是:"市场营销是引导货物或劳务从生产者流向消费者或用户所进行的一切企业活动。"这一定义将市场营销界定为商品流通过程中的企业活动。在此定义下,"营销"等同于"销售",它只是企业在产品生产出来以后,为产品的销售而做出的各种努力。1985年美国市场营销协会重新界定了市场营销的定义:"市场营销是计划和执行关于产品、服务和创意的构想、定价、促销和分销的过程,目的是完成交换并实现个人及组织的目标。"根据这一定义,市场营销活动已经超越了流通过程,是一个包含了分析、计划、执行与控制等活动的营销管理过程。2004年8月,美国市场营销协会在营销教学者研讨会上公布了市场营销的新定义:"市场营销既是一种组织职能,也是为了组织自身及利益相关者的利益而创造、传播、维系顾客价值以及管理客户关系的一系列过程。"

菲利普·科特勒对市场营销的定义是:"市场营销是个人和群体通过创造并同他人交换产品和价值以满足需求和欲望的社会过程和管理过程。"根据这一定义,可以将市场营销概念具体归纳为以下要点:

1. 市场营销的最终目标是"使个人或群体满足需求和欲望"。企业必须通过满足顾客的需求来实现企业的经营目标。

2. "交换"是市场营销的核心。人们通过自给自足或自我生产方式,或通过偷抢方式,或通过乞求方式获得产品都不是市场营销,只有通过等价交换,买卖双方彼此获得所需的产品,才产生市场营销。可见,交换是市场营销的核心概念。交换过程是一个主动、积极寻找机会来满足双方需要和欲望的过程。

3. 营销是一种创造性的实践活动。一方面要探求寻找已存在的需求并满足它,同时激发和解决顾客并未提出的潜在的需求。

4. 营销是一个系统化的管理过程。它包括收集信息、市场调研、分析市场机会、选择目标市场、设计开发新产品、定价、渠道选择、广告、促销活动等系列活动。

5. 营销是企业参与社会的纽带。企业在开展经营和营销活动的同时要兼顾和权衡企业利益、顾客需要和社会利益。

小案例

宝洁公司和一次性尿布

1956年,宝洁公司开发部主任维克·米尔斯在照看其出生不久的孙子时,深切感受到一篮篮脏尿布给家庭主妇带来的烦恼。洗尿布的责任给了他灵感。于是,米尔斯就让手下几个最有才华的人研究开发一次性尿布。

一次性尿布的想法并不新鲜。事实上,当时美国市场上已经有好几种牌子了。但市场调研显示:多年来这种尿布只占美国市场的1%。原因首先是价格太高,其次是父母们认为这种尿布不好用,只适合在旅行或不便于正常换尿布时使用。调研结果:一次性尿布的市场潜力巨大。美国和世界许多国家正处于战后婴儿出生高峰期。将婴儿数量乘以每日平均需换尿布次数,可以得出一个大得惊人的潜在销量。宝洁公司产品开发人员用了一年的时间,最初样品是在塑料裤衩里装上一块打了褶的吸水垫子。但在1958年夏天现场试验结果,除了父母们的否定意见和婴儿身上的痱子以外,一无所获。

1959年3月,宝洁公司重新设计了它的一次性尿布,并在实验室生产了37 000个样品,拿到纽约州去做现场试验。这一次,有2/3的试用者认为该产品胜过布尿布。降低成本和提高新产品质量,比产品本身的开发难度更大。到1961年12月,这个项目进入了能通过验收的生产工序和产品试销阶段。

公司选择地处美国最中部的城市皮奥里亚试销这个后来被定名为"娇娃"（Pampers）的产品。发现皮奥里亚的妈妈们喜欢用"娇娃"，但不喜欢10美分一片尿布的价格。在6个地方进行的试销进一步表明，定价为6美分一片，就能使这类新产品畅销。宝洁公司把生产能力提高到使公司能以该价格在全国销售"娇娃"尿布的水平。

"娇娃"尿布终于成功推出，直至今天仍然是宝洁公司的拳头产品之一。

小链接

菲利普·科特勒

菲利普·科特勒（Philip Kotler）博士生于1931年，是现代营销集大成者，被誉为"现代营销学之父"，现任西北大学凯洛格管理学院终身教授，他具有麻省理工学院的博士、哈佛大学博士后以及苏黎世大学等其他8所大学的荣誉博士学位。他亦曾担任许多跨国企业的顾问，包括IBM、通用电气、AT&T、默克、霍尼韦尔、美洲银行、北欧航空等。此外，他还曾担任美国管理学院主席和美国营销协会董事长。

科特勒博士出版了许多经典的著作，主要有《营销学原理》、《营销管理》、《非营利机构营销学》、《新竞争》、《国际营销》、《营销典范》、《社会营销》、《旅游市场营销》、《市场专业服务》和《水平营销》，最新出版著作为《亚洲新定位》和《营销亚洲》。其中许多著作都被翻译为20多种语言，被全球的营销人士视为营销宝典，《营销管理》一书更是被奉为营销学的圣经。

科特勒博士一直致力于营销战略与规划、营销组织、国际市场营销及社会营销的研究，他的最新研究领域包括：高科技市场营销，城市、地区及国家的竞争优势研究等。他创造的一些概念，如"反向营销"和"社会营销"等，被人们广泛应用和实践。

资料来源：根据百度百科相关资料整理。

第二节 市场营销学概述

市场营销学（Marketing）又称为市场学、市场行销或行销学。"Marketing"包含两种含义：一种是动词理解，指企业的具体活动或行为，这时称之为市场营销；另一种是名词理解，指研究企业的市场营销活动或行为的学科，称之为市场营销学。

美国著名营销学家菲利普·科特勒在《市场营销学原理》序言中指出："市场营销学是一门建立在经济科学、行为科学、现代管理理论之上的应用科学。"因为"经济科学提醒我们，市场营销是用有限的资源通过仔细分配来满足竞争的需要；行为科学提醒我们，市场营销学涉及谁购买、谁组织，因此，必须了解消费者的需求、动机、态度和行为；管理理论提醒我们，组织如何才能更好地管理其营销活动，以便为顾客、社会及自己创造效用"。

一、市场营销学的形成和发展

市场营销学（Marketing）于20世纪初期产生于美国。随着社会经济及市场经济的发展，市场营销学发生了根本性的变化，从传统市场营销学演变为现代市场营销学，其应用从营利组织扩展到非营利组织。当今，市场营销学已成为同企业管理相结合，并同经济学、行为科学、人类学、数学等学科相结合的应用管理学科。

西方市场营销学的产生与发展同商品经济的发展、企业经营哲学的演变是密切相关的。市场营销学自20世纪初诞生以来，其发展经历了四个阶段：

第一阶段：初创阶段。19世纪末20世纪初，各主要资本主义国家经过工业革命，生产迅速发展，生产效率大为提高，生产能力的增长速度超过市场需求增长的速度。在这种情况下，一些企业主开始重视商品推销和刺激需求，注重研究推销术和广告术。与此同时，一些经济学者根据企业销售实践的需要，着手从理论上研究商品销售问题。1912年，美国哈佛大学教授赫杰特齐(J. E. Hegerty)通过走访企业主，了解他们如何进行市场营销活动，写出了第一本以"marketing"命名的教科书。这本书的问世，被视为市场营销学作为一门独立学科出现的里程碑。此后，美国的一些大学陆续开设了市场营销学课程。在这个时期，市场营销的研究内容着重推销术和广告术，没有出现现代市场营销的理论、概念和原则，营销理论还没有得到社会和企业界的重视。

第二阶段：发展阶段。20世纪20年代至第二次世界大战结束期间，市场营销理论研究开始走向社会，被广大企业界所重视。1929～1933年的资本主义经济危机，震撼了各主要资本主义国家。由于严重的生产过剩，商品销售困难，工商企业纷纷倒闭。企业的首要问题不是怎样扩大生产和降低成本，而是如何把产品卖出去。企业家们开始研究市场营销活动，一些经济学家和企业家相继建立了一系列组织，深入研究市场营销学。1931年，在全美市场学和广告学教员协会的基础上，成立了美国市场营销协会(American Marketing Association，简称A. M. A)。这个协会在全国设有几十个分会，从事市场营销的研究和培训企业销售人才，并参与企业经营决策。至此，市场营销从大学的讲坛走向了社会，进入了应用阶段。但这时市场营销的研究，仍然局限于推销商品的组织机构和推销策略，还没有超越商品流通的范围。

第三阶段：革命阶段。20世纪50年代至80年代为市场营销学的革命阶段。第二次世界大战以后，以美国为代表的一些发达的资本主义国家，把战争期间发展起来的军事工业转向民用。同时，随着科学技术的迅速发展，生产力水平大大提高，产品数量急剧增加，商品供过于求的矛盾严重困扰着企业。在这种形势下，政府实行了高工资、高福利、高消费的政策，想以此来刺激购买力，保持供求平衡，借以缓和生产过剩的经济危机。面对竞争更激烈的买方市场，建立在卖方市场研究基础上的、以商品推销术为主的市场营销学就很难适应企业的需要。一些市场营销专家和企业家纷纷对过去的市场营销提出了批评。于是，许多市场营销学者从不同角度提出了以消费者需求为中心的新的市场理论，代替以产品为中心的旧的市场理论，认为应该把市场作为生产过程的起点，以市场为导向来组织企业的经营活动。这个时期，市场营销学的研究从流通领域进入生产领域，形成了"以需定产"的经营思想；对市场由静态研究转变为动态研究，强调供求之间的信息传递与沟通；由研究销售职能扩大到研究企业各部门之间的整体协调活动。

20世纪60年代以来，反映这些变革的市场营销理论的一系列优秀著作相继问世，特别是美国市场营销学家麦卡锡的《基础市场学》和菲利普·科特勒的《营销管理》，其中全面地提出了现代市场营销理论，强调了市场营销的管理导向，把市场营销发展为指导企业经营决策的学科，形成了现代市场营销学的概念、方法与理论体系。70年代以来，市场营销学又进一步与经济学、社会学、心理学、行为学、公共关系学等学科密切结合，成为一门热门的应用学科。

第四阶段：深化阶段。20世纪80年代至今为市场营销学的成熟分化阶段。在此期间，市场营销领域又出现了大量丰富的新概念，其应用范围也在不断扩展。1981年，莱维·辛格和菲利普·科特勒对"市场营销战"这一概念以及军事理论在市场营销战中的应用进行了研究；1983年，西奥多·莱维特对"全球市场营销"问题进行了研究；1985年，巴巴拉·本德·杰克逊提出了"关系营销"、"协商推销"等新观点。1986年，科特勒提出了"大市场营销"这一概念，提出了企业如何打进被保护市场的问题。其后，关于绿色营销、4R营销、直复营销等新的营销概念和理论层出不穷，论著如云，市场营销学不断深化和创新。进入21世纪，互联网的发展和应用又推动着基于互联网的网络营销迅猛发展。

随着生产力的发展和科学技术水平的提高，企业的市场营销问题将变得越来越重要，市场营销学也就被赐予巨大的生命力，市场营销学的发展与广泛运用极大地提高了整个社会的经济效益。西方经济学界和企业界对市场营销学的作用给予了高度评价，不仅经济组织离不开市场营销学，而且其他社会组织也在广泛运用市场营销学原理。

1978～1982年间，我国通过对国外市场营销学著作、杂志的翻译介绍，选派学者到国外访问考察，邀请外国专家学者讲学等方式，系统地介绍和引进了市场营销理论。1984年，全国高等综合大学、财经院校市场学教学研究会纷纷成立，这些团体通过学术研究和学术交流，对市场营销学的思想进行了广泛的传播。1985年以后，我国经济体制改革的步伐进一步加快，市场环境的改善为企业应用现代市场营销原理来指导经营管理实践提供了有利条件。全国各地的市场营销学学术团体，改变了过去只有学术界、教育界人士参加的状况，开始吸收企业界人士参加，其研究重点也由过去的单纯教学研究，改为结合企业的市场营销实践进行研究。市场营销学作为我国经济建设中迫切需要的应用学科，在大专院校和工商企业都受到了普遍的重视，市场营销理论在中国的传播研究和应用已取得了相应的成果。

进入新的世纪，随着中国加入WTO，中国市场进一步同国际市场接轨，全球经济一体化的形势之下，中国企业将面临与众多的跨国企业的直接竞争，这将迫使市场营销研究学者和企业家们掌握和运用正确的经营思想和营销观念，将市场营销活动放到企业战略的高度，不断在营销策略、方法和技巧上进行探索和创新，以期在世界市场上取得主动权。

二、市场营销学的研究对象和内容

市场营销学是一门实践科学，它是通过对参与市场经营活动的成功企业家的经营思想和经营理念的概括和总结，在吸收管理科学、行为学、经济学、数学等理论基础上，形成的一门对企业的经营实践具有指导作用的、自成体系的一门应用性学科。

市场营销学研究市场营销活动及其发展变化规律。它以了解消费者需求为起点，以满足消费者需求为终点，研究企业如何在特定的营销环境中，设计营销战略，制定并实施以产品、定价、渠道、促销为核心内容的市场营销策略，以使企业在满足消费者需求的过程中实现利润目标，在激烈竞争的市场上求得生存和发展。

市场营销学为什么要以消费者的研究为中心内容呢？这是因为企业生产和经营的目的是为了获取利润，但利润是否实现，不取决于企业的主观愿望，而取决于消费者是否购买企业的产品。所以，美国企业家指出：消费者是市场的主人。日本企业家则宣称"顾客第一"、"顾客是上帝"。一个企业要能够在市场上生存和发展，就必须使自己的生产和经营适应消费者的需要。

市场营销学以消费者研究为基础，通过环境分析和营销调研，制定营销战略，即通过市场细分（segmentation），选择目标市场（targeting），进行市场定位（positioning），据此来制定和执行营销策略，即产品（product）、价格（price）、渠道（place）和促销（promotion），简称市场营销

"4P"组合。本书的章节结构按照企业营销决策的程序来安排,研究框架和内容如图1—3所示。

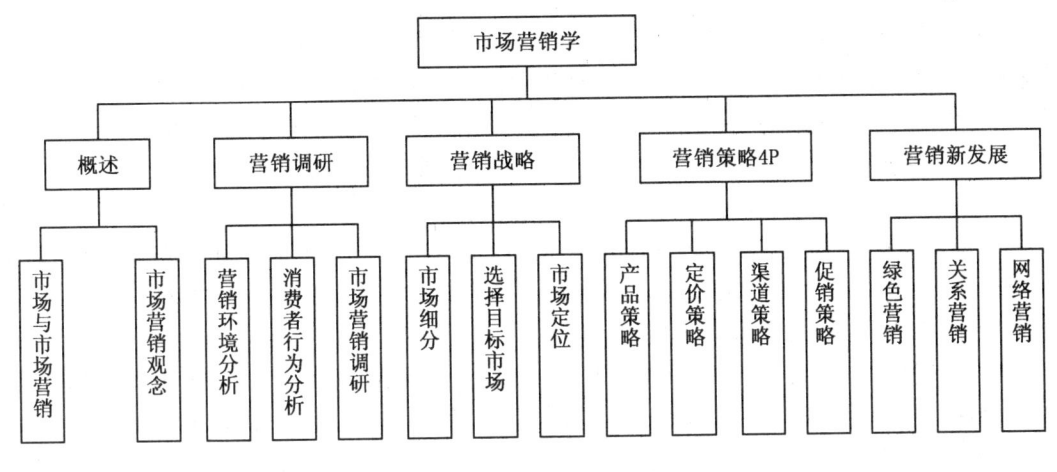

图1—3 市场营销学研究框架

三、市场营销学的学科特点

根据市场营销学的研究对象,可以看出其学科有以下特点:

(一)全程性

市场营销学的研究领域已不仅局限在商品流通领域,已扩大到社会再生产的全过程。既包括生产领域的产前活动,如市场调研、产品设计等;也包括消费领域的售后服务,如安装、维修等。

(二)综合性

市场营销学是一门综合性的边缘学科。它以经济学为理论基础,吸收、借鉴了哲学、行为科学、社会学、政治学、心理学、经济计量学、信息学、数学等学科的理论和研究方法,自成一体。

(三)实践性

市场营销学的基本原理、方法与策略,来源于广大企业营销实践经验的总结;另一方面,市场营销的基本原理、方法与策略对企业的营销活动具有指导意义和实用价值。

第三节 市场营销观念

市场营销观念是指企业进行经营决策、组织和开展市场营销活动的基本指导思想,它是一种思维方式,是一种态度,属于工商企业的经营哲学(business philosophy)的范畴。任何企业的市场经营活动,都是在特定的思想或观念指导下进行的。树立正确的市场营销观念,对企业的经营成败具有决定性意义。

市场营销观念是在市场营销实践的基础上产生的,是随着生产力的发展和市场形势的变化而不断发展演变的。概括地说,市场营销观念大体上经历了以下演变阶段。

一、生产观念

生产观念是一种最古老的营销观念。生产观念认为,消费者总是喜欢那些可以随处买得到而且价格低廉的产品。因此，企业应致力于提高生产效率和扩大分销范围，以便增加产量、降低成本。以生产观念指导营销管理活动的企业，称为生产导向型企业，其典型的口号是"我生产什么，就卖什么"。

1914年福特汽车公司开始生产黑色T型车，当时美国汽车大王亨利·福特傲慢地宣称："不管顾客需要什么颜色的汽车，我只有一种黑色的。"在福特的生产导向经营观念指导下，T型车生产效率趋于完善，生产一辆车从十几小时降为几个小时，价格从850美元降到265美元，1921年，福特T型车在美国汽车市场上的占有率达到56%，1924年，平均7个美国人就拥有一辆T型车，成为亨利·福特先生在一个世纪前创造的奇迹。

生产观念盛行于19世纪末、20世纪初。当时，资本主义国家处于工业化初期，市场需求旺盛，整个社会产品供应能力相应不足。企业只要提高产量、降低成本，便可获得丰厚利润。因此，企业的中心问题是扩大生产价廉物美的产品，而不必过多关注市场需求差异。

生产观念是一种重生产、轻市场的思想，企业经营哲学不是从消费者需求出发，而是从企业生产出发。在物资紧缺的年代或许能创造辉煌，但随着生产的发展、供求形势的变化，这种观念必然使企业陷入困境。

二、产品观念

产品观念是与生产观念并存的一种市场观念。产品观念认为，消费者最喜欢高质量、多功能和具有特色的产品，因此，企业集中一切力量致力于生产优质产品，开发产品功能，并不断加以改进，精益求精。"酒香不怕巷子深"就是这种观念的形象说明。

美国爱琴钟表公司（Elgin Nation Watch Company）自1869年创立到20世纪50年代一直被认为是美国最好的钟表制造商之一，其产品以优质享有盛誉。1958年之前，公司销售额始终呈上升趋势，但此后其销售额和市场占有率开始下降。造成这种状况的主要原因是市场形势发生了变化：消费者对手表的需求已由注重准确转变为方便、经济和式样新颖。这时，其他制造商迎合消费者需要，开始生产低档手表，并通过廉价商店、超级市场等大众分销渠道积极推销，从而夺得了大部分的市场份额。爱琴钟表公司没有注意到市场形势的变化，依然迷恋于生产精美的传统样式手表，仍旧借助传统渠道销售，认为自己的产品质量好，顾客必然会找上门。结果，致使企业经营遭受重大挫折。

持产品观念的企业常常迷恋于自己的产品，而不太关注市场是否欢迎，它们在设计产品时只依赖工程技术人员而极少让消费者介入。因此，企业容易导致"营销近视症"，即过分注重产品而忽视消费者需求，孤芳自赏、"闭门造车"，看不到市场需求的变化，看不到顾客需求的变化，缺乏远见而最终坐失良机，甚至使企业经营陷入困境。

三、推销观念

推销观念认为，消费者通常表现出一种购买惰性或抗衡心理，如果听其自然的话，消费者一般不会主动积极购买某一企业的产品。因此，企业必须积极推销和大力促销，以刺激消费者大量购买本企业产品。其口号是"我卖什么，顾客就买什么"。

推销观念盛行于20世纪三四十年代，产生于资本主义国家由"卖方市场"向"买方市场"过渡的阶段。在1920～1945年间，由于科学技术的进步以及科学管理和大规模生产的推广，产品产量迅速增加，出现了供过于求、竞争激烈的市场形势。尤其在1929～1933年经济危机期间，大量产品销售不出去，迫使企业重视采用广告术与推销术来推销产品。例如在1930年左右,美国皮尔斯堡面粉公司发现有些中间商开始从其他厂家进货,公司的口号由"本公司旨在制造面粉"改为"本公司旨在推销面粉",并第一次在公司内部成立了市场调研部门,派出大量推销人员从事推销业务。同一时期,美国汽车开始供过于求,每当顾客走进汽车陈列室,推销人员都会笑脸相迎,主动介绍产品,有时甚至使用带有强迫性的推销手段促成交易。此时,许多企业家感到:即使有物美价廉的产品,也未必能卖得出去;企业要在日益激烈的市场竞争中求得生存和发展,就必须重视推销。

在推销观念指导下,企业的产品是"卖出去的",而不是"被买去的"。他们致力于产品的推广和广告活动,以求说服甚至强制消费者购买。与前两种观念一样,其实质仍然是以生产为中心的,关注的是卖方的需要,而不是消费者的需要。

推销观念在现代市场经济条件下大量用于推销那些非渴求物品,即购买者一般不会主动积极地想到要去购买的产品或服务。许多企业在产品过剩时,也常常奉行推销观念。

四、市场营销观念

以消费者为中心的观念称为市场营销观念。这种观念认为,企业的一切计划与策略应以消费者为中心,正确确定目标市场的需要与欲望,比竞争者更有效地满足顾客需求。即"顾客需要什么,我们就生产什么"。

市场营销观念形成于20世纪50年代。第二次世界大战后,随着第三次科学技术革命的兴起,西方各国企业更加重视研究和开发。大量军工企业转向民用生产,新产品竞相上市,社会产品供应量迅速增加,西方各国相继推行高福利、高工资、高消费政策,消费者有了较多的可支配收入和闲暇时间,消费需要变得多样化,购买选择更加精明,要求也更加苛刻。这种形式迫使企业改变了以卖方为中心的思维方式,将重心转向认真研究消费需求,正确选择为之服务的目标市场,以满足目标顾客的需要,即从以企业为中心转变到以消费者为中心。

美国皮尔斯堡面粉公司根据第二次世界大战后美国生活方式的变化,如家庭主妇采购食品更多喜欢半成品或成品,而代替购买面粉回家自做的习惯,皮尔斯堡转而开发各种半成品、成品来满足消费者的需要。福特汽车公司也改变了单一颜色和单一款式的汽车,生产出各种牌子、型号和不同颜色的汽车,以迎合顾客需求的变化。

市场营销观念的出现,使企业经营观念发生了根本性变化,也使市场营销学发生了一次革命。营销专家西奥多·莱维特曾对推销观念和市场营销观念做过深刻的比较,指出:推销观念注重卖方需要;市场营销观念则注重买方需要;推销观念以卖方需要为出发点,考虑如何把产品变成现金;市场营销观念则考虑如何通过制造、传送产品以及与最终消费产品有关的所有事物,来满足顾客的需要。

市场营销观念不仅改变了传统的生产观念、产品观念和推销观念的逻辑思维方法,而且在经营策略和方法上也有很大突破,其突出表现在以下几个方面:

第一,传统的市场观念以生产为中心,以产品为出发点,而市场营销观念则以消费者为中心,以顾客需要为出发点。

第二,传统的市场观念的手段是注重广告和推销,而市场营销观念则着眼于市场营销手段的综合运用,如产品的设计、生产、定价、分销和促销等方法策略的协调运用。

第三,传统的市场观念以增加生产或扩大销售来获取利润,而市场营销观念则从满足顾客需要中获得利润。思维逻辑从"由内向外"转向"由外向内",即要求企业贯彻顾客至上的原则,将营销管理重心放在首先发现和了解"外部"目标顾客的需要,然后再协调企业活动并千方百计去满足顾客,使顾客满意。

许多优秀的企业都是奉行市场营销观念的。如日本本田汽车公司要在美国推出一种雅阁牌新车。在设计新车前,他们派出工程技术人员专程到洛杉矶地区考察高速公路的情况,实地测量路长、路宽,采集高速公路的柏油,拍摄进出口道路的设计。回到日本后,他们专门修了一条9英里长的高速公路,就连路标和告示牌都与美国公路上的一模一样。在设计行李箱时,设计人员意见有分歧,他们就到停车场看了一个下午,看人们如何放取行李。这样一来,意见马上统一起来。结果本田公司的雅阁牌汽车一到美国就倍受欢迎,被称为是全世界都能接受的好车。

从本质上说,市场营销观念是一种以顾客需要和欲望为导向的哲学,是消费者主权论在企业市场营销管理中的体现。执行市场营销观念的企业,称为市场导向型企业。它将过去"一切从企业出发"的经营思想转变为"一切从顾客出发"的经营思想,即企业的一切活动都围绕消费者需要来进行。

直至今天,有些人仍然简单地认为市场营销就是推销,但是,从以上的对比可以看出:推销只是营销活动"冰山的一角"。它包括产前和售后在内的一系列活动,通过充分的市场调研,了解消费者需求,研制开发出符合消费者需求的产品,并能够综合合理地运用各种营销策略,那么消费者就会乐于接受这种产品,因此产品的推销也就变得不那么重要了。美国管理学家彼得·德鲁克甚至认为,市场营销的目标是让销售变成多余。

五、社会营销观念

企业是一种营利性的组织,处于经济循环系统之中。然而,企业又不可避免地属于社会的一员,处于整个社会系统之中。因此,企业的经营活动不仅要受到经济规律的制约,而且也会受到社会规律的制约。社会营销观念认为,企业提供产品和服务,不仅要满足消费者的需求和欲望,而且还要符合消费者和整个社会的长远利益。

20世纪70年代,为了抵制工商企业在市场中以次充好、虚假宣传、欺骗顾客、危害消费者利益的现象,西方许多国家消费者保护运动兴起。如在美国,人们对有关行业和产品进行了如下评论:麦当劳公司根据消费者的需求和愿望决定汉堡包的生产和服务方式,它在迎合美国人希望有一种快速、价廉、美味食物的欲望上是成功的。但由于热量过多,吃多了会使人发胖;汽车行业满足了人们对交通方便的需求,但同时却产生燃料的高消耗、严重的环境污染、更多的交通伤亡事故以及更高的汽车购买和维修费用;软饮料满足了人们对方便的需求,但大量包装瓶罐的使用实际上是社会财富的浪费;清洁剂工业满足了人们洗涤衣服的需要,但它同时却严重地污染了江河,大量杀伤鱼类,危及生态平衡。

随着全球环境破坏、资源短缺、人口爆炸、通货膨胀和失业增加等问题的日益严重,要求企业顾及消费者整体与长远利益的呼声越来越高,西方营销学界提出了一系列新的观念,如人类观念、理智消费观念和生态准则观念,其共同点是认为:企业生产经营不仅要考虑消费者需要,而且要考虑消费者和整个社会的长远利益。这类观念可统称为社会营销观念。

社会营销观念是对市场营销观念的补充和修正。社会营销观念认为,企业和组织的任务是确定目标市场的需要、欲望和利益,然后向顾客提供超值的服务和产品,以维护与增进顾客和社会的福利。随着企业经营活动的发展,企业行为对于社会的影响会变得越来越大。如果企业在其经营活动中不顾社会利益,造成社会利益的损害,就必然会受到社会公众和舆论的压力而影响企业的进一步发展;另一方面,近年来社会对于环境保护和健康消费的重视,也使得政府的政策对于有损社会利益的生产行为和消费行为的约束越来越严厉，从而迫使企业不得不通过树立良好的社会形象和主动协调各方面的关系来改善自己的经营环境。社会营销观念也是随着企业经营实践的发展而逐步为企业所接受的，企业在其经营活动中必须承担起相应的社会责任，以保持企业利益、消费者利益同社会利益的一致。

思考题

1. 举例说明什么是市场。市场构成的三要素有哪些？
2. 什么是市场营销？与之相关的核心概念有哪些？这些概念是怎样反映市场营销的本质特征及其过程的？
3. 何谓 4P 和 4C 组合？它们分别是何种导向下的营销组合？
4. 简述市场营销观念的演变及其产生背景。
5. 传统的营销观念和现代的营销观念的最根本区别是什么？为什么？
6. 你认为营销＝推销吗？为什么？
7. 社会营销观念产生的背景是什么？它对市场营销观念进行了哪些补充？

案例讨论

TCL 的营销管理哲学

TCL 集团股份有限公司创立于 1981 年，是全球化的智能产品制造及互联网应用服务企业集团。在改革开放的 30 余年里，TCL 在一穷二白的情况下在仓库里起步创业，在前十年（1981～1991 年）中实现最初始状态的规模积累；摸着石头过河，TCL 用自己勇于实践的历程诠释了什么是改革，在 1992～1998 年期间，TCL 靠自己按照市场规律摸索向前，高速发展伴随着曲折的改革，完成中国制造具有代表性的改制，率先成为现代企业制度规范下的具有竞争力的中国制造企业，实现企业的高速成长；创全球领先企业，TCL 在 1999 年之后的时期里，基于"走出去"，大胆突破，通过国际并购、遭遇挫折、绝地重生，为 TCL 布局全球架构和竞争力开了先河，为中国企业"走出去"积累了宝贵经验。

2016（第 22 届）中国品牌价值 100 强研究报告在美国波士顿揭晓。TCL 集团品牌价值 765.69 亿元，连续 11 年蝉联中国电视机制造业第一名。

TCL 的经营理念包括两个核心观念和四个支持性观念。两个核心观念是：

1. 为顾客创造价值的观念。他们认为，顾客（消费者）就是市场，只有为顾客创造价值，赢得顾客的信赖和拥戴，企业才有生存和发展的空间。为此，公司明确提出"为顾客创造价值，为员工创造机会，为社会创造效益"的宗旨，将顾客利益摆在首位。每上一个项目，都要求准确把握消费者需求特征及其变化趋势，紧紧抓住四个环节：不断推出适合顾客需要的新款式产品；严格为顾客把好每个部件、每种产品的质量关；建立覆盖全国市场的销售服务网络，为顾客提供产品终身保修；坚持薄利多销，让利于消费者。

2. 不断变革、创新的观念。他们认为，市场永远在变化，市场面前人人平等，唯有不断变革经营、创新管理、革新技术的企业，才能在竞争中发展壮大。为此，他们根据市场发展变化不断调整企业的发展战略和产品质量与服务标准，改革经营体制，提高管理水平。近几年来，集团除推出 TCL 致福电脑、手提电话机、锂系列电池、健康型洗衣机和环保型电冰箱等新产品外，对电视机、电话机等老产品，每年也有各近 20 种不同型号新产品投放市场，并几乎都受到青睐。

在具体的营销管理工作中,集团重点培育和贯彻了四项支持性观念:

1. 品牌形象观念。将品牌视为企业的形象和旗帜,对消费者服务和质量的象征。花大力气创品牌、保品牌,不断使品牌资产增值。

2. 先进质量观念。以追求世界先进水平为目标,实施产品、工艺、技术和管理高水平综合的全面质量管理,保证消费者利益。

3. 捕捉商机贵在神速的观念。他们认为,挑战在市场,商机也在市场,谁及时发现并迅速捕捉了它,谁比竞争对手更好地满足消费者需要,谁就拥有发展的先机。

4. 低成本扩张观念。认为在现阶段我国家电领域生产能力严重过剩,有条件实行兼并的情况下,企业应以低成本兼并扩大规模,为薄利多销奠定坚实基础。1996年,TCL以1.5亿港元兼并香港陆氏集团彩电项目;以6 000万元人民币与美乐电子公司实现强强联合。仅此两项,就获得需投资6亿元才能实现的200万台彩电生产能力,年新增利润近2亿元。

TCL集团在上述观念指导下,建立了统一协调、集中高效的领导体制,自主经营、权责一致的产权机制,灵活机动、以一当十的资本营运机制,举贤任能、用人所长的用人机制,统筹运作、快速周转的资金调度机制。依据目标市场的要求,TCL投入上亿元资金,由近千名科技人员建立了三个层次(TCL中央研究院、数字技术研究开发中心、基层企业生产技术部)的战略与技术创新体系,增强自有核心技术的研究开发能力,以此抢占制高点,拓展新产品领域。20世纪90年代初,TCL集团在以通讯终端产品为主拓展到以家电为主导产品的同时,强化了以"主动认识市场、培育市场和占有市场"为基本任务的营销网络建设。集团在国内建立了7个大区销售中心、31家营销分公司、121家经营部和1 000多家特约销售商,覆盖了除西藏、台湾之外的所有省份,在俄罗斯、新加坡、越南等国家建立了销售网络。

资料来源:百度百科、TCL公司官网。

讨论问题:

1. TCL的经营理念是否适应我国当代市场环境的要求?
2. 试评价这种观念对企业成长的作用。

课后实践

1. 目的

理解市场营销观念的具体应用及其与企业兴衰的关系,培养学生树立正确的市场营销观念。

2. 内容和要求

选择本地在营销观念的应用上具有代表性的一家企业进行实地调查。以实地典型调查为主,结合文献资料的查阅,集体讨论、分析,最终形成调研报告。

3. 步骤

(1)教师布置实训目的及任务,并提出相应要求。

(2)将班级成员分成若干组,每组5~8人,分组时注意小组成员在知识、性格、技能方面的互补性,并进行合理分工,选出小组长,以协调小组工作。

(3)各小组由组长负责,确定调研企业,拟订调研提纲。

(4)实施调研。调查企业的经营状况,听取企业方关于企业发展历程、成功经验、失败教训的介绍。

(5)整理调研资料,撰写小组调研报告。

(6)教师组织各小组调研报告的交流与讨论。由各组组长组成评审团,对各组代表发言情况进行评分。将各组最后得分计入每人的平时成绩。

(7)教师最后进行总结。

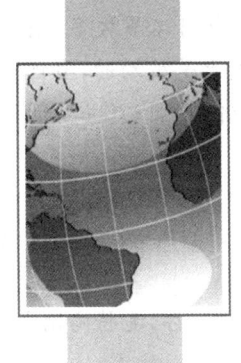

第二章
市场营销环境

引例

电动车新常态呼唤产品主义

下滑,下滑,还是下滑!电动车行业经历20年的发展之后,到2013年达到顶峰,产量达到3 695万辆,2014年,电动车行业开始进入新的拐点,2015年,相关调研显示,全行业同比下滑10%~15%。对于行业整体下滑的问题,从积极的角度来看,这种下滑有利于行业的结构优化和长远发展。

客观来看,下滑对电动车行业未必是一件坏事,一方面,从产业集中度来看,行业内的企业仍然太多,从成熟的行业来看,赚钱的企业不会超过5家(很多行业是双寡头局面)。另一方面,在高速增长阶段,企业拼的是存量,这在营销运作上,我们看到的就是企业拼渠道、拼传播。在行业整体下滑的态势之下,企业不得不拼存量,这迫使企业进行营销创新,尤其是在产品上,实际上从2015年的天津展和南京展,我们也能够很清楚地看到这个趋势。一些领军企业已经开始展现出产品主义的况味,一些领军企业的产品,无论是设计、工艺还是创意,已经深深打上了自己的烙印,这正是电动车行业开始走向成熟的标志。

至于产能过剩的问题,我们认为,所谓的产能过剩,主要指的是落后的产能,对于先进的产能,不仅不是过剩的,反而是稀缺的。央视曾经报道过某服装品牌成功实现了大规模定制和个性化需求之间的平衡,在服装行业竞争日趋激烈的今天,却出现供不应求的局面。

这是一个不颠覆自己,就被别人颠覆的时代。

互联网时代:电动车更需要产品主义精神

上海一电动平衡车企业负责人在看了专题《"互联网+"下的电动车智能革命》之后,询问笔者如何平衡技术先进性和成本增加之间的关系。实际上,这家企业对供求的思考仍然处于分离状态。消费者需要的不是技术或者其叠加,消费者需要的是满足其需求的产品。正如德鲁克所说,消费者要的是墙上的洞,而不是打洞的锥子。笔者建议这位负责人思考,如何通过产品的创新,深化与消费者之间的联系,实现从交易到交易关系的关系转换。

实际上,上述过程或者做法,就是产品主义。所谓产品主义,就是将产品本身作为企业的战略,围绕产品来配置各种资源,不断提升产品品质,在公司上下形成一种精益求精、不断创新的企业文化。

为什么在移动互联网时代，电动车行业更需要产品主义精神？相比之下，在工业时代，我们强调的是技术和规模，不断地强调营销的重要性，因为产品到消费者的中间环节较多，消费者和产品之间存在相当程度的信息不对称，消费者的消费行为在某种程度上是被动的，要被商家的广告或营销引导，才能最终完成购买行为。在"互联网+"时代，消费者、厂商、产品之间通过微信、微博等平台连接到了一起，信息不对称的局面被彻底颠覆。

消费者在互联网上可以瞬间聚集和分散，这既是巨大的商机，也是巨大的挑战。即使曾经如日中天的品牌，如果无法持续开发迎合消费者需求的有热度的产品，所谓品牌，可能也仅仅是一个logo而已。

这个时代，更加印证了我们一直以来的主张"产品是皮，品牌是毛，皮之不存，毛将焉附"。

产品主义是内生式增长的必然要求

产品主义更深远的含义在于，随着"黄金十年"的落幕，电动车行业必将面临增长方式的转变：从外生式增长转变为内生式增长。

所谓外生式增长，主要指依靠整合外部资源的方式来实现规模和质量的增长。与之相对应的就是内生式增长，即内部通过不断创新（比如研发创新、组织创新、提升供应链组织效率、提升人力资本等方式），不断进行产品的迭代，从而实现一种内涵式的增长。

如果说在电动车"黄金十年"中，企业更多依靠整合外部资源来获得增长的话，那么在未来，电动车企业必须适应依靠内生式增长的方式来取得市场。

在内生式增长方式之下，从表面来看，企业之间是产品之争，其背后实际上是不同产品链组织效率的拼争。

很多人认为，电动车行业主要面临产品同质化的问题。其实，产品只是表象，其背后的问题实质是：供求分离现象仍然比较突出，产业链的效能和产业组织形式仍然比较落后，供应链不能做到快速响应消费者的需求。

未来，特别是在移动互联网时代，电动车行业面临的一个重大课题就是：如何实现大规模生产和个性化定制之间的平衡。

资料来源：http://www.xuexila.com。

【营销启示】　在互联网时代，市场营销环境发生了巨大变化，企业如果不能能动地适应市场变化，必将被市场所淘汰。

第一节　营销环境概述

任何事物的存在和发展都离不开特定环境的影响，市场营销活动也是这样。从本质上看，市场营销活动就是营销者努力使企业可控的因素同外界不可控的因素相适应的过程。因此，认识与分析营销环境成为营销管理的基础和重要内容，而对环境的认识和分析过程也就是不断地发现机会和识别威胁，以选择达到企业营销目标最佳途径的过程。

一、市场营销环境的含义

环境是指事物外界的情况和条件。企业的市场营销环境指的是外在于企业的营销活动但能影响其营销能力和效率的各种因素和条件。这些因素和条件由企业营销管理机构外部的行动者与力量所组成，它们影响着企业管理当局发展和维持为目标顾客提供令其满意的产品或服务的能力。作为一个开放的系统，企业的所有活动都发生在一定环境中，并不断地与外界环境发生着这样或那样的交流;从外界吸纳各种物质和信息资源的同时,也通过企业自身的活动,输出产品、劳务和信息,对外界施加影响。企业的营销活动也是这样一种促使企业内外资源发生交流的活动。

根据营销环境对企业市场营销活动发生影响的方式和程度,可将市场营销环境大致上分成两大类:直接营销环境和间接营销环境。直接环境因其与企业具有一定的经济联系,直接作用于企业为目标市场服务的能力,从而又被称为作业环境、微观环境。间接环境的诸要素与企业不存在直接的经济联系,是通过直接环境的相关因素作用于企业的较大的社会力量,又称为宏观环境。这两种环境之间不是并列关系,而是包容和从属的关系,直接(微观)环境受间接(宏观)环境的大背景所制约,间接(宏观)环境则借助于直接(微观)环境发挥作用。市场营销环境主要包括宏观环境和微观环境(如图 2—1 所示)。

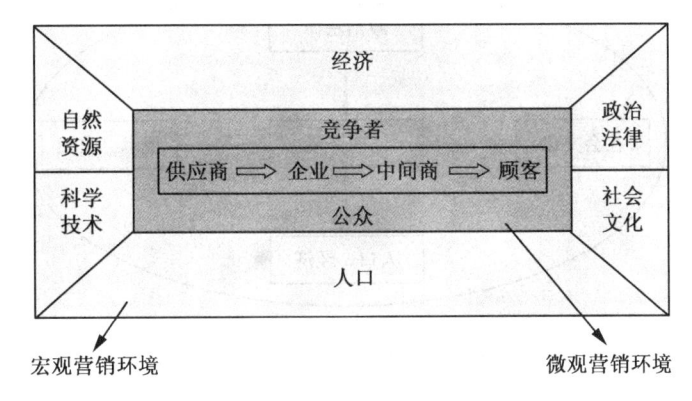

图 2—1 市场营销环境

二、市场营销环境的特征

市场营销环境极其复杂,具有多方面的特征。

(一)客观性

市场营销环境作为一种客观存在,是不以企业的意志为转移的,有着自己的运行规律和发展趋势,对营销环境变化的主观臆断必然会导致营销决策的盲目与失误。营销管理者的任务在于适当安排营销组合,使之与客观存在的外部环境相适应。

(二)关联性

构成营销环境的各种因素和力量是相互联系、相互依赖的。如经济因素不能脱离政治因素而单独存在;同样,政治因素也要通过经济因素来体现。企业的营销活动不仅仅受单一环境因素的影响,而是受多个环境因素共同制约的。如企业的产品开发,就要受制于国家环保政策、技术标准、消费者需求特点、竞争者产品、替代品等多种因素的制约,如果不考虑这些外在的力量,生产出来的产品能否进入市场是很难把握的。

(三)差异性

不同的国家或地域,人口、经济、政治、文化存在很大差异性,企业营销活动必然面对这种环境的差异性,制定不同的营销策略;而且同样一种环境因素,对不同企业的影响也是不同的,如海湾危机,造成国际石油市场的极大波动,对石化行业的企业影响十分大,而对那些与石油关系不大的企业影响则小。

(四)动态性

市场营销环境是一个多变的动态系统。外界环境随着时间的推移经常处于变化之中。例如,外界环境利益主体的行为变化和人均收入的提高均会引起购买行为的变化,影响企业营销活动的内容;外部环境各种因素结合方式的不同也会影响和制约企业营销活动的内容和形式。

第二节 宏观营销环境

宏观营销环境指对企业营销活动造成市场机会和环境威胁的主要社会力量,包括人口环境、经济环境、政治法律环境、社会文化环境、自然环境、科技环境,如图2-2所示。

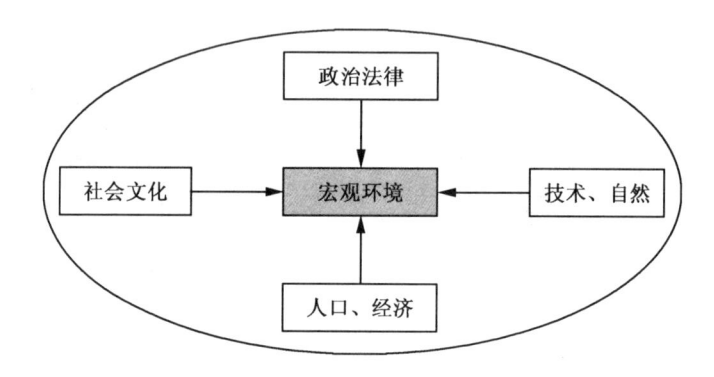

图2-2 企业的宏观营销环境

一、人口环境

人口是市场的第一要素。人口数量直接决定市场规模和潜在容量,人口的性别、年龄、民族、婚姻状况、职业、居住分布等也对市场格局产生着深刻影响,从而影响着企业的营销活动。企业应重视对人口环境的研究,密切关注人口特性及其发展动向,及时地调整营销策略以适应人口环境的变化。

(一)人口总量

人口总量是决定市场规模的一个基本要素。如果收入水平不变,人口越多,对食物、衣着、日用品的需要量也越多,市场也就越大。企业营销首要要关注所在国家或地区的人口数量及其变化,尤其对人们生活必需品的需求内容和数量影响很大。

(二)人口结构

1. 年龄结构。不同年龄的消费者对商品和服务的需求是不一样的。不同年龄结构就形成了具有年龄特色的市场。企业了解不同年龄结构所具有的需求特点,就可以决定企业产品的投向,寻找目标市场。

2. 性别结构。性别差异会给人们的消费需求带来显著的差别,反映到市场上就会出现男性用品市场和女性用品市场。企业可以针对不同性别的不同需求,生产适销对路的产品,制定有效的营销策略,开发更大的市场。

3. 教育与职业结构。人口的受教育程度与职业不同,对市场需求表现出不同的倾向。随着高等教育规模的扩大,人口的受教育程度普遍提高,收入水平也逐步增加。企业应关注人们对知识类商品需求的变化。

4. 家庭结构。家庭是商品购买和消费的基本单位。一个国家或地区的家庭单位的多少以及家庭平均人员的多少,可以直接影响到某些消费品的需求数量。同时,不同类型的家庭往往有不同的消费需求。

5. 社会结构。我国绝大部分人口为农业人口,农业人口约占总人口的80%左右。这样的社会结构要求企业营销应充分考虑到农村这个大市场。

6. 民族结构。我国是一个多民族的国家。民族不同,其文化传统、生活习性也不相同。具体表现在饮食、居住、服饰、礼仪等方面的消费需求都有自己的风俗习惯。企业营销要重视民族市场的特点,开发适合民族特性、受其欢迎的商品。

(三)人口分布

人口有地理分布上的区别,人口在不同地区密集程度是不同的。各地人口的密度不同,则市场大小不同、消费需求特性不同。当前,我国有一个突出的现象就是农村人口向城市流动,内地人口向沿海经济开放地区流动。企业营销应关注这些地区消费需求不仅在量上增加,在消费结构上也一定发生的变化,应该提供更多的适销对路产品来满足这些流动人口的需求。

二、经济环境

经济环境是影响企业营销活动的主要环境因素,它包括收入因素、消费支出、产业结构、经济增长率、货币供应量、银行利率、政府支出等因素,其中收入因素、消费结构对企业营销活动影响较大。

(一)消费者收入

收入因素是构成市场的重要因素,甚至是更为重要的因素。因为市场规模的大小,归根结底取决于消费者的购买力大小,而消费者的购买力取决于他们收入的多少。企业必须从市场营销的角度来研究消费者收入。

1. 国民生产总值。它是衡量一个国家经济实力与购买力的重要指标。国民生产总值增长越快,对商品的需求和购买力就越大;反之则越小。

2. 人均国民收入。人均国民收入是用国民收入除以总人口的比值。这个指标大致反映了一个国家人民生活水平的高低,也在一定程度上决定着商品需求的构成。一般来说,人均收入越增长,对消费品的需求和购买力就越大;反之则越小。

3. 个人可支配收入。个人可支配收入是个人收入中扣除税款和非税性负担后所得余额,它是个人收入中可以用于消费支出或储蓄的部分,它构成实际的购买力。个人可支配收入是影响消费者购买生活必需品的决定性因素。

4. 个人可任意支配收入。个人可任意支配收入是在个人可支配收入中减去用于维持个人和家庭生存不可缺少的费用后剩余的部分。这部分收入是消费需求变化中最活跃的因素,也是企业开展营销活动时所要考虑的主要因素。因为这部分收入主要用于满足人们基本生活需要之外的开支,一般用于购买高档耐用消费品、旅游、储蓄等,它是影响非生活必需品和劳务销售的主要因素。

5. 家庭收入。很多产品是以家庭为基本消费单位的,如冰箱、洗衣机。因此,家庭收入的高低会影响很多产品的市场需求。一般来讲,家庭收入越高,对消费品需求就越大,购买力也越大;反之,需求越小,购买力也越小。需要注意的是,企业营销人员在分析消费者收入时,还要区分"货币收入"和"实际收入",只有"实际收入"才影响"实际购买力"。因此,实际收入和货币收入并不完全一致,由于通货膨胀、失业和税收等因素的影响,有时货币收入增加,而实际收入却可能下降。实际收入是扣除物价变动因素后实际购买力的反映。

(二)消费者支出

随着消费者收入的变化,消费者支出模式会发生相应变化,继而使一个国家或地区的消费结构也发生变化。消费结构是指消费过程中人们所消耗的各种消费资料(包括劳务)的构成,及各种消费支出占总支出的比例关系。西方一些经济学家常用恩格尔系数来反映消费结构的变化。恩格尔系数=食品支出金额/家庭消费支出总金额。恩格尔系数越小,食品支出所占比重越小,表明生活富裕,生活质量高;恩格尔系数越大,食品支出所占比重越高,表明生活贫困,生活质量低。恩格尔系数是衡量一个国家、地区、城市、家庭生活水平高低的重要参数。企业从恩格尔系数可以了解当前市场的消费水平,也可以推知今后消费变化的趋势及对企业营销活动的影响。

小链接

恩格尔定律

早在1857年,德国统计学家恩格尔在研究人们收入增加后支出有何变化时,就已经发现:家庭收入越少,用于食物方面的费用在家庭全部支出中所占的百分比就越大;当家庭所得增加时,用于食物的支出在支出总额中所占百分比就会逐步减少。这一现象,后人称为"恩格尔定律"。食物支出与全部消费支出比称为"恩格尔系数",即:

恩格尔系数=用于食物的支出/全部消费支出

恩格尔系数反映人们生活富裕程度。按照联合国的划分标准,恩格尔系数在30%以下为最富裕,30%~40%为富裕,40%~50%为小康,50%~60%为勉强度日,60%以上为绝对贫困。

(三)消费者储蓄和信贷情况

消费者的购买力还要受到储蓄和消费信贷的直接影响。消费者个人收入不可能全部花掉,总有一部分以各种形式储蓄起来,这是一种推迟了的、潜在的购买力。消费者储蓄一般有两种形式:一种是银行存款,增加现有银行存款额;二是购买有价证券。当收入一定时,储蓄越多,现实消费量就越小,但潜在消费量越大;反之,储蓄越少,现实消费就越大,但潜在消费量越小。企业营销人员应当全面了解消费者的储蓄情况,尤其是要了解消费者储蓄目的的差异。储蓄目的的不同,往往影响到潜在需求量、消费模式、消费内容、消费发展方向的不同。这就要求企业营销人员在调查、了解储蓄动机和目的的基础上制定不同的营销策略,为消费者提供有效的产品和服务。

消费者信贷对购买力的影响也很大。消费者信贷是消费者凭信用先取得商品使用权,然后按期归还贷款,以购买商品。这实际上就是消费者提前支取未来的收入,提前消费。信贷消费允许人们购买超过自己现实购买力的商品,从而创造了更多的就业机会、收入以及需求。同时,消费者信贷还是一种经济杠杆,它可以调节积累与消费、供给与需求之间的矛盾。当市场供大于求时,可以发放消费信贷,刺激需求;当市场供不应求时,必须收缩消费信贷,适当抑制,减少消费需求。消费信贷有利于将资金投向需要发展的产业,刺激这些产业的生产,带动相关产业和产品的发展。

(四)经济发展水平

企业的市场营销活动要受到一个国家或地区整个经济发展水平的制约。经济发展阶段不同,居民的收入不同,顾客对产品的需求也不一样,从而会在一定程度上影响企业的营销。例如,以消费者市场来说,经济发展水平比较高的地区,在市场营销方面会强调产品款式、性能及特色,品质竞争多于价格竞争;在经济发展水平较低的地区,则较侧重于产品的功能及实用性,价格因素比产品品质更为重要。在产业市场方面,在经济发展水平较高的地区,企业着重投资较大而且能节省劳动力的先进、精密、自动化程度高、性能好的生产设备;在经济发展水平较低的地区,机器设备大多是一些投资少而耗劳动力多,易操作、较为落后的设备。因此,对于不同经济发展水平的地区,企业应采取不同的市场营销策略。

(五)地区与行业发展状况

我国地区经济发展不平衡,逐步形成了东部、中部、西部三大地带和东高西低的发展格局。同时在各个地区的不同省市还呈现出多极化的发展趋势。这种地区经济发展的不平衡,对企业的投资方向、目标市场以及营销战略的制定等都会带来巨大的影响。我国行业与部门的发展也有差异。今后一段时间,我国将重点发展农业、原料和能源等基础产业。这些行业的发展必将带动商业、交通、通讯、金融等行业和部门的相应发展,也给市场营销带来一系列影响。因此,企业一方面要处理好与有关部门的关系,加强联系;另一方面,则要根据与本企业联系紧密的行业或部门的发展状况,制定切实可行的营销措施。

(六)城市化程度

城市化程度是城市人口占全国总人口的百分比,它是一个国家或地区经济活动的重要特征之一。城市化程度是影响营销的环境因素之一,这是因为城乡居民之间存在着某种程度的经济和文化上的差别,进而导致不同的消费行为。例如,目前我国大多数农村居民消费的自给自足程度仍然较高,而城市居民则主要通过货币交换来满足需求。此外,城市居民一般受教育较多,思想较开放,容易接受新生事物,而农村相对闭塞,农民的消费观念较为保守,故而一些新产品、新技术往往首先被城市所接受。企业在开展营销活动时,要充分注意到这些消费行为方面的城乡差别,相应地调整营销策略。

三、社会文化环境

社会文化是指一个社会的民族特征、价值观念、生活方式、风俗习惯、伦理道德、教育水平、语言文字、社会结构等的总和。它主要由两部分组成:一是全体社会成员所共有的基本核心文化;二是随时间变化和外界因素影响而容易改变的社会次文化或亚文化。不同国家、不同地区的人民,不同的社会与文化,代表着不同的生活模式,对同一产品可能持有不同的态度,直接或间接地影响产品的设计、包装、信息的传递方式、产品接受的程度、分销和推广措施。社会文化因素通过影响消费者的思想和行为来影响企业的市场营销活动。因此,企业在从事市场营销活动时,应重视对社会文化的调查研究,并做出适宜的营销决策。

(一)教育水平

教育水平是指消费者受教育的程度。一个国家、一个地区的教育水平与经济发展水平往往是一致的。不同的文化修养表现出不同的审美观,购买商品的选择原则和方式也不同。一般来讲,教育水平高的地区,消费者对商品的鉴别能力强,容易接受广告宣传和接受新产品,购买的理性强度高。因此,教育水平的高低影响着消费者的心理、消费结构,影响着企业营销组织策略的选取,以及推广方式、方法的差别。另外,企业的分销机构和分销人员受教育的程度,也对企业的市场营销产生一定的影响。

(二)价值观念

价值观念是人们对社会生活中各种事物的态度、评价和看法。不同的文化背景下,人们的价值观念差别是很大的,而消费者对商品的需求和购买行为深受其价值观念的影响。不同的价值观念在很大程度上决定着人们的生活方式,从而也决定着人们的消费行为。因此。对于不同的价值观念,企业的营销人员应采取不同的营销策略。对于乐于变化、喜欢猎奇、富有冒险精神、较激进的消费者,应重点强调产品的新颖和奇特;而对一些注重传统、喜欢沿袭传统消费习惯的消费者,企业在制定促销策略时应把产品与目标市场的文化传统联系起来。

(三)宗教信仰

不同的宗教信仰有不同的文化倾向和戒律,从而影响人们认识事物的方式、价值观念和行为准则,影响着人们的消费行为,带来特殊的市场需求,与企业的营销活动有密切的关系,特别是一些信奉宗教的国家和地区,宗教信仰对市场营销的影响更大。因此,企业应充分了解不同地区、不同民族、不同消费者的宗教信仰,提倡适合其要求的产品,制定适合其特点的营销策略。否则,会触犯宗教禁忌,失去市场机会。

(四)风俗习惯

风俗习惯是人们根据自己的生活内容、生活方式和自然环境,在一定的社会物质生产条件下长期形成并世代相袭而成的一种风尚和由于重复、练习和巩固下来并变成需要的行动方式的总称。它在饮食、服饰、居住、婚丧、信仰、节日、人际关系等方面,都表现出来独特的心理特征、伦理道德、行为方式和生活习惯。不同的国家、不同的民族有不同的风俗习惯,它对消费者的消费嗜好、消费模式、消费行为等具有重要的影响。企业营销者应了解和注意不同国家、不同民族的消费习惯和爱好,做到"入乡随俗"。可以说,这是企业做好市场营销尤其是国际市场营销的重要条件。

四、政治与法律环境

政治与法律环境是影响企业营销的重要的宏观环境因素,包括社会的政治制度、法制建设情况。政治因素像是一只有形之手,调节着企业营销活动的方向,法律则为企业规定营销活动的行为准则。政治与法律相互联系,共同对企业的营销活动发挥作用。

(一)政治环境

政治环境是指企业市场营销活动的外部政治形势。一个国家的政局稳定与否,会给企业营销活动带来重大的影响。如果政局稳定,人民安居乐业,就会给企业营销造成良好的环境。相反,政局不稳,社会矛盾尖锐、秩序混乱,就会影响经济发展和市场的稳定。企业在市场营销中,特别是在对外贸易活动中,一定要考虑东道国政局变动和社会稳定情况可能造成的影响。政治环境对企业营销活动的影响主要表现为国家政府所制定的方针政策,如人口政策、能源政策、物价政策、财政政策、货币政策等,都会对企业营销活动带来影响。

(二)法律环境

对企业来说,法律是评判企业营销活动的准则,只有依法进行的各种营销活动,才能受到国家法律的有效保护。企业开展市场营销活动,必须了解并遵守国家颁布的有关经营、贸易、投资等方面的法律法规。如果从事国际市场营销活动,企业既要遵守本国的法律制度,还要了解和遵守目标市场国家的法律制度和有关的国际法规、国际惯例和准则。在我国,有《公司法》、《广告法》、《商标法》、《合同法》、《反不正当竞争法》、《消费者权益保护法》、《产品质量法》、《外商投资企业法》等,这些法律法规对规范企业的营销活动起到了重要的作用。

五、自然环境

自然环境是指自然界提供给人类各种形式的物质资料,如阳光、空气、水、森林、土地等。随着人类社会进步和科学技术发展,世界各国都加速了工业化进程,这一方面创造了丰富的物质财富,满足了人们日益增长的需求;另一方面,面临着资源短缺、环境污染等问题。从20世纪60年代起,世界各国开始关注经济发展对自然环境的影响,成立了许多环境保护组织,促使国家政府加强环境保护的立法。这些问题都是对企业营销的挑战。对营销管理者来说,应该关注自然环境变化的趋势,并从中分析企业营销的机会和威胁,制定相应的对策。

六、科学技术环境

现代科学技术是社会生产力中最活跃的因素,它作为重要的营销环境因素,不仅直接影响企业内部的生产和经营,而且还与其他环境因素相互依赖、相互作用,影响企业的营销活动。科学技术因素对企业营销活动的影响主要体现在以下五个方面:

1. 科学技术的发展直接影响企业的经济活动。在现代社会,生产水平的提高主要依靠设备的技术研发,创造新的生产工艺、新的生产流程。

2. 科学技术的发展和应用影响企业的营销决策。科学技术的发展使得每天都有新品种、新款式、新功能、新材料的商品在市场上推出。营销人员在进行决策时,必须考虑科技环境所带来的影响。

3. 科学技术的发展加快产品更新换代。科学技术的发展,使得产品更新换代的速度加快,产品的市场寿命缩短。科学技术的发明和应用,可以造就一些新的行业、新的市场,同时又使一些旧的行业与市场走向衰落。

4. 科学技术的进步将改变人们的消费模式和需求结构。

5. 科学技术的发展为提高营销效率提供了更新、更好的物质条件:首先,科学技术的发展为企业提高营销效率提供了物质条件;其次,科学技术的发展可使促销措施更有效;最后,现代计算机技术和手段的发明运用可使企业及时对消费者需求及动向进行有效的了解,从而使企业营销活动更加切合消费者需求的实际情况。

第三节 微观营销环境

微观营销环境是指对企业服务其顾客的能力直接构成影响的各种力量,包括企业本身及其市场营销渠道企业、市场、竞争者和各种公众。构成企业微观环境的各种制约力量与企业形成了协作、竞争、服务、监督的关系,如图2—3所示。

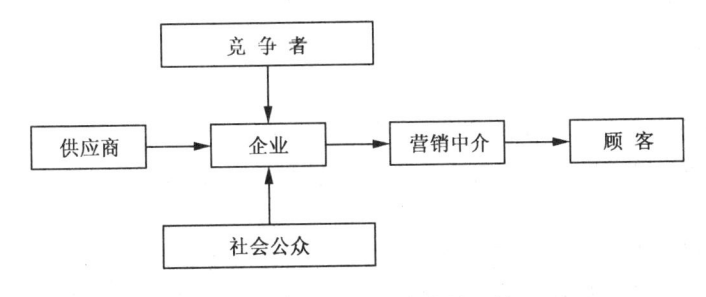

图 2—3 企业的微观营销环境

一、企业内部

一个企业的市场营销部门不是孤立的,它面对着许多其他职能部门,如高层管理(董事、总裁等)、财务、研发、采购、制造等部门,而这些部门,各管理层次之间的分工是否科学、协作是否和谐、目标是否一致,都会影响企业的营销管理决策和营销方案的实施。例如,在营销计划的执行过程中,资金的有效运用,资金在制造和营销之间的合理分配,可能实现的资金回收率,都与财务部门有关;新产品的设计和生产方法是研发部门集中考虑的问题;生产所需原材料能否得到充分供应,是由采购部门负责的;制造部门负责生产指标的完成;会计部门则通过对收入和支出的计算,协助营销部门了解它的目标达到何种程度。所有这些部门都同营销部门的计划和活动发生着密切的关系。

二、供应商

供应商是向公司及其竞争对手提供各种资源的组织和个人。公司运用这些资源为目标顾客生产产品和提供服务,这些资源包括原材料、设备、能源、劳务和资金等。这种力量对企业的营销影响是很大的,所提供资源的价格和供应量直接影响着企业产品的价格、销量和利润。营销部门必须重视供应商的调研和评价,选择那些能提供质量、价格、信贷、担保、交货最佳组合的供应商。通常,公司设法与一些主要供应商建立长期信用关系,以保持供货的稳定。许多公司宁愿分头向多个供应商采购,以避免过于依赖单一的供应商。条件许可时,公司应采取纵向一体化策略,与主要资源的企业合作,以增强对营销业务的控制力。

三、营销中介

营销中介是协助公司把产品和服务销售给购买者的中介组织,包括中间商、物流商、营销服务机构和金融机构。中间商协助公司寻找顾客或把产品销售给顾客。如何选择中间商并与之合作,对公司来说并非一件简单的事情。物流商帮助公司从制造地到销售地的过程中存储和运送货物,公司必须综合考虑成本、运送速度、安全性和交货方便性等因素,确定运输和储存货物的最佳方式。营销服务机构如市场调研公司、广告公司、咨询公司等,帮助企业制定和实施营销计划、由于这些公司在服务内容、质量、价格、特色方面差异很大,在选择它们时要多加小心。金融机构为交易提供金融支持或对金融中的风险提供担保险,公司必须同金融机构保持密切联系。因此,要求企业在营销过程中,必须处理好同这些中介机构的合作关系。

四、顾客

顾客是企业产品和服务的购买者。顾客对企业营销的影响程度远远超过前述的环境因素。顾客是市场的主体,任何企业的产品和服务,只有得到了顾客的认可,才能赢得这个市场,现代营销强调把满足顾客需要作为企业营销管理的核心。企业的顾客群或市场可以是下列类型中的一种或几种:

1. 消费者市场。由个人和家庭组成,为自身的消费而购买商品和服务。
2. 生产者市场。由生产厂商组成,其购买产品和服务是为了在生产过程中使用,以达到赢利或其他目的。
3. 中间商市场。由各种中间商构成,其购买产品和服务是用于转售,从中赢利。
4. 政府市场。由政府机构构成,其购买产品和服务是用以提供公共服务或发放救济。

5. 国际市场。由国外购买者组成，包括国外的消费者、生产者、中间商和政府。

由于每一类型的顾客都有自己的特点，因而需要营销人员仔细地研究，以便选择恰当的目标市场，制定并实施适当的营销策略。

五、竞争者

竞争者无处不在。一个组织为目标顾客所做的营销努力，总会遇到其他组织要与之较量的类似努力。竞争对手的状况将直接影响企业的营销活动，无论是在产品销路、资源，还是在技术力量方面的对峙。因此，企业必须清楚地了解竞争企业的数量；竞争对手的规模和能力；竞争企业对竞争产品的依赖程度；竞争企业所采取的营销策略及对其他企业策略的反应速度；竞争企业借以获取竞争优势的特殊原材料来源及供应渠道。因此，公司的营销系统必须时刻注意识别各种竞争者，设法超过他们，保持顾客对本公司的依赖关系。

一个行业只有一个企业，或者说一个企业能够控制一个行业的完全垄断的情况在现实中很不容易见到。因此与同行的竞争是不可避免的。我们可以将企业的竞争对手分为四个层次：

1. 产品品牌竞争者。是指品牌不同，但满足需要的功能、形式相同的产品之间的竞争。如轿车中的"奔驰"、"宝马"以及"别克"等品牌之间的竞争。这是企业最直接而明显的竞争对手。这类竞争者的产品内在功能和外在形式基本相同，但因出于不同厂家之手而品牌不同。有关企业通过在消费者和用户中培植品牌偏好而展开市场竞争。

2. 产品形式竞争者。是指较品牌竞争者更深一层次的竞争者，即各个竞争者产品的基本功能相同，但形式、规格和性能或档次不同。如自行车既有普通轻便车，又有性能更优良的山地车。厂家通过在顾客中发掘和培养品牌偏好来展开市场竞争。

3. 平行竞争者。这是潜伏程度更深的竞争者，这些竞争者所生产的产品种类不同，但所满足的需要相同。如汽车、摩托车或自行车都能满足消费者对交通工具的需要，消费者只能择其中一种。这属于较大范围的行业内部竞争。

4. 需求愿望竞争者。是潜伏程度最深的竞争者，不同竞争者分属不同的产业，相互之间为争夺潜在需求而展开竞争。如房地产公司与汽车制造商为争夺顾客而展开的竞争。顾客现有的钱如用于汽车购买则不能用于房子购买，汽车制造商与房地产公司实际是针对购买者当前所要满足的各种愿望展开争夺。

在上述四个层次的竞争对手中，品牌竞争者是最常见、最外在的，其他层次的则相对比较隐蔽、深刻。正是如此，在许多行业里，企业的注意力总是集中在品牌竞争因素上，而对如何抓住机会扩大整个市场、开拓新的市场领域，或者说起码不让市场萎缩，经常被忽略不顾。所以，有远见的企业不会仅仅满足于品牌层次的竞争，关注市场发展趋势、维护和扩大基本需求优势更加重要。

六、社会公众

社会公众是企业营销活动中与企业营销活动发生关系的各种群体的总称。公众对企业的态度，会对其营销活动产生巨大的影响，它既可以有助于企业树立良好的形象，也可能妨碍企业的形象。所以企业必须采取处理好与主要公众的关系，争取公众的支持和偏爱，为自己营造和谐、宽松的社会环境。社会公众是指社会上与某公司有着直接或间接联系的所有个人、群体或组织。所有企业都有以下6类公众：

1. 金融公众。包括银行、投资公司、证券公司、保险公司等，这些机构影响企业的融资能力。

2. 媒介公众。指报纸、杂志、电台、电视台、互联网等大众传播媒介，这些媒介有着广泛的社会影响。

3. 政府公众。即与企业的营销活动有着直接关系的政府部门。他们所制定的方针、政策、对企业营销活动或是限制，或是机遇。

4. 社团公众。主要指与企业营销活动有关的非政府机构，如消费者组织、环境保护组织以及其他群众团体。企业营销活动涉及社会各方面的利益，来自这些社团公众的意见、建议，往往对企业营销决策有着十分重要的影响作用。

5. 社区公众。即企业所在地附近的居民和社会组织，这类公众与企业有着密切联系。社区是企业的邻里，企业保持与社区的良好关系，为社区的发展做一定的贡献，会受到社区居民的好评，他们的口碑能帮助企业在社会上树立形象。

6. 内部公众。指企业内部的管理人员及一般员工，企业的营销活动离不开内部公众的支持。应该处理好与广大员工的关系，调动他们开展市场营销活动的积极性和创造性。

第四节　环境分析与营销对策

一、营销环境的二重性：威胁与机会

市场营销环境通过对企业构成威胁或提供机会而影响营销活动。

环境威胁是指环境中不利于企业营销的因素的发展趋势，对企业形成挑战，对企业的市场地位构成威胁。这种挑战可能来自国际经济形势的变化，如2008年在美国爆发的金融危机，给世界多数国家的经济和贸易带来了负面影响。挑战也可能来自社会文化环境的变化，如国内外对环境保护需求的提高，某些国家实施"绿色壁垒"，对某些生产不完全符合环保要求的产品的企业无疑也是一种严峻的挑战。

市场机会指对企业营销活动富有吸引力的领域，在这些领域，企业拥有竞争优势。环境机会对不同的企业有不同的影响力，企业在每一特定的市场机会中成功的概率，取决于其业务实力是否与该行业所需要的成功条件相符合，如企业是否具备实现营销目标所必需的资源，企业是否能比竞争者利用同一市场机会获得较大的"差别利益"。

二、威胁与机会分析

威胁和机遇是同时存在的，企业不仅要看到市场营销环境变化带给企业营销威胁的一面，还要发掘它所给予企业营销机遇的一面。只有全面分析市场营销环境因素，才能对企业营销所处的市场营销环境做出准确的判断。企业可以用"环境威胁矩阵图"和"市场机会矩阵图"来加以分析、评价营销环境。

（一）威胁分析

市场营销环境对企业的威胁，一般分析两方面的内容：一方面是分析威胁对企业影响的严重性；另一方面是分析威胁出现的可能性，即出现概率。可用分析矩阵方法来进行，如图2—4所示。

```
                出现的概率
           高              低
       ┌────────┬────────┐
    高 │   I    │   II   │
威胁   ├────────┼────────┤
    低 │  III   │   IV   │
       └────────┴────────┘
```

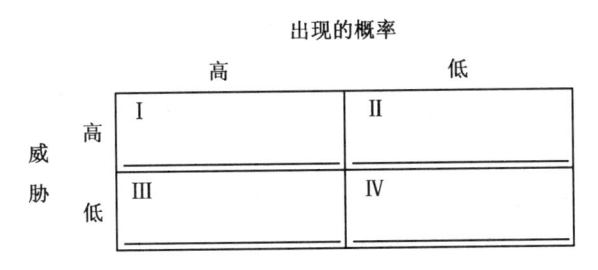

图 2—4　威胁分析矩阵

第 I 象限内,环境威胁的严重性高,出现的概率也高,表明企业面临着严重的环境危机。面对危机时,企业应积极采取相应的对策,避免威胁造成的损失。

第 II 象限,威胁严重性高,但出现的概率低,企业不可忽视,必须密切注意其发展变化,也应制定相应的措施准备面对,力争将危害降低。

第 III 象限,营销环境威胁影响程度小,但出现的概率高,虽然企业面临的威胁不大,但是由于出现的可能性大,企业也必须充分重视。

第 IV 象限,环境威胁严重性低,出现的概率也低。在这种情况下,企业不必担心,但应注意其发展动向。

(二)机会分析

机会应从潜在吸引力和成功的可能性两方面进行分析。分析的矩阵图如图 2—5 所示。

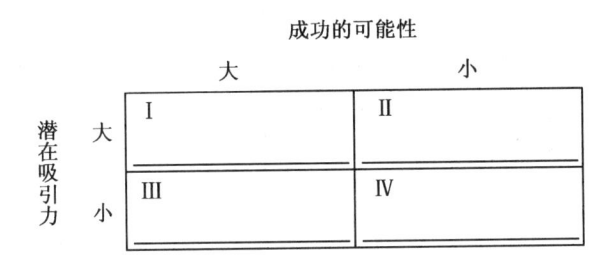

```
               成功的可能性
           大              小
       ┌────────┬────────┐
    大 │   I    │   II   │
潜在
吸引力 ├────────┼────────┤
    小 │  III   │   IV   │
       └────────┴────────┘
```

图 2—5　机会分析矩阵

第 I 象限,机会潜在吸引力和成功的可能性都很大,表明营销机会对企业发展有利,企业应采取积极的态度,分析把握。

第 II 象限,机会潜在吸引力很大,但是成功的可能性很小,说明企业暂时还不具备利用这些机会的条件,应当放弃。

第 III 象限,机会潜在吸引力很小,成功的可能性大,虽然企业有利用机会的优势,但不值得企业去开拓。

第 IV 象限,机会潜在吸引力很小,成功可能性也小,企业应当主动放弃。

用上述矩阵法分析、评价营销环境,可能出现 4 种不同结果,如图 2—6 所示。

第 I 象限为理想企业。这类企业机会水平高、威胁水平低,说明企业有非常好的发展前景。

第 II 象限为冒险企业。这类企业机会水平和威胁水平低。也就是说,在环境中机会与挑战并存,成功和风险同在。因此,这类企业应抓住机会充分利用,同时制定避免风险的对策。

	威胁水平	
	低	高
机会水平 高	理想企业	冒险企业
机会水平 低	成熟企业	困难企业

图2—6　环境分析综合评价

第Ⅲ象限为成熟企业。这类企业机会和威胁水平低,说明企业发展的机会已经很少,自身发展潜力也很低,企业应该研究环境营造的新机会,进一步开拓,否则,将影响企业的生存。

第Ⅳ象限为困难企业。这类企业面临较大的环境威胁,而营销机会也很少,这种企业如果不能减少环境威胁,将陷入经营困难的境地。

(三)企业营销对策

市场营销环境变化给企业营销带来的影响是多样的、复杂的。在环境分析与评价的基础上,企业对威胁与机会水平不等的各种营销业务要分别采取不同的对策。

1. 对理想业务,应看到机会难得,甚至转瞬即逝,必须抓住机遇、迅速行动,否则,将丧失战机,后悔无及。

2. 对冒险业务,面对高利润与高风险,既不宜盲目冒进,也不应迟疑不决,坐失良机,应全面分析自身的优势与劣势,扬长避短,创造条件,争取突破性地发展。

3. 对成熟业务,机会与威胁处于最低水平,可作为企业的常规业务,可以维持企业的正常运转,并为开展理想业务和冒险业务准备必要的条件。

4. 对困难业务,要么是努力改变环境,走出困境或减轻威胁,要么是立即转移,摆脱无法扭转的困境。

小链接

SWOT分析工具介绍

SWOT分析代表分析企业优势(Strength)、劣势(Weakness)、机会(Opportunity)和威胁(Threats)。"SWOT分析"实际上是对企业内外部条件的各方面内容进行归纳和概括,进而分析组织的优劣势、面临的机会和威胁的一种方法。其中,优劣势的分析主要是着眼于企业自身的实力及其与竞争对手的比较,而机会和威胁分析将注意力放在外部环境变化对企业的可能影响上面。企业在维持竞争优势的过程中,必须认识自身的资源和能力,采取适当的措施,做好"SWOT分析"。

思考题

1. 市场营销环境对企业的重要性体现在什么地方?
2. 简述市场营销环境的构成。

3. 影响消费者支出模式的因素有哪些？
4. 企业对其所面临的环境威胁可能采取的对策有哪些？
5. 试述社会文化环境对市场营销的影响。
6. 步入21世纪后，人口老龄化问题在大中城市日益突出，请列举出该变化所带来的市场机会。

案例讨论

家乐福败走香港

2000年9月18日，世界第二大超市集团"家乐福"位于香港杏花村、荃湾、屯门及元朗的4所大型超市全部停业，撤离香港。

法资家乐福集团，在全球共有5 200多间分店，遍布26个国家及地区，全球的年销售额达363亿美元，盈利达7.6亿美元，员工逾24万人。家乐福在我国的台湾、深圳、北京、上海的大型连锁超市，生意均蒸蒸日上，为何唯独兵败香港？

家乐福声明其停业原因，是由于香港市场竞争激烈，又难以在香港觅得合适的地方开办大型超级市场，短期内难以在市场争取到足够占有率。

家乐福倒闭的责任可从两个方面来分析：

1. 从它自身来看

第一，家乐福的"一站式购物"（让顾客一次购足所需物品）不适合香港地窄人稠的购物环境。家乐福的购物理念建基于地方宽敞，与香港寸土寸金的社会环境背道而驰，显然资源运用不当。这一点反映了家乐福在适应香港社会环境方面的不足和欠缺。

第二，家乐福在香港没有物业，而本身需要数万至10万平方英尺（1英尺：0.305米）的面积经营，背负庞大租金的包袱，同时受租约限制，做成声势时租约已满，竞争对手觊觎它的铺位，会以更高租金夺取；家乐福原先的优势是货品包罗万象，但对手迅速模仿，这项优势也逐渐失去。

除了已开的4间分店外，家乐福还在将军澳新都城和马鞍山新港城中心租用了逾30万平方英尺的楼面，却一直未能开业，这也给它带来沉重的经济负担。

第三，家乐福在台湾有20家分店，能够形成配送规模，但在香港只有4家分店，直接导致配送的成本相对高昂。在进军香港期间，它还与供货商发生了一些争执，几乎诉诸法律。

2. 从外部来看

第一是在1996年它进军香港的时候，正好遇上香港历史上租金最贵时期，经营成本高昂，这对于以低价取胜的家乐福来说，是一个沉重的压力。并且在这期间又不幸遭遇亚洲金融风暴，香港经济也大受打击，家乐福受这几年通货紧缩影响，一直无盈利。

第二是由于香港本地超市集团百佳、惠康、华润、苹果速销等掀起的减价战，给家乐福的经营以重创。作为国际知名的超市集团，家乐福设有主动参加这场长达两年的减价大战，但几家本地超市集团的竞相削价，终于使家乐福难以承受，在进军香港的中途铩羽而归。

讨论题：从营销环境的角度分析家乐福败走香港的原因。

课后实践

1. 目的

用SWOT分析方法分析营销环境对企业的重要影响。

2. 内容和任务

选取本地典型企业进行调查,用 SWOT 分析法分析企业营销环境的优势、劣势,识别其中的机会和威胁,提出营销对策。

3. 步骤

(1)教师布置实训目的及任务,并提出相应要求。

(2)将班级成员分成若干组,每组 5~8 人,分组时注意小组成员在知识、性格、技能方面的互补性,并进行合理分工,选出小组长,以协调小组工作。

(3)各小组由组长负责,确定调研企业,拟订调研提纲。

(4)实施调研。

(5)整理调研资料,撰写小组调研报告。

(6)教师组织各小组调研报告的交流与讨论。由各组组长组成评审团,对各组代表发言情况进行评分。将各组最后得分计入每人的平时成绩。

(7)教师最后进行总结。

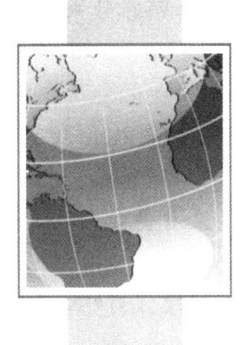

第三章 消费者购买行为分析

引例

谁说实体店没落？看这一家销售额15亿的"爆款"超市

人们的生活节奏正变得越来越快，逛超市都逐渐成为一种奢侈，更多的人习惯去便利店买东西，然后迅速走人。在意大利却有一家食品超市偏偏逆向而行，不仅主打"慢食生活＋健康"的生活理念，更通过"超市＋餐厅"的模式深入人心，2014年在全球只有28家店的情况下，年收入2.2亿欧元(约15亿元人民币)。在纽约的一家分店，一天的客流便可达到12 800人，这家超市就叫：Eataly。

品牌起源

Eataly的名字来源于英文吃(Eat)和意大利(Italy)的组合，是全世界规模最大、品种最全的意大利食品超市。Eataly的创始人奥斯卡·法利内希望开办一家以持续性、责任感及分享为目标的食品超市。于是2007年在意大利都灵开办了第一家Eataly，马上引起了超乎想象的轰动效应。

现在，你几乎在意大利的每个重要城市都能找到Eataly的坐标，而且它还扩展到了美国、英国、日本、阿联酋等其他一些国家的重要城市中。Eataly在纽约曼哈顿的分店总投资2 000万美元，于2011年8月开张，在开业不久后马上就创造了单日12 800名到访者的纪录。

是什么造就了Eataly如此受人欢迎？

法则一：极致的体验深入人心

1. 人性化的设计

很多时候，我们到超市要想买一件东西立刻走，必须逛完整个超市才能找到收银台，而Eataly和传统超市不同，顾客一进门就可以看到收银台，如果顾客着急，可以直接买完东西结账走人，而不用逛完整个超市。

2. 颠覆传统超市的定义

Eataly不仅仅是一个食品购物超市，更多的还提供一种生活方式。Eataly将自己定位为"慢食超市餐厅"，所以走进去时，更像是一个食品市场，这里不仅陈列着琳琅满目的食材，旁边还有厨师、餐桌和服务生。每个陈列区旁都设有用餐处，顾客既可以选好食材回家烹饪，也可以让厨师为你烹饪好，直接在此享用。

以纽约的门店为例,顾客可以坐在超市里边吃烤肉边看电视,逛累了可以在咖啡柜台坐下喝杯咖啡休息片刻,还可以去小图书馆里翻翻食谱。多样化的购物餐饮场景给顾客带来了极致的体验。

3. 不一样的营销理念

Eataly 并没有像其他超市一样花费大量的广告费用,Eataly 的营销核心是饮食教育。Eataly 的公关认同"透过教育才能创造新的顾客"。比如:

Eataly 收集了大量美食书刊,并且设置了一个小图书馆,顾客可以在这里看美食书刊,确定好要买的东西,可以在旁边的电脑打印出清单,再去购买。

在入口处或餐桌上画上当季蔬果,让顾客认识当季食品,因为当季食物最便宜好吃,客人也可以购买食物生产季节的海报回家参考。

Eataly 每个营业区经常会针对不同年龄层开办各类烹饪课、品尝课,这些课程的价格从 30 欧元到 120 欧元不等。比如意大利的传统烹饪课程,葡萄酒的品鉴及存放课程,小学生的食材的历史、特性、烹饪方法课程等等。Eataly 精心挑选的厨师会耐心地传授烹饪方法,然后让学员们一起动手,并在最后分享自己的成果。

法则二:看得见的健康产品理念

在 Eataly,到处可以看到一个大标语:吃是一种农业行为(eating is an agricultural act),展示了独树一帜的经营理念。品牌诞生初期,Eataly 就集合起了一群以传统方式种植、生产食材和饮品的小农场和小作坊,Eataly 宁可舍弃市面上常见的品牌,也要选择当季、本地以及个性化的商品。这里约一半食材产于本区,45% 来自意大利其他地方,进口只占 5%。商品是直接向约 900 位生产者采购,不额外收取上架费,这也减少了生产方和零售商之间中间环节的成本。

为了推销这些小型生产者,Eataly 不仅制作海报、小告示,举办试吃、品酒、烹饪课,还安排顾客参观食品产地,以轻松友善的方式拉近消费者和生产者的距离。从一开始,Eataly 就通过建立自己与农业生产者之间的直接关系,用合理的价格提供给人们最天然、最健康的农产品。这个经营模式也启发了 Eataly 持续、责任、分享的价值核心。

法则三:独树一帜的社交媒体推广

为了让品牌文化更加深入人心,Eataly 在社交媒体上花了不少工夫,通过自己创造的各种活动和节日,让习惯了快节奏生活的顾客学会慢下来,享受"慢食"的魅力。除了两大主流社交媒体平台 Facebook 和 Twitter 以外,Eataly 的官方网站也是这些活动推广的重要媒介。比如:

无肉星期一:在这一天,倡导大家吃素食,同时宣传 Eataly 精致的素食菜单。

全国啤酒日:号召美酒爱好者齐聚 Eataly 的酒类专区,品尝美酒和小食。

反情人节:这是 Eataly 想出来的奇怪节日之一。如果你在 2 月 14 日没有地方浪漫,那就可以来 Eataly 的屋顶餐厅加入"One Night Stand"活动,从中午到午夜,Eataly 提供了 50 多种啤酒佳酿以及美食,有些酒甚至具有巧克力口感。所以说,情人节那天没有被丘比特之箭射中没关系,错过这些美酒、美食才是真的遗憾!

总结

Eataly 在全球范围内颇受欢迎有两个重要原因:一是超市的设计和餐厅的食物的确令人惊喜;二是 Eataly 倡导的慢生活、慢食物的生活方式深受大城市居民的喜爱。

在大家习惯于忙忙碌碌的今天,你可以在慢悠悠逛超市的同时选择自己中意的食材和菜谱。如果有幸遇到个好天气,到 Eataly 屋顶餐厅选择一个小圆桌,对着暖阳和高楼,俯瞰整个城市,简直让每一个对生活品质有追求的食客心醉神怡。

资料来源:《销售与市场(渠道版)》,2016 年第 3 期(作者:陈宗泽)。

【营销启示】 在当今竞争激烈的市场,企业只有深入了解消费者需求,创新方式满足其需求,才能获得市场机会,凸显竞争优势。

第一节　消费者需要

广义的消费者指购买、使用各种产品与服务的个人或组织;这里所说的消费者是指狭义的消费者,是指为了生活消费而购买、使用各种产品与服务的个人或家庭。生活消费是产品和服务流通的终点,也称为最终产品市场。各类企业特别是消费品生产经营企业要充分满足消费者需求、提高市场营销效益,就必须要深入研究消费者购买行为的规律性,并据此进行市场细分和目标市场的选择,有的放矢地制定市场营销组合策略。

行为科学认为,人的行为都有一定的动机,而动机又产生于人类本身的内在需要,消费者行为也不例外。产生消费者行为的最基本的内在原因是消费者需要,正因为如此,市场营销活动以消费者需要为出发点。只有在对消费者需要有充分认识的基础上,才有可能制定出与消费者需要相一致的营销策略,使企业的营销活动满足消费者需要,并在其满足的过程中取得良好的营销绩效。

一、消费者需要的概念

需要是指人们在个体生活和社会生活中感到某种欠缺而力求获得满足的一种心理状态。

需要是现实需求的反映。人作为生物,为了维持生存、延续种系,在其生存和发展的过程中会有各种各样的需要,如饿的时候有进食的需要,渴的时候有喝水的需要,在与他人交往中有获得友谊、被人尊重的需要,等等。一种需要满足后,又会产生新的需要。因此,人的需要绝不会有被完全满足和终结的时候。正是需要的无限发展性,决定了人类活动的长久性和永恒性。

消费者需要是指消费者在一定的社会经济条件下,为了自生生存和发展而对商品的需求和欲望。消费者需要通常以对商品的愿望、意向、兴趣、理想等形式表现出来。企业的营销活动对消费者个体的影响,首先表现在需要既是营销活动的出发点,又是营销活动转化为购买活动的中介。当某种主观需要形成后在其他相关因素的刺激下,就会激起购买动机,从而产生购买行为的一种内驱力。所以,需要在营销活动转化为行为动机的过程中起了基础和中介的作用,没有消费者,营销活动与消费者购买的内在动机之间就没有必然的直接联系。

二、消费者需要的特征

消费者由于不同的主观原因和客观条件,对商品或劳务有不同的需要,而且这些需要随着人们物质文化生活水平的不断提高也必然处在不断变化和发展之中。但是,无论消费者需要如何千变万化,它们都有如下的共同特征:

(一)需要的多样性

我国是一个多民族的国家,地域辽阔,人口众多,消费者在民族习惯、地理位置、收入水平、文化程度、宗教信仰、民族习惯、年龄、职业、兴趣爱好、生活方式等方面存在着相当大的差异,因此,他们对商品或劳务的需求也必然是各具特色,具体表现在不同消费者对于同一种商品的质量、价格、花色品种等方面有着千差万别的要求。企业应该在对市场进行细分的基础上,根据消费者需要的多样性特点和自身条件,准确地选择目标市场。

(二)需要的层次性

需要产生于人的有机体(生活体)的缺乏状态。在一定条件下,人的缺乏状态是多种多样的,很难得到全部满足,于是有机体根据自己的生活环境、经济收入、兴趣爱好、社会地位、职业条件,对其缺乏状态进行平衡,分清轻重缓急,决定需要的先后次序,于是产生了需要的层次性。同时,由于人类社会的发展是一个历史的发展过程,这种发展是由低级向高级发展的过程,当人的低层次需要得到满足之后,必然会产生较高层次的需要,以致形成一个由低级到高级逐级发展的层次。

(三)需要的发展性

社会经济文化的发展不断创造新的消费对象,新的、更高层次的消费又反过来促进社会经济文化的发展,如此循环往复,没有穷尽。消费者对某一需要满足之后虽然解除了该项需要对消费者的刺激,但是又会产生其他更高一级的需要,二者更高级的需要也会在进一步发展中扬弃自身。消费者需要的发展性在市场上表现为消费数量的增多和消费质量的提高。

(四)需要的可诱导性

消费者消费需要的产生和发展,与客观现实的刺激有着很大的关联。社会政治经济的变革、企业的广告宣传、社会道德风尚的倡导、消费者个体生活和环境的变迁等,都有可能诱发消费者的需求发生变化和转移,使潜在的欲望和要求转化为现实的行为。正因为消费者需要具有可诱导性,企业和消费者不仅能够发挥自身优势,组织开发适销对路、价值相宜的商品来满足消费者的需要,而且应该根据市场的实际情况对消费者进行启发和诱导,指导人们的消费朝着健康的方向发展。

(五)需要的关联性和可替代性

消费者的各种消费需要往往具有一定的关联性。消费者为满足需要,在购买某一商品时往往顺便购买相关的商品,如购买一套西服,可能顺便购买衬衫、领带、皮鞋等,因此,企业在确定商品的经营范围和结构时应该充分考虑到消费需求的关联性,甚至店址的选择都要考虑到毗邻企业的经营品种和服务项目。

不仅如此,消费者需要还具有相互替代性。这种替代性使消费品市场常常出现某种商品的销售量增长,而另一种商品销售量减少的现象。例如,消费者对肉、鱼、禽、蛋等动物食品的需要增多,对粮食、植物油的需要相对减少,如此等等。

三、马斯洛需要层次理论

美国人本主义心理学家马斯洛在20世纪40年代提出了著名的人类需要层次理论,他认为人有五种基本需要:生理需要、安全需要、社交需要、尊重需要、自我实现需要。这些需要属于不同层次,构成一个需要的"金字塔"(如图3-1所示)。马斯洛指出,只有低级需要基本满足之后,才会出现高一级的需要,也就是说,人的基本需要是由低级向高级发展的,具有连续性。

(一)生理需求

生理需要是人类为维持自身的生命以及延续种族而产生的最原始、最基本的需要,如空气、水、食物、衣着、住所、睡眠等。这是人类自然属性的表现,具有最强大的推动力。马斯洛认为只有在这些需要满足到足以维持生命所必要的程度之后,其他需求才能激励人们。

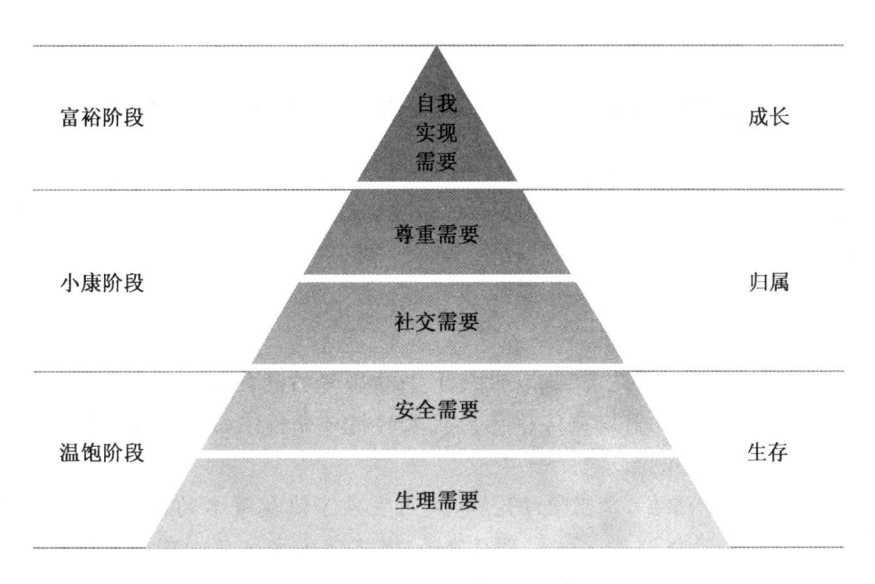

图 3-1 马斯洛的需要层次理论

(二)安全需要

安全需要是指人类在社会生活中,为保障人身安全不受损伤,为摆脱疾病和失业的危险,为减少经济的损失和意外事故的发生而产生的需要,如职业的保障、社会保险、财产安全等。安全需要是人类较低层次的基本需要之一。当人的生理需要相对满足时,安全需要就成了个人行为的第二推动力。

(三)社交需要

社交需要是指人们希望给予或接受爱的感情,得到某些社会团体的重视和容纳的需要。人生活在社会群居的环境中,需要与同事、同伴保持良好的关系,希望得到友谊、忠诚和爱情,希望被团体接纳,有一定的归属感。社交需要是人们在生理需要、安全需要得到基本满足以后所产生和追求的第三层次的需要,也是更精致、更难捉摸、对大多数人来讲是很强烈的需要,它同样是人的行为的十分重要的推动力。

(四)尊重需要

尊重需要是指人们在社会生活中希望有一定的社会地位和自我表现的机会,获得相应的荣誉,受到别人的尊重,享有较高的威望。内部的尊重因素包括自尊、自信和成就感;外部的尊重因素包括地位、权力、名誉、被社会认可等。尊重需要是人的高层次的发展需要。尊重需要得到满足,可以增强人的自尊、自信;否则,便会产生自卑感,失去基本信心。

(五)自我实现需要

自我实现需要是指人们希望发挥自己的才干,干一番事业,获得相应成就,实现理想目标,成为自己所期望的人的需要。这是马斯洛需要层次的最高需求,它是一种心愿,是个人的成长与发展、发挥自身的潜能、实现理想与抱负的需要。

马斯洛的需要理论把人类千差万别的需要归结为上述五个层次,并进行了具体分析,指出了各层次之间的关系和有机联系,强调了满足人的基本需要的重要性,这在一定程度上揭示了人类需要的发展规律,已经成为西方行为学和管理科学的理论基础。因此,它对于市场营销活动的研究具有重要的借鉴意义。

> **小链接**
>
> "人本主义心理学之父"——亚伯拉罕·哈罗德·马斯洛
>
> 亚伯拉罕·哈罗德·马斯洛（Abraham Harold Maslow，1908—1970），美国著名的哲学家、社会心理学家、人格理论家和比较心理学家，人本主义心理学的主要创始人，被誉为"人本主义心理学之父"。
>
> 马斯洛在布鲁克林大学开始他的职业生涯，后来担任布兰代斯大学心理学系主任。1967年至1968年担任美国心理学会主席。
>
> 马斯洛人本主义心理学是美国20世纪下半叶崛起的新的心理学派，形成了心理学的"第三思潮"，这是相对于此前以弗洛伊德为代表的精神分析学的"第一思潮"和以华生为代表的行为主义的"第二思潮"。
>
> 1943年7月，马斯洛在《心理学评论》杂志上发表了他最著名的论文《人类动机论》，提出了如今广为传播的动机理论——需要层次论，奠定了人本主义心理学基础。
>
> 马斯洛的人本主义心理学是人道主义思想的体现，在心理学、管理学、行为学等领域发挥着重要作用，不仅具有重要的理论价值，也具有实用的功能，被广泛用于企业管理、教育、医疗和防止犯罪等各个领域，产生了良好的效益。
>
> 马斯洛的学说帮助人类更加清晰地认识了自己、认识了社会，帮助消费者选择更适合自己的生活方式，帮助企业选择更适合自己的管理和营销方式，成为当今企业管理和市场营销的基石。

第二节 消费者购买动机

一、消费者购买动机的概念

所谓消费者购买动机，是指消费者为了满足自己一定的需要而引起购买行为的愿望或意念，它是能够引起消费者购买某一商品和劳务的内在动力。

心理学认为：人的行为都有一定的动机，而动机又产生于人类本身的内在需要。人们的行为一般来说都是有目的的，都是在某个动机的驱动下达到某个目标的过程。需要、动机、行为、目标这四者之间的关系如图3—2所示。

需要 → 动机 → 行为 → 目标

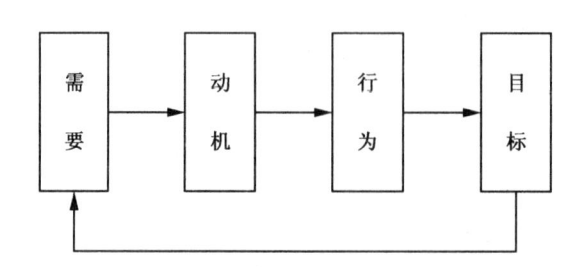

图3—2 需要、动机与行为之间的关系

同样,消费者购买动机与消费者需要的关系也极为密切,两者不仅是购买行为的内在因素,而且,消费者的购买动机也是建立在消费者需要的基础上的,它受到消费者需要的制约和支配,仅当消费者有了某种需要才会成为一种内在推动力(即动机)。消费者有了购买动机,就要寻找满足需要的目标,并且在目标找到之后进行满足需要的活动或行为(即购买行为和消费行为)。当行为产生之后,需要或动机得到满足,生理或心理的紧张状态得以解除,消费者个体重新恢复平衡,新的需要又会产生,这个过程中各环节的关系如图3-3所示。

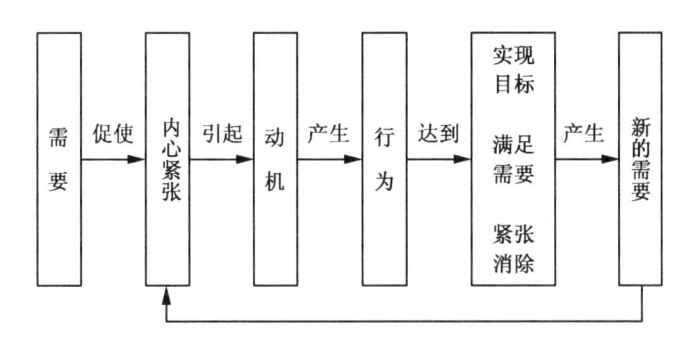

需要 →促使→ 内心紧张 →引起→ 动机 →产生→ 行为 →达到→ 实现目标 满足需要 紧张消除 →产生→ 新的需要

图3-3 消费者行为模式

因此,消费者内在需要是产生购买动机的根本原因和动力,从整体上来说,没有消费者需要,就没有相应的购买动机。当然,强调消费者的需要与购买动机的紧密联系,并不是说需要与动机可以直接等同,它们之间的区别也是客观存在的。消费者有时即使有某种需要,也未必能激发出动机。例如,某一消费者感到饥饿,需要吃东西,但看到食品不卫生,就倒胃口了。这就是说,吃的需要遇到这样的环境就不能激起吃的动机。

二、消费者购买动机的特征

消费者购买动机是一个复杂的体系。尽管这一体系随着消费者需求的变化和外部环境的刺激而不断变化,但却有以下共同的特征:

(一)复杂性

消费者的购买动机是复杂的,一种购买行为往往包含着若干个购买动机,不同的购买动机可能表现出同样的购买行为,相同的购买动机也可能表现出不同的购买行为。消费者复杂而多样的购买动机往往以其特定的相互联系构成动机体系。在消费者的购买动机体系中,各种动机所占的地位和所起的作用是不同的。较强烈而稳定的动机称为优势动机,其余的则称为劣势动机。一般来说,优势动机具有较大的激活作用,在其他因素相同的情况下,消费者个人的行为是同优势动机相符合的。

(二)转化性

消费者的优势动机和劣势动机不仅相互联系,而且相互转化,当一个消费者的购买行为在多种购买动机驱使形成的过程中,优势动机往往起关键作用。但是,如果在决策或选购商品的过程中出现较强的外部刺激,如购买现场的广告宣传,或发现钱不够,或近期某种商品的价格调整,或售货员态度恶劣使人难以忍受等等,迫使消费者购买的优势动机被压抑,则优势动机就可能向劣势动机转化。

(三)公开与内隐的并存性

在消费者多种多样的购买动机中,有些是有意识的公开的动机,即完全知道行为背后的动机,而有些则是无意识的内在隐藏着的动机。消费者的购买动机来源于有目的的决策,其中,购买动机十分明确,并可公开表达,是有意识的公开的动机;当一个消费者无论如何也不能说清楚某一特定行为的真正动机,或者出于某种原因,以劣势(或次要)动机或其他动机掩盖其优势动机或真正动机的,就是内隐性动机。由于消费者的有些购买行为是在潜意识的支配下进行的,或者是许多动机交织在一起,因此,优势动机与劣势动机往往不易辨认,有时连消费者本人也说不清楚。例如,某一位年轻妇女在购买一件花衬衣的过程中,既可能是为了增加自己的青春风韵,也可能是希望获得周围朋友的羡慕,还有可能是为了炫耀自己是一位精于选购商品的采购员,但究竟哪一种动机起了决定购买的作用,其本人也不太明白。此外,有意识地隐藏真正动机的行为也是很多的,如有的人在家铺了地毯,其优势动机是为了显示优越感,但别人问为什么买地毯时,却回答是为了居室清洁少尘。

(四)冲突性

消费者多种多样的购买动机相互联系、相互影响,形成动机体系。在各种动机之间,有时也出现相互冲突或抵触,使消费者在购买商品时内心出现矛盾、左右为难的情形。当消费者购买动机发生冲突和斗争时,消费者应该理智地对待。要在内心的矛盾冲突中实现购买决策,可以采用的办法有:在双趋式(即正正)冲突情况下,采取趋大利的选择,即"两利相权取其重";在双避式(即负负)冲突的情况下,采取避大害的选择,即"两害相权取其轻";在趋避式(即正负)冲突的情况下,采取趋利避害式选择;在难辨利弊的情况下,可采取随机选择的办法,即依据自己的喜好程度、经济能力而定。应该指出,在消费者相互冲突的情况下,企业营销人员应该抓住这种机会及时指导和引导,促使消费者做出购买决策。

(五)指向性

消费者购买动机具有指向性,即方向性、目的性,它能使购买行为保持一定的方向和目的,因此,动机从总体来说是自觉的。同时,由于动机是一个内在的心理过程,属于主观范畴,这种心理过程本身是看不见、摸不着的,只能从动机所推动的行为来分析它的内容和特征,因此,动机与实践有着密切的关系。消费者的任何行为或活动总是由动机所支配的,研究消费者动机,就是要把握消费者购买动机发展变化的规律,根据其指向性的特征,组织企业营销活动。

三、消费者购买动机分类

消费者需要与刺激因素的多样性,决定了消费者购买动机的复杂性。据有些心理学家分析,驱使人们行动的动机约有 600 种,这些动机按照不同的方式组合和交织在一起,相互联系、相互制约,推动着人们沿着一定的方向行动,演奏出丰富多彩的人类社会生活的交响曲。尽管如此,我们仍然可以把消费者的购买动机分为生理性购买动机、心理性购买动机和社会性购买动机。

(一)生理性购买动机

生理因素是引起消费者生理购买动机的根源。消费者由生理本能引起,旨在购买满足其生理需要的商品而形成的动机,称为生理性动机。生理性动机又可分为维持生命的动机、保持生命的动机、延续生命的动机、发展生命的动机等种类。

由生理性因素引起的购买动机,是消费者本能的最能促成购买的内在驱动力,其购买的商品也是生活必需品,需求弹性比较小,一般应该比较明显、稳定,具有经常性、普遍性、重复性、习惯性和主导性等特点。随着生产力的提高和广大消费者物质生活、精神生活条件的改善,消费者的购买行为单纯受生理性动机驱使的情况已经不多,即使是购买食物充饥往往也混合着非生理性动机,如对食品的色、香、味、形的要求,就体现了消费者的表现欲、享受欲和审美欲等。因此,企业的营销人员在组织提供满足消费者生理性需要的商品或劳务时,要注重商品和劳务的实用价值,强调商品的内在质量,力求物美价廉;同时,也要考虑消费者在满足生理性需要的购买行为中所渗透的非生理性动机,使消费者在一次性购买行为中得到更多、更好的满足,从而在消费者中建立良好的企业信誉。

(二)心理性购买动机

消费者个体心理因素是引起其心理性购买动机的根源。消费者由于认识、情感和意志活动过程而引起的行为动机,称为心理性动机。心理性动机比生理性动机更为复杂多样,特别是当经济发展到一定水平,社会信息传播技术越现代化,消费者与社会的联系越紧密,激起人们购买行为的心理性动机就越占有重要地位。从引起消费者心理性购买动机的主要因素来分析,心理性购买动机又可分为感情动机、理智动机和惠顾动机等。

1. 感情动机

感情动机是由消费者的情绪和情感两方面所引起的购买动机。消费者的需要是否得到满足,会引起他对事物的好恶态度,从而产生其肯定或否定的感情体验,如求新求美、好胜求名动机等。

2. 理智动机

消费者在对商品的分析、比较基础上所产生的购买动机称为理智动机,如求实求廉动机等。在消费者队伍中,有相当一部分消费者的购买行为是以理智为主、感情为辅。这类消费者在采取购买行为之前,喜欢根据自己的经验和对商品的认识,收集商品的有关信息,了解市场行情,经过周密的分析和思考,做到对商品的特性心中有数。其选择商品时,比较注重商品的品质,讲究实用、耐久可靠、使用方便、价质相宜、设计科学、有效率的辅助服务等。正是理智的本质特性,决定了有理智的消费者常常具有客观性、周密性和控制性的特点。

3. 惠顾动机

惠顾动机是消费者根据感情和理智上的经验,对特定的商品或商店产生特殊的信任和偏好,形成习惯、重复光顾的购买动机。产生惠顾动机的原因很多,如商店地点便利、售货速度、服务周到、秩序良好、陈设美观、品种齐全、质量可靠、价格便宜和环境优美等。由于惠顾动机是以信任为基础的,因而其具有经常性和习惯性的特点。

(三)社会性购买动机

社会性购买动机是指由社会性因素引起的消费者购买动机。众所周知,每一个消费者都在一定的社会环境中生活,并在社会教育和影响下成长,其购买和消费商品必然受到所处地理环境、风俗习惯、科学文化、经济状况、阶层群体的影响和制约,都会产生激励其购买满足社会性需要的动机。

消费者的社会性购买动机是在后天社会因素的影响下形成的,一般可分为基本的社会性动机和高级的社会性动机。由社会交往、归属、自主等意念引起的购买动机,属于基本的社会性购买动机;由成就、威望等意念引起的购买动机,属于高级的社会性购买动机。随着社会经济的不断发展、消费者经济收入和支付能力的逐步提高,社会性购买动机对消费者购买行为的支配也逐步明显,成为对某些消费者起主导作用的购买动机。企业重视和研究消费者社会性购买动机,采取适当的营销策略,对于满足消费者需要、提高经济效益是十分重要的。

第三节 影响消费者购买行为的主要因素分析

影响消费者购买行为的因素是很多的,但主要有经济的、社会文化的、心理的几个方面。这些方面的各种相关因素共同作用于不同的消费者,从而产生了多种多样的购买行为。对于从事市场营销的企业来说,这些因素是无法控制的,然而它们确确实实地影响着消费者的购买行为,因此,企业必须通过对这些因素的分析,把握购买行为的规律性,为营销策略提供依据。

一、经济因素

从经济因素分析,影响消费者购买行为的,主要是两个方面的问题:一是商品功能与价格的统一;二是商品的价格与消费者收入的关系,即商品价格能否为目标市场的顾客所接受。

商品功能与价格的统一,是工商企业营销活动中必须认真处理好的一个问题。商品功能与价格的统一,其实质就是要求商品的价格与其质量相符,这是商品的内在规律,即价值与使用价值相统一。产品功能与价格的关系,一般表现为以下三种情况、两种不同的结果:这就是高质量、高价格的商品有销路,某些商品低质量低价格也有销路,而质次价高的商品通常难以打开销路,所以,从功能与价格的统一来看,一方面我们要重视功能,另一方面要正确确定商品的定价,力求价格与质量相符。

企业对商品的定价,除了使商品价格与功能相符外,还必须考虑企业商品的定价能否为目标市场的顾客所接受,这也是市场营销中应当重视的一个问题。有时虽然商品价格与商品功能之间的关系处理得比较好,做到了质价相符,但如果不能为目标市场的顾客所接受,仍然不可能取得营销上的成功。因为价格的高低是对目标市场的营销环境而言的,在某一市场上的中价商品,在另一市场可能是高价商品,同一质量的同一价格的商品可能在某一市场受到欢迎,而在另一市场遭到冷遇和抵制。因此,必须认真结合市场营销环境进行研究,以确定其合理价格。

二、社会因素

社会因素主要指文化、社会阶层、相关群体等方面的因素。

(一)文化

它主要包括受教育程度、生活方式或共同遵守的信仰、行为规范、风俗习惯等。任何人都在一定的社会文化环境中生活,不同社会文化环境中的人们,认识事物的方式、行为准则和价值观念是不同的。例如,西方人认为美的东西,东方人也许不一定认为是美的。中国人认为很平常的手工艺品,而工业发达国家的人则认为是十分珍奇的工艺品,因为各国的审美观、价值观是不同的。

(二)社会阶层

它主要是指不同收入水平的人群,不同社会阶层的人,生活方式、消费特征和价值观念都有很大差别,因此,他们的购买行为也就不同。

(三)相关群体

它是指购买者的社会联系。一个人的消费习惯和爱好并不是天生的,往往是在社会和别人的影响中逐渐形成的。这种影响他人消费行为的个人或集团,就是这个人的相关群体。例如,有的消费者模仿银幕上的演员,购买了一种式样新颖的服装,这个演员就是某些消费者的相关群体。人们的生活中,无时无刻不受到各种相关群体的影响。不过由于关系不同,受到影响的程度不同而已:比较亲切的相关群体包括家庭成员、邻居、同事等;关系一般的相关群体包括各种有关的社会团体,虽无直接关系但影响很大的电影、电视、体育明星等。

相关群体影响消费者的购买行为,一般表现为:(1)相关群体为每个人提供各种可供选择的消费行为或生活方式的模式;(2)相关群体引起的仿效欲望,影响人们对某种商品选择的"一致化",从而影响人们对某种商品花色的选择。

所以企业必须十分重视相关群体对购买行为的影响力。在制定生产和营销策略时,要选择同目标市场关系密切、传递功能最迅速的相关群体,了解其爱好,做好产品推销工作,以期扩大销售。

(四)家庭状况

在消费者购买行为中,家庭的影响是至关重要的,因为消费者的许多购买活动都是以家庭为单位进行的。家庭是对人影响最深的小团体,所以研究影响消费者购买行为时,应把它看成一个特殊的"相关群体"。不同的家庭状况有不同的消费行为。比如,家庭规模的大小,就决定其购买行为的特点。家庭人口多,商品购买数量就大;四世同堂,自然饭桌也要大;三口之家,厨房用具和餐具自然小巧。

处于不同阶段的家庭,对于商品的需求和兴趣有明显的不同。每一阶段的家庭其权威性、职业状况、收入高低、人口多少、相关影响力大小等都不相同,这些都直接影响到消费者购买的行为。

三、心理因素

影响消费者购买行为的心理因素很多,概括起来,主要有以下几个方面:

(一)个性

个性即个人性格,是一个人身上表现出的经常的、稳定的、实质性的心理特征。个性的差别也将导致购买行为的不同。例如,在服装选择方面,性格外向的人,往往偏爱色彩鲜艳、对比强烈、款式新颖的服装;而性格内向的人,一般比较喜欢深沉的色调。另外,消费者的个性,还可导致消费者在购买过程中的不同表现。例如,外向型的消费者,一般喜欢与售货员交谈,表情容易外露,很容易表现出对商品的态度,但也较容易受外界的影响;内向型的人大多沉默寡言,内心活动复杂,但不轻易表露;理智型的人大多喜欢对商品进行反复比较、分析和思考,最后才做出购买决定等。

(二)态度

态度是指消费者对某个客体的见解和倾向。这种见解和倾向表现为对人对事所持有的偏爱或厌恶的特殊感觉。态度对消费者的购买行为有很大影响。

消费者对某种商品或劳务态度,不像有的动机那样先天就存在,态度是学习来的。文化、社会阶层、相关群体、后天经验等因素都对态度产生影响。一般来说,消费者态度的形成,主要有三个方面的依据:一是消费者本身对某商品和劳务的感觉;二是相关群体的影响;三是自己的经验及学习的知识。态度能够帮助消费者选择目标,影响购买决定。因此,企业应根据消费者的态度设计和改进产品,使产品很好地符合他们的要求,或者利用促销手段不断改变他们的态度,以利于产品的销售。但是,在一般情况下,企业根据消费者的态度来设计改变产品,要比改变一个对企业不利的消费者态度容易得多。

（三）感觉

感觉是指人利用眼、耳、鼻、舌、身等感觉器官，接受物体色、香、味、形等刺激而引起的内在反应。任何消费者在购买商品时，都要通过自己的感觉器官，对商品和劳务产生一定的印象，在对其进行综合分析后，才能做出是否购买的决定，所以一切产品的宣传，只有通过消费者的感觉，才能影响消费者的购买行为。

因此，企业为了形成消费者对产品和劳务的最佳感觉，从而更好地刺激需求，就必须采取多种营销手段，把商品的外观、色泽、功能、特性等充分展现给消费者，引起消费者的注意，加强其感觉，以激发其购买行为。

（四）自我概念

自我概念是指一个人对自己的看法和估计他人对自己的看法。一个人对自己的看法和评价往往是很复杂的问题，自我概念的类型不一致，而且也没有一定的标准。但无论如何，人总是力求保持一个较好的形象，不断改善自我形象，并通过自己的言行向人们表达这种形象。自我形象如何在企业了解消费者的购买行为方面是很有用的，因为表达自我形象的重要途径之一就是消费。人们往往通过自己购买的商品，来反映自己所希望表现出的形象，因此，消费者的自我概念帮助他们选择商品，影响他们的购买决策。由于消费者总是购买与自我概念一致的商品，在企业营销中，就应使产品形象与人们追求的自我形象达到一致，从而使他们倾向于购买。为达到这一目的，必须分析研究不同产品在不同消费者中的印象，通过价格、包装、商标、广告等促销策略来创造并完善产品形象。

第四节　消费者购买决策过程

消费者在各种因素影响下形成动机，导致行为。消费者行为集中表现为购买商品，但购买者做出购买决策并非一种偶然发生的孤立现象，购买者在实际购买之前必然会有一系列的活动，购买之后还会有购后感受。购买者完整的决策过程是以购买为中心，包括购前、购后一系列活动在内的行为过程。具体来说，购买者决策过程一般分为五个阶段，如图3—4所示。

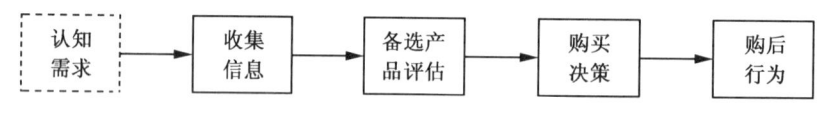

认知需求 → 收集信息 → 备选产品评估 → 购买决策 → 购后行为

图3—4　购买决策过程

一、认知需求

认知需求是消费者购买过程的起点。当消费者在现实生活中感觉到或意识到实际与其要求之间的差距并产生了解决这一差距的要求时，购买的决策便开始了。消费者的这种需求的产生，既可以是人体内机能的感受所引发的，例如，当口渴时就会产生找水解渴的动机，看不清东西时就想起去配眼镜；也可以是外部条件刺激所诱生的，例如看到橱窗中展示的服装非常好看，禁不住驻足细看，甚至产生想买下来的念头。碰到这种情形，消费者都会在头脑中对需要与欲望加以清理、确认，以决定是否采取和如何采取行动。

针对消费者认知需求这个阶段，市场营销者所能做的就是如何加强对消费者的刺激，促使消费者对企业产品产生强烈的需求，并立即采取购买行动。

二、收集信息

当消费者产生了购买动机之后,便会开始进行与购买动机相关联的活动,例如,他可能注意搜集头脑中以前用于解渴的饮品,也可能格外注意街边商亭中出售的各种饮品;对于眼镜消费者来说,就是理一下自己脑海中眼镜店的各个品牌印象等,这就是消费购买决策过程的收集信息阶段。

消费者的信息来源主要来自四个方面:

1. 个人来源。从与家人、朋友、邻居、熟人等的个人交往中获得信息。
2. 商业来源。指营销企业提供的信息,包括广告、推销员、经销商、包装、展览会、展示等信息,这是消费者获取信息的主要来源。
3. 公共来源。消费者从电视、广播、报纸、杂志等大众传播媒体获得的信息。
4. 经验来源。消费者从自己亲自接触、使用产品的过程中得到的信息。

针对消费者收集信息这个阶段,企业营销的关键是要掌握消费者在收集信息时会求助于哪些信息源,并能通过这些信息源向消费者施加影响力。对口渴的例子,饮料营销企业可以通过新颖的招贴画吸引消费者购买企业产品。看不清物体的例子,眼镜企业可以通过各种活动和宣传手段加强对配镜消费者的影响。

三、备选产品评估

在收集了一定的信息之后,消费者会对多种备选产品进行评估,当然这种评估有理性的成分,也会有感性的成分。对口渴而言,理性的评估成分可能包括包装的容积、品质、价格等,感性的评估可能包括口感、款式、品牌因素等。一般来说,商品的价格越贵,消费者的评估就越理性;价格越低,评估就越感性。但也因人而异。

在评估过程中,消费者常常要考虑多种因素。因此,企业如果能够搞清楚消费者评估因素的不同重要性,通过营销手段强化消费者看重的因素,弱化次要因素和消极因素,就可能更多地取得消费者的青睐。

四、购买决策

在消费者对备选产品进行评估之后,消费者就会做出购买哪种产品的决策,并采取购买行动。但是,这也是常常要受到他人的态度和意外因素的影响。例如,当某位口渴的消费者在准备购买可口可乐时,他妻子拉住他说:"别买可口可乐,糖分太高。"或者他正要掏钱,公共汽车来了,他只好放弃购买。

五、购后行为

消费者购买产品以后,如果他对产品满意,则会鼓励他今后重复购买或向别人推荐该产品。如果不满意,其反应会有许多不同的做法,有的可能要求退货、换货,有的可能诉诸法律,有的可能弃之不用,有的则会四处抱怨以发泄心中的不满。显然,不满意的消费者对企业的影响比满意的影响要大。如果处理得不好,企业将会受到损失。为此,重视顾客满意的企业,都建立起专门接待顾客投诉抱怨的机构与相应的制度。

研究和了解消费者需求及其购买过程,是市场营销成功的基础。市场营销人员通过了解购买者的购买全过程,可以获得许多有助于满足消费者需求的有用线索,并能有针对性地设计有效的市场营销计划。

思考题

1. 什么是消费者需要？消费者需要有哪些特征？
2. 马斯洛需要层次理论的主要内容有哪些？
3. 影响消费行为的因素有哪些？
4. 简述购买决策的一般过程。

案例讨论

乐购超市的大众化会员制

乐购（Tesco）超市公司是英国最大的食品超市公司之一，该公司9年前开始实施的忠诚计划——"俱乐部卡"（Clubcard），帮助公司将市场份额从1995年的16％上升到了2003年的27％，成为英国最大的连锁超市集团。

乐购的"俱乐部卡"被很多海外商业媒体评价为"最善于使用客户数据库的忠诚计划"和"最健康、最有价值的忠诚计划"。

"俱乐部卡"绝不是折扣卡

克莱夫介绍道："设计之初，'俱乐部卡'计划就不仅仅将自己定位为简单的积分计划，而是乐购的营销战略，是乐购整合营销策略的基础。"在设计"俱乐部卡"时，乐购的营销人员注意到，很多积分计划章程非常烦琐，积分规则很复杂，消费者往往花很长时间也不明白具体积分方法。还有很多企业推出的忠诚计划奖励非常不实惠，看上去奖金数额很高，但是却很难兑换。这些情况造成了消费者根本不清楚自己的积分状态，也不热衷于累计和兑换，成了忠诚计划的"死用户"。

消费代金券

"俱乐部卡"的积分规则十分简单，客户可以从他们在乐购消费的数额中得到1％的奖励，每隔一段时间，乐购就会将客户累积到的奖金换成"消费代金券"，邮寄到消费者家中。这种方便实惠的积分卡吸引了很多家庭的兴趣，据乐购自己的统计，"俱乐部卡"推出的头6个月，在没有任何广告宣传的情况下，就取得了17％左右的"客户自发使用率"。

顾客数据库

在英国，有35％的家庭加入了乐购"俱乐部卡"计划。据统计，有400万家庭每隔3个月就会查看一次他们的"俱乐部卡"积分，然后冲到超市，像过圣诞节一样疯狂采购一番。

利基俱乐部

通过软件分析，乐购将这些客户划分成了十多个不同的"利基俱乐部"，比如单身男人的"足球俱乐部"、年轻母亲的"妈妈俱乐部"等。"俱乐部卡"的营销人员为这十几个"分类俱乐部"制作了不同版本的"俱乐部卡杂志"，刊登最吸引他们的促销信息和其他一些他们关注的话题。一些本地的乐购连锁店甚至还在当地为不同俱乐部的成员组织了各种活动。

目前，"利基俱乐部"已经成为一个个社区，大大提高了客户的情感转换成本（其中包括个人情感和品牌情感），成为乐购有效的竞争壁垒。

有效的成本控制

乐购要维持一个拥有1 000万会员的俱乐部，而且是以现金返还为主要奖励方法，还要为不同"利基俱乐部"成员提供量身定制的促销活动,这其中的日常管理和营销沟通非常繁杂。如果不进行有效的成本控制,乐购肯定会陷入自己设计的成本泥潭中。

直邮信函代替电视广告

首先,乐购几乎从来不使用电视等大众媒介来推广"俱乐部卡"。克莱夫解释说:"乐购以前是电视媒体的主要广告商之一,但是后来我们通过调查发现,直接给客户寄信,信息到达率更高,更能引起消费者的注意。而且,很多消费者认为,定期收到一些大公司的沟通信件,让他们的社会地位有被抬高了的感觉。在英国这个有限的市场里,乐购的市场目标不可能是赢得更多的消费者,而是怎样增加单个消费者的价值,所以直接和消费者建立联系,既便宜又有效。"

如果有的"利基俱乐部"要进行一次"获得新客户"的营销活动时,他们往往会选择一两本这些细分市场经常阅读的杂志。然后花很低的广告费,在杂志中夹带"利基俱乐部"的促销信件。

与供应商联手促销

为了更好地控制成本,乐购还经常和供应商联手促销,作为返还给消费者的奖励,把维系忠诚计划的成本转移到了供应商身上。

由于乐购这种按照消费者购买习惯细分市场的"利基俱乐部"数据库,内容真实详细,促销非常具有针对性,供应商十分愿意参加这样的促销活动,提高品牌知名度,加强与消费者的关系。与沃尔玛强迫供应商降价促销相比,供应商基本上都是自愿与乐购联手,实现了共赢。

资料来源:联邦・七星国商书院(作者时梅,2017—01—20)。

讨论题: 乐购超市是如何赢得客户忠诚的?

课后实践

实践一

1. 目的

认识消费者购买行为的影响因素。

2. 内容和任务

(1)阅读以下资料,并延伸阅读网上关于星巴克的信息资料。

6 500亿的星巴克,到底卖的是什么东西?

星巴克的魅力究竟多有大?来看这样一组数据。

在全球零售业持续不景气的大背景下,星巴克2017财年Q2的销售额、综合净收入、综合营业收入和利润率等都呈现了3%到17%左右的同比增长。

而刚刚过去的2016财年,则是星巴克24年来最赚钱的年份,其全年净收入上涨11%,达213亿美元,营业利润增长16%至42亿美元。

有统计称,过去30年里,星巴克实现了年均41%的复合式增长,它在全球连锁咖啡市场份额中的占比,1987年霍华德・舒尔茨正式接手时,星巴克只有11家门店、100名员工,如今则成了覆盖75个国家、拥有26 000多家门店、超过33万员工的世界级超级咖啡连锁。其市值,也从1992年刚上市时的2.5亿美元,扩大到了如今的940亿美元(约合人民币6 500亿元),达到了惊人的40%。

资料来源:jiemian.com(作者:高璇)。

(2)就近选择一家星巴克店实地观察调研,分析影响消费者购买行为的因素有哪些?星巴克是如何通过满足消费者的需求而实现自身的快速增长?

(3)撰写一篇小论文。

3. 步骤

(1)教师布置实训目的及任务,并提出相应要求;

(2)学生实施调研;

(3)撰写论文;
(4)教师评阅论文,计入平时成绩。

实践二

1. 目的

认识消费者线上线下购买决策过程及其影响因素的异同。

2. 内容和任务

从家电、服装、食品、餐饮、旅游的行业中选取一个作为调研对象,通过问卷调研与现场访谈相结合,了解消费者在所在行业相关产品的线上线下购买决策过程及其影响因素,撰写调研报告。

3. 步骤

(1)教师布置实训目的及任务,并提出相应要求。

(2)将班级成员分成若干组,每组5~8人,分组时注意小组成员在知识、性格、技能方面的互补性,并进行合理分工,选出小组长,以协调小组工作。

(3)各小组由组长负责,确定调研行业,拟订调研提纲。

(4)实施调研。

(5)整理调研资料,撰写小组调研报告。

(6)教师组织各小组调研报告的交流与讨论。由各组组长组成评审团,对各组代表发言情况进行评分。将各组最后得分计入每人的平时成绩。

(7)教师最后进行总结。

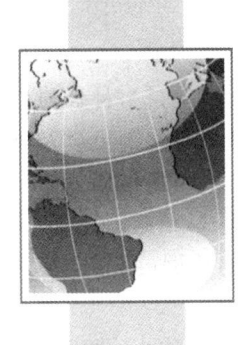

第四章 市场营销调研

引例

江崎糖业公司的泡泡糖

日本泡泡糖市场年销售额约为740亿日元,其中大部分被劳特所垄断。可谓江山唯劳特独坐,其他企业再想挤进泡泡糖市场谈何容易。但江崎糖业公司对此却不畏惧。公司成立了市场开发班子,专门研究霸主劳特产品的不足和短处,寻找市场的缝隙。经过周密的调查分析,终于发现劳特的四点不足:第一,以成年人为对象的泡泡糖市场正在扩大,而劳特却仍旧把重点放在儿童泡泡糖市场上;第二,劳特的产品主要是果味性泡泡糖,而现在消费者的需求正在多样化;第三,劳特多年来一直生产单调的条板泡泡糖,缺乏新型式样;第四,劳特产品的价格是110日元,顾客购买时需多掏10日元的硬币,往往感到不便。通过分析,江崎糖业公司决定以成人泡泡糖市场为目标市场,并制定了相应的市场营销策略。不久便推出了功能性泡泡糖四大产品:司机用泡泡糖,使用了高浓度薄荷和天然牛黄,以强烈的刺激消除司机的困倦;交际用泡泡糖,可清洁口腔、祛除口臭;体育用泡泡糖,内含多种维生素,有益于消除疲劳;轻松性泡泡糖,通过添加叶绿素,可以改变人的不良情绪。并精心设计了产品的包装和造型,价格为50日元和100日元两种,避免了找零钱的麻烦。功能性泡泡糖问世后,像飓风一样席卷全日本。江崎公司不仅挤进了由劳特独霸的泡泡糖市场,而且占领了一定市场份额,从零猛升到25%,当年销售额达175亿日元。

【营销启示】 企业只有重视市场营销调研,才能及时发现市场机会,进而做出正确的营销决策。

第一节 市场营销调研

为了在瞬息万变的市场上求生存、求发展,寻找新的市场机会,避开风险,企业必须具有较强的应变能力,能够及时做出正确的决策。然而,正确的决策来自全面、可靠的市场营销信息。企业必须重视对市场营销信息的搜集、处理及分析,为企业决策提供依据。

一、市场调研的含义及特点

(一)市场调研的含义

美国市场营销协会(AMA)对市场调研所下的定义为:市场调研(市场调查)是一种通过信息将消费者、顾客和公众与营销者连接起来的职能。这些信息用于识别和确定营销机会及问题,产生、提炼和评估营销活动,监督营销绩效,改进人们对营销过程的理解。市场调研规定解决这些问题所需的信息,设计收集信息的方法,管理并实施信息收集过程,分析结果,最后要沟通所得出的结论及其意义。简单地说:"市场调研是指对与营销决策相关的数据(商品交换过程中发生的信息)进行计划、收集和分析并把结果向管理者沟通的过程。"

在商品经济社会的初期,商品生产规模小,产量和品种有限,市场交易范围狭小,供求变化较稳定,竞争不很激烈,商品生产经营者较易掌握市场变化。因此,市场调研仅处在原始的、自发的、低级的状态。而在现代相对发达的市场经济条件下,商品生产的规模日益扩大,生产量巨大,品种、规格、花色繁多;消费需求不但量大,而且层次多、复杂多变,供求关系变化迅速,市场规模突破了地区甚至国家的界限,竞争日益激烈。面对如此状况,企业只有通过市场调研以充分掌握市场信息,才能做出正确的经营决策,立于不败之地。

(二)市场调研的特点

以服务于企业预测和决策的需要为目的、系统收集和分析信息的现代市场调研是一项专业性很强的工作,从本质上看是一种市场行为的科学研究工作。现代市场调研的基本特点有:

1. 目的性。市场调研是有关部门和企业针对市场的科研活动,它有明确的目的性。这一目的性不仅是设计市场调研方案的前提,也是衡量市场调研是否有价值的基础。现代市场调研以提供有关部门和企业进行市场预测和决策的信息为目的,这种明确的目的性表现在收集、整理和分析市场信息和各个阶段都具有严密计划的特征。

2. 系统性。现代市场调研过程是一项系统工程,它有规范的运作程序。市场调研人员应全面系统地收集有关市场信息的活动,要求做到对影响市场运行的各种经济、社会、政治、文化等因素进行理论与实践分析相结合、分门别类研究与综合分析相结合、定性分析与定量分析相结合、现状分析与趋势分析相结合的系统性综合研究。如果单纯就事论事,不考虑周围环境等相关因素的影响,就难以有效把握市场发展及变化的本质,得到准确的调研结果。

3. 真实性。现代市场调研的真实性,具体表现为两方面的要求:第一,调查资料数据必须真实地来源于客观实际,而非主观臆造。任何有意提供虚假信息的行为,从性质上说不属于市场调查行为。例如,有的国家在医疗卫生保健的调查中,有意把霍乱、禽流感等传染性疾病的发病率报得很低,生怕报高了会有损于本国的形象,吓跑了外国旅客。第二,调查结果应该具有时效性,即调研所得结论能够反映市场运行的现实状况,否则,不仅会增加费用开支,而且会使有关部门和企业的决策滞后,导致决策失败。市场调研的时效性应表现为及时捕捉和抓住市场上任何有用的信息资料,及时分析、及时反馈,为有关部门和企业的活动提供决策建议或依据。总之,现代市场调研的真实性要求从业人员提高职业道德和专业素质,充分利用现代科技手段与方法收集和分析市场信息,做到准确、高效地反映现代市场运行的状况。

二、市场调研的类型及内容

(一)市场调研类型

市场营销调研,按其要完成的任务一般分为以下四种类型:

1. 探测性市场调研。探测性调研是企业对市场情况很不清楚或者感到对调研的问题不知从何处着手时所采用的方法。这种调研主要是发现问题和提出问题,以便确定调研的重点。

2. 描述性市场调研。这种调查的任务在于客观反映市场各个要素及其相互关系的现状。它是通过详细的调查和分析,对市场营销活动的某个方面进行客观的描述,对已经找出的问题作如实的反映和具体回答。多数的市场营销调研都为描述性调研。例如调查消费者购买力、竞争对手状况、产品市场占有率等。在调查中,搜集与市场有关的各种资料,并对这些资料进行分析研究,揭示市场发展变化的趋势,其特点是回答市场现状是什么,其意义为企业的市场营销决策提供科学的依据。

3. 解释性市场调研。解释性市场调研的目的在于检验某种理论假设,或说明解释某类客观现象,寻求现象之间关系存在的条件。由于因果关系是建立理论解释的主要方式之一,因此,解释性市场调研也常常被称为"因果性市场调研"。在市场调研中凡是要回答"为什么"的时候,都属于解释性市场调研。例如,某公司尽管调低了产品的销售价格,但产品销售量仍然下降,公司不能确定究竟是广告支出减少所致,还是大量竞争对手加入市场,或者是公司的产品质量满足不了顾客的要求。要解决这一问题,就需要进行解释性市场调研的活动。解释性市场调研的特点在于,在一定的理论指导下,全面收集有关因素的实际资料,在此基础上通过对资料的科学分析,检验原有的理论或假设,从而对客观现象给予理论解释和证明。这种调查的意义在于,调研人员可以向决策部门提供较完整的市场信息,并提出科学依据的具体建议。

4. 预测性市场调研。预测性市场调研的目的在于对市场的发展趋势及变动幅度做出科学估计。它的特征是,在科学理论的指导下,通过运用科学方法对过去、当前市场信息的综合分析研究,预测未来市场的走势,预测性市场调研是企业制定市场营销决策和方案的重要依据和基础,它对企业制定有效的营销计划,避免较大的风险和损失,有着特殊的意义。

上述四类市场调研是相互联系的。尽管在特定时期,为解决某个特定问题,会强调或突出某一种市场调研类型,但是从市场调研的基本目的看,回答市场现状"是什么"、"为什么"和"将来是什么",是现代市场调研的基本职能和任务。

(二)市场调研内容

1. 宏观市场调研的内容

从现代市场基本要素构成分析上看,宏观市场调研是从整个经济社会的角度,对于社会总需求与供给的现状及其平衡关系的调研。具体内容包括:

(1)社会购买总量及其影响因素调查。社会购买力是指在一定时期内,全社会在市场上用于购买商品或服务的货币支付能力。社会购买力包括三个部分,即居民购买力、社会集团购买力和生产资料购买力。其中,居民购买力尤其是居民用于购买生活消费品的货币支付能力(即居民消费购买力)是调查的重点。居民购买力的计算公式如下:

居民购买力=居民货币收入总额-居民非商品性支出±居民储蓄存款增减额
　　　　　±居民手存现金增减额

(2)社会购买力投向及其影响因素调查。主要内容是调查社会商品零售额情况,并分析其构成。这类调查还可以采用统计调查的方式,从买方角度分析购买力投向的变动。调查影响购买力投向变化因素的主要内容包括:消费品购买力水平及变动速度、消费构成变化、商品价格变动、消费心理变化和社会集团购买力控制程度变动等。

(3)消费者人口状况调查。调查的主要内容有:人口总量、人口地理分布状况、家庭总数和家庭平均人数、民族构成、年龄构成、性别构成、职业构成、教育程度等。这种调查有着长期的历史传统,在20世纪50年代中期形成的"市场细分"概念,是目前仍很流行的消费者调查参考框架之一。

以上三项可以看作是对构成市场要素之一的消费系统总体状况及变动因素的调查。

(4)市场商品供给来源及影响因素调查。对于商品供给来源的调查内容包括:国内工农业生产部门的总供给量、进口商品量、国家储备拨付量、物资回收量和期初结余量等。

(5)市场商品供应能力调查。商品供应能力调查是对工商企业的商品生产能力和商品流转能力的调查,主要内容包括:企业现有商品生产能力和结构、企业经营设施、设备的状况、科技成果转化速度、企业资金总量、企业盈利和效益情况、企业技术水平和职工素质、交通运输能力、生产力布局等。

2. 微观(企业)市场调研的内容

微观市场调研则是从微观经济实体(企业)的角度出发对市场要素进行调查分析,它是现代市场调研的主体内容。由于市场变化的因素很多,企业市场调研的内容也十分广泛,一般来说,涉及企业市场营销活动的方方面面都应调研,但主要内容如下:

(1)市场需求的调研。从市场营销的理念来说,顾客的需求和欲望是企业营销活动的中心和出发点,因此,对市场需求的调研,应成为市场调研的主要内容之一。市场需求情况的调研包括:

现有顾客需求情况的调研(包括需求什么、需求多少、需求时间等);现有顾客对本企业产品(包括服务)满意程度的调研;现有顾客对本企业产品信赖程度的调研;对影响需求的各种因素变化情况的调研;对顾客的购买动机和购买行为的调研;对潜在顾客需求情况的调研(包括需求什么、需求多少和需求时间等)。

(2)产品的调研。产品是企业赖以生存的物质基础。一个企业要想在竞争中求得生存和发展,就必须始终如一地生产出顾客需要的产品来。产品调研的内容包括:

产品设计的调研(包括功能设计、用途设计、使用方便和操作安全的设计、产品的品牌和商标设计以及产品的外观和包装设计等);产品系列和产品组合的调研;产品生命周期的调研;对老产品改进的调研;对新产品开发的调研;对于如何做好销售技术服务的调研等。

(3)价格的调研。价格对产品的销售和企业的获利情况有着重要的影响,积极开展产品价格的调研,对于企业制定正确的价格策略有着重要的作用。价格调研的内容包括:

市场供求情况及其变化趋势的调研;影响价格变化各种因素的调研;产品需求价格弹性的调研;替代产品价格的调研;新产品定价策略的调研;目标市场对本企业品牌价格水平的反应等。

(4)促销的调研。促销调研的主要内容是企业的各种促销手段、促销政策的可行性,其中一般企业较为重视的有广告和人员推销的调研。如:

广告的调研(广告媒体、广告效果、广告时间、广告预算等的调研);人员推销的调研(销售力量大小、销售人员素质、销售人员分派是否合理、销售人员报酬、有效的人员促销策略的调研);各种营业推广的调研;公共关系与企业形象的调研。

(5)销售渠道的调研。销售渠道的选择是否合理,产品的储存和运输安排是否恰当,对于提高销售效率、缩短交货期和降低销售费用有着重要的作用。因此,销售渠道的调研也是市场调研的一项重要内容。销售渠道调研的内容包括:

各类中间商(包括批发商、零售商、代理商、经销商)应如何选择的调研;仓库地址应如何选择的调研;各种运输工具应如何安排的调研;如何既满足交货期的需要,又降低销售费用的调研等。

(6)竞争的调研。竞争的存在,对于企业的市场营销有着重要的影响。因此,企业在制定各种市场营销策略之前,必须认真调研市场竞争的动向。竞争的调研包括:

竞争对手的数量(包括国内外)及其分布、市场营销能力;竞争产品的特性、市场占有率、覆盖率;竞争对手的优势与劣势、长处与短处;竞争对手的市场营销组合策略;竞争对手的实力、市场营销战略及其实际效果;竞争发展的趋势等。

以上各项内容,是从市场调研的一般情况来讲的,各个企业市场环境不同,所遇到的问题不同,因而所要调研的问题也就不同,因此企业应根据自己的具体情况来确定调研内容。

三、市场调研的程序

现代市场调研是一种科学研究活动,在长期的实践中形成了一套严格的工作程序,保证了市场调研的质量和效率。一般来说,市场调研活动由以下五个步骤构成,如图4-1所示。

确定调研问题和目标 → 拟订调研计划 → 收集信息 → 分析信息 → 撰写调研报告

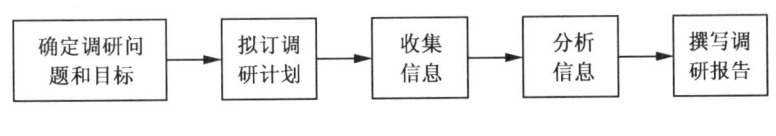

图4-1 市场调研程序

(一)确定调研问题和目标

市场调研的目的是通过各种方法搜集必要的资料,并加以分析和整理,得出一定的结论,为企业决策者提供决策依据。调研第一步必须认真确定调研问题。调研问题既不可过于宽泛,也不宜过于狭窄,要有明确的界定并充分考虑调研成果的时效性。在确定调研问题的基础上,提出特定的调研目标。

(二)拟订调研计划

设计能够有效地收集所需要的信息的计划,包括资料来源、调研方法、调研工具等。

企业可以利用和主动寻找许多资料来源。资料来源可分为第一手资料和第二手资料。第一手资料即企业为调查某问题而实地收集的原始资料。实地调研的方法有多种,归纳起来,主要有访问法、观察法、实验法等。第二手资料是指由外部各种机构收集并广泛提供的、谁都能较容易获取的资料。第二手资料主要有:内部资料如公司的资产负债表、损益表、销售报告、存货记录等;政府文件如统计年鉴、行业资料统计等;期刊和资料如专业杂志、消费者杂志的调查资料;专业信息公司资料如美国的A.C.尼尔逊公司和我国的零点调查公司都拥有各种专项资料出售。

(三)收集信息

在拟订好调研计划后,可以由本企业调研人员承担收集信息的工作,也可以委托调研公司收集信息。由于科学技术,尤其是电子技术的突飞猛进的发展,许多传统的信息收集方法已为先进、迅速、准确、及时的电子方法所代替。如借助光学扫描仪,对出售商品上条形码的阅读识别记录,商品的库存等重要信息就可通过专用或原有电讯网络传送到全国统一的信息中心并对配送中心等输出送货指令,从而提高工作效率和企业的经济效益。

(四)分析信息

企业运用市场营销分析系统中的统计方法和模型方法对收集的信息加以编辑、计算、加工、整理。去伪存真,删繁就简,最后用文字、图表、公式将资料中潜在的各种关系,变化趋势表达出来。

(五)提出调查结论,撰写调研报告

针对市场场调研的问题,调研人员运用分析资料,提出客观的调查结论。通常用调研报告的形式将市场调研结果呈送决策者。对于商业性市场调研公司来说,调研报告也是其递交客户的有关工作的主要结果。

第二节 市场营销预测

一、市场营销预测的内容

(一)市场营销预测的意义

所谓预测,就是根据过去和现在的实际资料,运用科学的理论和方法,探索人们所关心的事物在今后的可能发展趋势,并做出估计和评价,以调节自己的行动方向,减少对未来事件的不肯定性。简言之,预测就是根据过去和现在推断未来,根据已知推断未知。

市场营销预测,简单地说就是对市场商品供需未来发展的预计。随着商品经济的发展,市场不断地扩大,商品生产者和消费者之间隔着一个流通过程,存在着时间上和空间上的矛盾。社会分工越发展,商品生产越发达,市场也就越扩大,市场预测就显得越重要。

(二)市场营销预测的内容

市场预测探讨的是市场发展的未来状况。由于市场状况的发展变化会受到多方面因素的影响,并且是这些因素共同作用的结果,所以,市场预测的内容是相当广泛的,一般讲,主要可以归结为以下六个方面。

1. 市场供给状况的发展变化。这就是预测未来的市场上有多少可供用户选择使用的工业产品。

(1)预测生产企业的数量及生产能力的发挥状况。这是产品供给量的决定因素。为此,需要了解生产企业及所属行业或部门的发展规划,国家、地方及企业在扩大再生产方面投资的情况和从投资到发挥生产能力的时间长短等一系列的因素。

(2)预测宏观决策对供给的影响。各级经济领导部门为了保证市场供需平衡和经济结构的合理,需要不断地制定控制经济发展的决策。这些决策对产品未来的供给会发生什么样的影响,需要用预测的手段去探讨。

2. 市场需求的发展变化。市场需求的发展变化是市场预测的最主要内容。各级经济领导部门是预测它们所管辖范围内总体需求的变化趋势或需求量;生产企业是预测本企业产品的销售变化趋势或销售量。由于影响市场需求变化的许多因素本身也是在不断发展变化的,因此,为预测市场需求的变化,常常需要对一些影响因素的变化也加以预测。经常需要用预测手段探讨的影响因素有以下三个方面:

(1)社会商品购买力的变化。购买能力是决定用户实际购买的主要因素。其预测应注意三点:

①社会集团购买力。社会集团可用于生产或工作上资金的数量变化会影响它们对生产资料的需求。社会集团购买力一方面取决于它们拥有资金的数量,另一方面还取决于国家政策对使用资金的控制程度,这在目前是决定性的因素。

②城乡居民的购买力。居民购买力的变化,直接影响他们对消费品需求的数量,也直接影

响对一部分生产资料的需求数量。如城市私营企业对他们生产中所需工具设备的购买量取决于他的购买力。城乡居民的购买力对于那些为生产消费品企业提供原材料、元件、配件、生产设备和工具等生产资料的行业、部门和企业同样具有重要的意义。

③购买力的转移。购买力的转移是影响局部地区或部门产品市场需求变化不可忽视的因素。如随着旅游事业的发展,到著名旅游区游览的人越来越多,自然给这些地区带来了购买力的变化。随着企业将逐渐摆脱硬性分配的框框,并采用择优进货的方式购买生产资料,从而使它们的购买力从一些地区和生产企业转向另外一些地区和生产企业。这种转向,会随着生产企业的供货质量和数量的变化而变化。

(2)产品销售领域的变化。用户状况的变化和企业推销工作的开展,会使产品的销售领域发生变化。这种变化常常会使市场需求发生较大的变化。

①用户构成的变化。用户构成是指使用产品的用户种类,由于各种因素的影响,产品的用户构成会发生变化。例如,电冰箱、洗衣机、空调设备等产品原来是作为生产资料被医院、宾馆和洗染店等社会集团购买,现在家庭已经成了这些产品的主要用户。

②市场区域的变化。我国经济体制改革,取消了行政区划对产品流通的限制,使企业产品的销路不再受人为划分的地域限制;对外开放政策,为企业开辟国外市场创造了条件,也为国外一些先进产品进入我国市场开了绿灯。因此,企业产品的市场区域有可能扩大,也可能缩小。

③试用到普及的变化。绝大多数产品的销售发展过程都有一个从试用到普及的扩大过程。当新产品刚投入市场或产品进入新地区市场时,由于它的"新",用户对它不熟悉,大多数用户会采取"看"的态度,但总有少数用户会采取试一试的行动。经过试用,一旦发现该产品具有优越性之后,用户数量就会增加,使产品的销售从试用进入普及阶段。

(3)社会的消费结构与用户消费倾向的变化。

①消费结构。社会的消费结构,即社会购买力投向的比例变化。它可以反映社会总体需求的变化趋势,对有关经济领导部门进行宏观经济控制决策具有重要的参考价值。如近年来,住宅建设有了较大发展,导致建筑材料销售呈增长趋势。

②用户消费倾向的变化。用户消费倾向的变化,直接影响企业产品的生产。例如,人们在选择商品时,已从注重耐用、价廉逐渐转向讲究外形、花色的新颖、时髦和使用方便等方面,促使企业改变产品生产。除此之外,影响用户消费倾向变化的因素还有用户单位生产或工作性质的改变、社会风气的变化、消费心理的变化,等等。

3. 产品生命周期发展阶段的变化与更新换代。

(1)产品销售生命周期发展阶段的变化。预测产品销售生命周期发展的变化,不论是对各级经济领导部门从宏观角度控制生产与需求,还是对企业制定生产与销售决策,都有着重要的参考价值。例如,预测产品将从试销阶段转向迅速增长阶段时,有关经济领导部门就可采取鼓励生产的措施,以满足需求的迅速增长,企业也可从中得到可以扩大生产量的信息。

(2)产品的更新换代。社会的发展,要求工业企业提供性能更好、结构更合理、与社会进步相适应的产品。预测产品更新换代应包括:换代产品的品种和进行更新换代的时机。影响前者的因素主要是科学技术水平的发展、社会需求的发展趋向以及先进国家和地区产品的先例,影响后者的因素主要是新产品的试销效果、与老产品的竞争能力,还有用户需求的状况等等。

4. 竞争发展趋势。预测竞争发展趋势必须同时考虑三方面的情况:

(1)本企业的竞争能力,包括产品的质量、价格、外观,也包括产品售前售后服务、推销措施

所能收到的竞争效果、企业及产品在用户中的信誉等,同时也要考虑上述各种因素的改进与变化情况;

(2) 竞争企业的竞争能力,包括竞争企业数量与产量的变化,主要指产品质量、价格、外观以及产品服务、竞争策略的变化;

(3) 国家或有关部门组织的产品评比活动对竞争的发展趋势会起举足轻重的影响,在评比中获奖或名列前茅的产品无疑会在竞争中处于优势。

5. 价格变动及其影响。预测价格变动对国民经济的影响有助于国家进行合理的价格决策。对企业来说,价格变动会影响产品成本、销售量和经济收益,也是企业进行市场竞争的一种方法。因此,预测价格变动及其影响对企业进行市场决策同样是重要的。

6. 意外事件的影响。意外事件是指有关经济领导部门或企业在制定市场决策、计划过程中不能预料到或难以想到的事件。这些事件的发生会打乱正常的经济秩序,使市场的发展脱离原来所预测的轨道。

影响宏观市场的意外事件主要是国际事件和天灾人祸。前者如:供应我国重要原材料或机器设备的国家因内部发生变动或其他原因,突然中止对我国的供给贸易;进口我国大量产品的国家因各种原因而拒绝或限制我国的产品进口,等等。后者如:重要的原材料产地发生大面积的灾荒;重要的交通干线因天灾或人祸造成长时间的中断等等。

二、市场营销预测的方法

(一) 集合意见法

集合意见法是将有关生产、销售、咨询等单位和个人集中在一起共同讨论市场的发展变化,进行综合判断提出预测方案的一种方法。

例如,某零售企业为确定明年化妆品的销售预测值,要求商品零售部门、公共宣传部门、商店管理部门及财会控制部门作出对年度销售预测,各部门的预测数额如表4-1所示。

表 4-1　　　　　　　　　　　各部门的预测数据表　　　　　　　　　　　单位:万元

预测部门	三点估计项目	销售额最高值	销售额最可能值	销售额最低值	期望值合计
商品零售	销售额 概率 预测期望值	1 200 0.25 300	850 0.50 425	600 0.25 150	875
公共宣传	销售额 概率 预测期望值	1 300 0.30 390	900 0.50 450	700 0.20 140	980
商店管理	销售额 概率 预测期望值	1 100 0.20 220	750 0.60 450	500 0.20 100	770
财会控制	销售额 概率 预测期望值	1 200 0.30 360	800 0.50 400	600 0.20 120	880

根据表4-1的数据,假定商品零售部门的重要性较大,权数定为2,其他部门的权数均为1,采用加权平均法计算的预测值为:

$$\frac{875\times2+980\times1+770\times1+880\times1}{2+1+1+1}=876(万元)$$

(二)专家意见法

企业利用经销商、分销商、供应商以及其他一些专家的意见进行预测。利用专家意见有多种方式。例如,组织一个专家小组进行某项预测,这些专家提出各自的估计,然后交换意见,最后经过综合,提出小组的预测。

目前,应用较普遍的是德尔菲法,它是由美国兰德公司率先提出并推广使用的一种方法。它有以下三个明显的特点:一是匿名,不公开预测专家的姓名与职务;二是采用函询的方式,专家们不必集中到一起讨论,通过函件往来发表自己的意见和了解别人的意见;三是反馈,将各位专家的意见加以集中整理后,反馈给各位专家,让专家们参照别人的意见不断修正自己的判断,经过数次反馈后,再次收集专家们的意见,进行统计分析,计算综合预测值,一般以平均数或中位数来表示专家们意见的倾向性。

(三)市场试销法

市场试销法是指通过向某一特定的地区或对象,采用试销手段向该实验市场投放新产品或改进的老产品,在新的分销途径中取得销售情况的资料,用其进行销售的预测。其预测模型:

$$Y_t = Q \times N \times D\%$$

式中:Y_t——下期的预测销售量;

Q——每单位用户平均消费量;

N——总用户数;

$D\%$——重复购买的比重。

如果购买者对购买并没有认真细致的计划,或其意向变化不定,或专家的意见不十分可靠的情况下,需要利用市场试销法。

(四)直线趋势法

直线趋势法又称直线趋势预测法、线性趋势预测法,是对观察期的时间序列资料表现为接近于一条直线,或表现为近似直线的上升和下降时采用的一种预测方法。其预测模型为:

$$Y = a + bX$$

式中:a 为直线在 Y 轴上的截距;b 为直线斜率,反映年平均增长率;Y 为销售预测趋势值;X 为时间。

根据最小平方法原理,先计算预测趋势值的总和,即:

$$\sum Y = na + b\sum X$$

式中:n 为年份数。

再计算 XY 的总和,即:

$$\sum XY = a\sum X + b\sum X^2$$

为简化计算,将 $\sum X$ 取 0。若 n 为奇数,则取 X 的间隔为 1,将 $X=0$ 置于资料期的中央一期;若 n 为偶数,则取 X 的间隔为 2,将 $X=-1$ 与 $X=1$ 置于资料期中央的上下两期。

当 $\sum X=0$ 时,上述两式分别变为:

$$\sum Y = na,\ \sum XY = b\sum X^2$$

由此推算出 a、b 值为:

$$a = \sum Y/n,\ b = \sum XY/\sum X^2$$

所以：
$$Y=\sum Y/n+(\sum XY/\sum X^2)\cdot X$$

例如，假设某企业 2013～2017 年销售额分别为 500 万元、550 万元、560 万元、590 万元、600 万元，运用直线趋势法预测 2018 年的销售额。

由于 $n=5$ 为奇数，且间隔为 1，故 $X=0$ 置于中央一期即 2015 年，X 的取值依次为 -2、-1、0、1、2，XY 依次为 $-1\,000$、$-1\,100$、0、1 180、1 200，X^2 依次为 4、1、0、1、4，所以，$\sum Y=2\,800$，$\sum XY=280$，$\sum X^2=10$。

再代入公式：
$Y=2\,800/5+280/10\cdot X=560+28\cdot X$

因为预测的是 2018 年的销售额，所以 $X=3$，代入上式得：
$Y=560+28\cdot 3=644$（万元）

即 2018 年的销售额将为 644 万元。

思考题

1. 市场调研的基本程序包括了哪些阶段？
2. 实验法可以用于调查研究什么样的问题？
3. 探测性调研、描述性调研、解释性调研、预测性调研这几种市场调研类型有何差别？
4. 顾客群体的构成因素如何影响高档耐用消费品的需求？
5. 同一个汽车公司的两位销售经理，对下年度汽车的市场需求的估计各不相同，这可能是由于哪些原因造成的？

案例讨论

短命的新可乐

1985 年 4 月 23 日，可口可乐公司董事长罗伯托·戈伊祖艾塔作出了一项重大决定，这项决定所引发出来的议论、争辩和强烈的感情，是以往任何一项公司决策所无法比拟的。戈伊祖艾塔宣称："最好的产品现在已变得更好。"在经历了 99 年的风风雨雨之后，为了适应消费者对甜味更加偏好的变化，可口可乐公司决定放弃原来的配方，推出一种名为"新可口可乐"的产品。然而，在不到 3 个月的时间内，公众的压力就迫使公司不得不承认它犯了一个错误，进而不得不在传统的可口可乐的品牌下，恢复了老可口可乐的生产。此时是 1985 年 7 月 11 日。尽管公司花费了 400 万美元，进行了长达 2 年的调查，但最终还是彻底失算了！这种事情怎么会降临到那些精明的市场营销人员的头上呢？故事是饶有兴趣的，它既给可口可乐一个令人愉快的结局，也使人们从中获得许多有益的启示。按照一致的意见，那些作为这一决策先导的市场营销人员成了最合适的替罪羊。但是可口可乐公司花了大约 400 万美元，进行了长达两年的市场营销研究，在这期间大约接触了 20 万名消费者。因此，判断上的失误肯定不是由于缺乏测试。当我们深入地分析一下公司的研究成果后，一些缺陷就变得明显了。市场营销研究的设计要旨是通过有代表性的消费者口味评判来进行测试。毕竟这一决策的要点在于一个不同味道的可口可乐，因此，在确定消费者接受新可乐的意愿方面，还有什么方法能够比无标记口味测试法更为符合逻辑呢？况且，它所面对的不仅仅是老可乐，而且还有百事可乐。而调查的结果又明确地肯定了这一新配方，即使在百事可乐的饮用者中间也是如此。因此，"上"的信号似乎是明确无误的。但是,调查设计中一些缺陷是在当时就应该引起关注的。被调查者没有被告知,一旦他们选定了一种,即会失去一种。这导致了一个极大的误解:对那些忠诚的可口可乐饮用者来说,产品大类中的任何增加,要远比一个完全的替代品更易接受,因为后者意味着那种传统产品的消失!在大约有20万人参加的对3~4种新口味的测试中,仅有三四万人接触到了这种特殊配方的新可乐。这种调查方法更适合于对一种新的更甜的可乐的观念的了解,而不是决定一种最终的配方。一般来说,在无标记的味道评试中,人们容易偏爱较甜的产品。这对享用甜可乐最多的年轻人来说,更是如此,而他们又是近几年来大量饮用百事可乐的主要消费者。但是,对较甜产品的偏爱,一般会随着使用的增多而降低。

讨论题:新可乐失败的原因何在?有何启示?

课后实践

1. 目的

认识市场营销调研的程序,掌握资料收集方法,撰写调研报告。

2. 内容和任务

选取本地典型企业进行调查,分析其成功与不足,对不足之处提出改进意见。

3. 步骤

(1)教师布置实训目的及任务,并提出相应要求。

(2)将班级成员分成若干组,每组5~8人,分组时注意小组成员在知识、性格、技能方面的互补性,并进行合理分工,选出小组长,以协调小组工作。

(3)各小组由组长负责,确定调研企业,拟订调研提纲。

(4)实施调研。

(5)整理调研资料,撰写小组调研报告。

(6)教师组织各小组调研报告的交流与讨论。由各组组长组成评审团,对各组代表发言情况进行评分。将各组最后得分计入每人的平时成绩。

(7)教师最后进行总结。

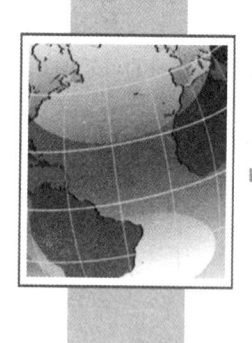

第五章
目标市场选择

引例

江小白营销策略解析：定位要精准，内容 IP 跟紧潮流

江小白是重庆江小白酒业有限公司旗下江记酒庄酿造生产的一种自然发酵并蒸馏的高粱酒佳酿。

2017年12月7日，天图投资举办了一场主题为"未来消费，消费者为先"的企业家俱乐部峰会。今天要与大家分享的是江小白酒业创始人、董事长陶石泉在峰会上的演讲内容整理，他分享了江小白是如何从"0"到"1"以及如何俘获新一代年轻消费者的。

中国的白酒产业一直是传统产业，新零售时代对于传统企业是一个巨大的挑战。江小白可以说是中国第一个步入年轻化市场的白酒品牌。江小白选择进入年轻化市场是摸索着前行的，江小白一直在揣摩80后、90后的文化，对于传统的白酒品牌如何迎合新一代的消费者做着思考。

江小白在营销上总结了消费升级的"三从"原则：产品从优、品牌从小、价格从众。

产品注意应该作为公司最重要的驱动力，江小白愿意在消费者洞察方面花40%的时间，在做产品上花30%的时间，在品牌上花20%的时间，对于产品、消费者投入的时间成本越多，销售就越轻松。

江小白在做消费者洞察的时候专门寻找了专业的第三方调研公司,这其中的原因既是调研公司的专业性保证了数据的准确,其次也是因为江小白的董事长陶石泉个人认为现在的用户对消费场景的理解和用户的洞察更多是偏感性的,他敏锐地察觉到这可能跟江小白的品牌有着很密切的联系,因此对于用户的洞察工作就变得异常重要。

基于用户的洞察,可以推导出用户想要一种什么样的产品。现在江小白最大的单品是江小百(表达瓶),这个产品的诞生就是完全基于对消费场景的洞察。

当前社会因为喝酒产生的问题数不胜数,甚至有的闹出了不少笑话。朋友之间喝酒也喜欢暗暗较劲,谁喝的多,谁喝的少;江小白专门设计的二两小瓶完美地解决了"打酒架"的痛点,这样的产品设计就是符合对用户洞察的结果。

江小白的由来实际上是来自于董事长陶石泉希望把江小白做成文化IP,因为有了小白的文化IP,才有了同名的江小白白酒的诞生。奈何产品跑在了江小白文化前头,现在的江小白文化还在后头苦苦追赶。江小白文化是年轻人对于自我认知的一种自谦的态度,我是一个"小白",我还需要学习,需要成长。它体现了一种谦卑的心态,自信坦诚的态度。通过这种文化IP同江小白的产品有机地统一起来,利用江小白IP,大肆地玩转内容营销。

江小白所玩转的内容营销就是引起年轻消费者对品牌的主动关注。其中最关键的地方在于内容需要有足够的吸引力,让消费者主动搜索江小白,而不只是单纯地运用媒介曝光。品牌在做营销方案时,选择或借用合适的内容,或者创造自己的优质内容,是成功营销的关键。

江小白白酒品牌以极快的速度占领了年轻化的市场,惊呆了同行的老板。一改白酒品牌往日高端的形象,一出来就推出了"江小白"人物形象:聊漫画、写段子,没有历史包袱的简单Boy,很快就在行业内打响了自己的名声,引得无数同行争先模仿。

江小白霎时间成了很多年轻人聚会的必备品,开始引领潮流,江小白的内容营销策略无疑是成功的。

一、精准定位

江小白的市场定位,就是年轻群体。并且江小白并不仅仅把自家品牌定位为白酒,而是将其称为"情绪饮料",并且提出了作为年轻人"不回避、不惧怕",释放自己情绪的宣言,准确地找到了年轻客户群体的心理。

二、内容营销

江小白利用碎片话语的系统整理,成功实现了文化内容营销。如果说准确的客户定位为江小白成功开创了一个市场,找到了大量的目标消费者,那么江小白的文化内容营销则是获取这个市场、成功站住脚跟的关键。

三、IP 融合营销

"酒香不怕巷子深"已经是过去式了,在众多同行竞品的竞争压力下,江小白在确定了自己的消费群体后,先后投资了《好先生》《火锅英雄》《致青春》《小别离》等影视剧,在影视用户群中影响深远。

时代的更替,随着互联网的快速发展,速度越来越快。中国的数字娱乐产业在网络文学、动漫、游戏、视频、音乐等多种形态的互动、融合与迭代更新中,实现了持续的快速发展。内容产业进入黄金发展期,也为内容营销行业创造了巨大的市场机遇和创新空间。

内容营销到现阶段,行业已经进入了纵深化发展阶段。以内容IP为核心,打造营销各个链路,实现一体化整合传播,才能实现品牌营销的完整闭环,对每一分产出的流量都进行精耕细作,最大化品牌投资回报率。视频内容深度传达品牌价值,社交媒体扩大传播声量,电商直接承接流量以及销售转化。

资料来源:中研网,2017年12月28日(作者:lihuizhen)。

第一节 市场细分

市场细分是企业贯彻以消费者为中心的现代市场营销观念的必然产物。企业的一切活动要以市场为中心,但由于各种原因,消费者的需求总是不尽一致。市场细分承认这种差异的客观性、合理性,通过区分需求的差异,更深刻地认识具体的市场,并为企业选择目标市场、进行市场定位提供依据。

一、市场细分的概念和作用

(一)市场细分的概念

市场细分的概念最早是由美国市场学家温德尔·史密斯于20世纪50年代中期提出的。所谓市场细分,是指企业根据自身条件和营销目标,以需求的某些特征或变量为依据,区分具有不同需求的消费者群体的过程。每一个消费者群就是一个细分市场,每一个细分市场都是具有类似需求倾向的消费者构成的群体;不同细分市场中的消费者对某种产品的需求有着显著的差异性。

市场细分的客观依据,是现实及潜在顾客对某种产品需求的差异性。市场细分的对象是对某一特定产品有现实和潜在需求的顾客群体,而不是产品。市场细分是一种存大异、求小同的市场分类方法。消费者由于所处的社会、经济、自然条件等因素的不同,以及消费者的性别、年龄、文化、职业、爱好、经济条件、价值观念的不同,他们的需求和购买行为具有明显差异。但对某种特定的产品而言,各种不同的消费者组成了对某个特性具有偏好的群体。市场细分的目的在于帮助企业发现和评价市场的机会,以正确选择和确定目标市场。

(二)市场细分的作用

1. 有利于选择目标市场和制定市场营销策略

市场细分后的子市场比较具体,比较容易了解消费者的需求,企业可以根据自己的经营思想、方针及生产技术和营销力量,确定自己的服务对象,即目标市场。针对较小的目标市场,便于制定特殊的营销策略。同时,在细分市场上,信息容易了解和反馈,一旦消费者的需求发生变化,企业可以迅速改变营销策略,制定相应的对策,以适应市场需求的变化,提高企业的应变能力和竞争力。

2. 有利于发掘市场机会,开拓新市场

通过市场细分,企业可以对每一个细分市场的购买潜力、满足程度、竞争情况等进行分析对比,发掘出有利于本企业的市场机会,使企业及时作出投产、异地销售决策或根据本企业的生产技术条件编制新产品开拓计划,进行必要的产品技术储备,掌握产品更新换代的主动权,开拓新市场,以更好地适应市场的需要。

3. 有利于集中人力、物力投入目标市场

任何一个企业的资源、人力、物力、资金都是有限的。通过细分市场,选择了适合自己的目标市场,企业可以集中人、财、物及资源去争取局部市场上的优势,然后再占领自己的目标市场。

4. 有利于企业提高经济效益

前面三个方面的作用都能使企业提高经济效益。除此之外,企业通过市场细分后,可以面对自己的目标市场生产出适销对路的产品,既能满足市场需要,又可增加企业的收入;产品适销对路可以加速商品流转,加大生产批量,降低企业的生产销售成本,提高生产工人的劳动熟练程度,提高产品质量,全面提高企业的经济效益。

二、市场细分的依据

市场细分的基础,是导致需求差异性、多元化的各种因素。不同的细分市场有不同的细分因素。

(一)消费者市场细分依据

消费者的需求是千差万别的,影响因素也是错综复杂的,消费者市场细分所依据的标准一般来说可概括为四大类:地理变量、人口变量、心理变量和行为变量。

1. 按地理变量细分市场。即按照消费者所处的地理位置、自然环境来细分市场。例如,根据国家、地区、城市规模、气候、人口密度、地形地貌等方面的差异将整体市场分为不同的子市场。地理变量之所以可作为市场细分的依据,是因为处在不同地理环境下的消费者对于同一类产品往往有不同的需求与偏好,他们对企业采取的营销策略与措施会有不同的反应。中国是一个地域辽阔的国家,受到地理因素的影响,各地消费者在风俗习惯、生活方式和消费需求等方面存在着较大差异。比如生活在我国不同区域的人们的食物口味就有很大差异,俗话说"南甜北咸,东辣西酸",也由此形成了粤菜、川菜、鲁菜等著名菜系。企业可以选择一个较大区域细分市场经营,也可以选择一个或几个较小的细分市场经营。

2. 按人口变量细分市场。即按人口统计变量,如年龄、性别、家庭规模、家庭生命周期、收入、职业、教育程度、宗教、种族、国籍等为基础细分市场。在消费者市场细分中,人口变量是区分消费者群体最常用、最基础的因素。其原因首先是消费者的需求、偏好和使用率经常与人口变量有密切的联系,其次是人口变量比其他变量更容易衡量。

3. 按心理变量细分市场。即根据购买者的心理特征来细分市场。心理因素十分复杂,并且难以把握,企业可根据社会阶层、生活方式、个性特点等来细分市场。

4. 按行为变量细分市场。即根据购买者对产品的了解程度、态度、使用情况及反应等将他们划分成不同的群体。很多人认为,行为变量能更直接地反映消费者的需求差异,因而成为市场细分的最佳起点。

消费者市场细分是一个以调研为基础的分析过程,根据消费者对商品潜在的需求,选择对消费者影响较大的因素作为细分市场的依据。一个理想的细分市场不是由单一因素构成的,而是由多种因素相互关联组合而成的。

(二)生产者市场细分依据

很多用来细分消费者市场的标准同样也可用于细分生产者市场。例如根据地理、追求的利益和使用率等变量加以细分。不过,由于生产者与消费者在购买动机与行为上存在差别,所以,除了运用前述消费者市场细分标准外,还可用一些新的标准来细分生产者市场。

1. 用户规模。在生产者市场中,有的用户购买量很大,而另外一些用户的购买量则很小。企业应当根据用户规模大小来细分市场,并根据用户或客户的规模不同,制定不同的营销组合方案。例如,对于大客户,宜于直接联系、直接供应,在价格、信用等方面给予更多优惠;而对众多的小客户,则宜于让产品进入商业渠道,由批发商或零售商去组织供应。

2. 产品的最终用途。产品的最终用途不同也是生产者市场细分的标准之一。如工业品用户购买产品,一般都是供再加工之用,对所购产品通常都有特定的要求。

三、市场细分的原则和方法

(一)市场细分的原则

企业进行市场细分的目的是通过对顾客需求差异予以定位,来取得较大的经济效益。众所周知,产品的差异化必然导致生产成本和推销费用的相应增长,所以,企业必须在市场细分所得收益与市场细分所增成本之间做一权衡。由此,有效的市场细分必须遵循以下原则:

1. 可衡量性。可衡量性是指用于市场细分的标准必须是可以衡量的,而且能具体测定各细分市场的特征和规模大小,这将有利于企业正确制定市场营销战略目标。如果细分变数很难衡量的话,就无法界定市场。企业要明确为什么样的顾客群体服务,以及为他们提供什么样的产品服务,而且目标顾客亦知道哪家企业为他们服务,因此会积极响应该企业的营销刺激,并在市场上主动寻求和购买其产品。

2. 可进入性或可实现性。即指所选定的细分市场必须与企业自身状况相匹配,企业有优势占领这一市场。可进入性具体表现为信息进入、产品进入和竞争进入。考虑市场的可进入性,实际上是研究其营销活动的可行性。

3. 差异性或可区分性。即指细分市场在观念上能被区别并对不同的营销组合因素和方案有不同的反应。

4. 价值性。价值性,又称营利性,即企业所选择的细分市场规模要足够大,发展前途看好,盈利水平高,企业要有利可图。

5. 相对稳定性。即指市场细分的主要标准在经营周期内应保持相对稳定,否则细分市场就会不稳定而发生裂变和重组,届时企业将无法为之制定营销战略。

(二)市场细分的方法

1. 单一因素法

所谓单一因素法,是指根据市场营销调研结果,把选择影响消费者或用户需求最主要的一个因素作为细分变量,从而达到市场细分的目的。这种细分法以公司的经营实践、行业经验和对组织客户的了解为基础,在宏观变量或微观变量间,找到一种能有效区分客户并使公司的营销组合产生有效对应的变量而进行的细分。如按性别细分化妆品市场、按年龄细分服装市场等。这种方法简便易行,但难以反映复杂多变的顾客需求。

2. 主导因素排列法

它是指一个细分市场选择存在的因素时,可以从消费者的特征中寻找和确定主导因素,然后与其他因素有机结合,确定细分的目标市场。如宝洁公司有9种品牌的洗衣粉,它们是:汰渍、奇尔、格尼、达诗、波德、桌夫特、象牙雪、奥克多和时代,这些宝洁品牌在同一超市的货架上相互竞争。但是为什么宝洁公司要在一类产品中推出好几种品牌而不是集中精力推出一种领导品牌呢?答案在于不同的人希望从购买的产品中获得不同的利益组合。以洗衣粉为例,人们使用洗衣粉是为使衣物干净,但是他们还想从洗衣粉中得到些别的东西,如经济实用、漂白、柔软织物、新鲜的气味、强力或中性、泡沫多等。我们想从洗衣粉中或多或少地得到上述的每一种利益,只是对每种利益有不同的侧重而已。对有些人而言,清洁和漂白最重要;对其他人而言,柔软织物最重要;还有一些人则想要中性,有新鲜香味的洗衣粉。因此,洗衣粉购买者中存在不同的群体或细分市场,并且每个细分市场寻求各自特殊的利益组合。通过主导因素排列法细分市场和采用多种洗衣粉品牌,宝洁公司吸引了所有重要偏好群体中的消费者。其品牌总和在 32 亿美元的美国洗衣粉市场中取得了 53% 的市场份额,大大超过了仅凭一种品牌所能得到的市场份额。

3. 系列因素细分法

当细分市场所涉及的因素是多项的,并且各因素是按一定的顺序逐步进行,可由粗到细、由浅入深,逐步进行细分,这种方法称为系列因素细分法。

第二节 目标市场

市场细分之后就要考虑决定具体进入哪一个或哪几个细分市场并为之提供服务,这就是目标市场的选择。目标市场是指企业准备进入的细分市场,现代企业的一切营销活动都是围绕目标市场进行的。在当今激烈的市场竞争中,找准要进入的目标市场关系到企业的生死存亡。

一、评估细分市场

在市场细分后,企业要对不同的目标市场进行价值评估,以确定适当的目标市场,评估的主要指标主要有以下三个:

1. 市场需求。市场需求是评价的基础。具体评估指标包括:消费者或用户的总数;消费者或用户的结构;购买力水平;购买率(实际购买者/潜在购买者);需求总量;某商品的拥有量等。

2. 竞争状况。竞争状况是企业必须考虑的因素。具体评估指标包括:竞争厂商的数量及市场占有率;各厂商的产品状况(品牌、规格、质量、价格、特点等);各厂商的财务状况(销售额、利润、费用水平等);促销费用投入水平与结构;营销队伍水平;主要竞争者的市场形象;主要竞争者的变化趋势。

3. 企业自身状况。企业自身状况是企业常常不能客观评估的因素之一。具体评估指标包括本企业产品、资源和营销能力;所需投入的营销总成本;预期的销售水平和市场占有率;预期的赢利水平。在做此分析时,企业应对本企业产品的特色与本企业的真正优势评估清楚,不能套用别的企业的做法,同一子市场对不同的企业来说价值大小是不一样的。

二、选择目标市场

企业在选择目标市场时有五种可供考虑的市场覆盖模式,如图 5-1 所示。

1. 市场集中化。市场集中化即企业只选择一个细分市场,只生产一类产品以满足市场需求。其优点是企业能够集中资源经营一个细分市场,市场控制度高,同时通过较细的专业化分工,实现规模经济效益;其缺点是市场风险较大,一旦有较强的竞争对手进入或市场需求下降,企业很快陷入困境。

2. 产品专业化。产品专业化即企业选择所有细分市场(或没有进行细分而选择整体市场),集中生产一种产品以满足市场需求。其优点是可以利用高效的专用设备,劳动生产率高,在特定的产品领域树立良好声誉;其缺点是一旦新技术、新产品出现,公司便面临危险。

3. 市场专业化。市场专业化即企业只选择一个细分市场,并专门生产各类产品以满足市场需求。其优点是能更好地满足顾客需求,树立良好声誉,而且能够有效地向这类顾客群推销新产品;其缺点是一旦顾客需求发生变化,公司便面临危险。

4. 选择专业化。选择专业化即企业选择若干个具有良好赢利潜力的细分市场,分别为每个细分市场提供不同的产品以满足市场需求。选择专业化实际上是一种多元化战略,由若干个市场集中化构成,其中各个目标细分市场的生产经营相互独立性较强,联系较少。其优点是公司具有较大的营运弹性,能够很好地分散风险;其缺点是容易分散公司的注意力。

5. 市场全面化。市场全面化即企业选择所有细分市场(或没有进行细分市场而选择整体市场),生产各类产品以满足市场需求。在现实生活中,这种生产一切产品、满足一切顾客的企业并不存在,将整体市场局限于某一产品领域,选择这种模式的大企业还是不少。其优点是市场庞大,企业有很大的营运空间;其缺点是企业资源分散。只有实力雄厚的大公司采用该模式,才能收到很好的效果。

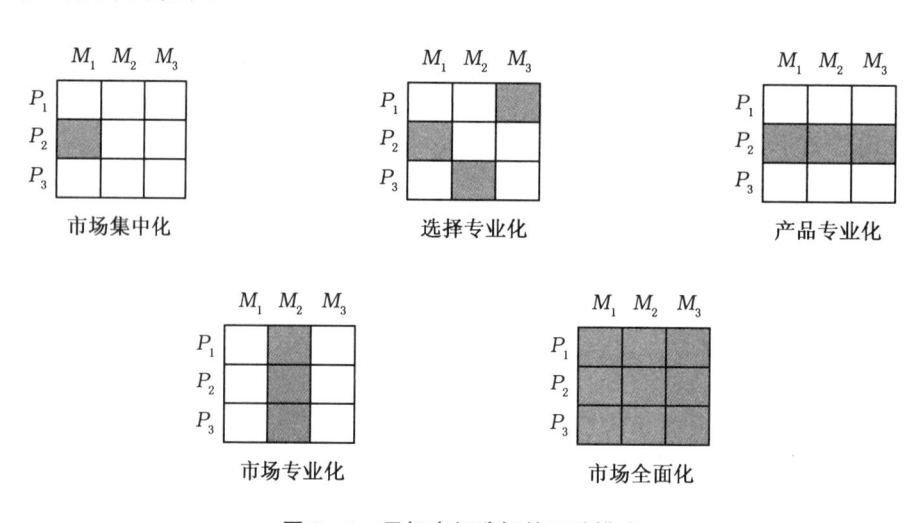

图 5-1　目标市场选择的五种模式

三、确定目标市场营销战略

(一)目标市场营销战略类型

企业选择了目标市场以后,就应该决定采取何种营销组合方式开拓目标市场。根据各细分市场的独特性以及企业自身的条件和目标,有三种目标市场战略可供选择。

1. 无差异性市场营销战略

无差异性市场营销战略是企业把一种产品的整体市场看成一个大的目标市场,营销活动只考虑消费者或用户在需求方面的共同点,而不管他们之间是否存在差异。因而企业只推出单一的标准化产品,运用单一的营销组合,力求满足尽可能多的顾客的需求。

无差异性营销战略的优点在于:第一,能有效地适用于需求广泛的、品种、规格、款式简单,能进行标准化、大批量生产的产品。该战略凭借广泛的分销渠道和大面积的广泛宣传,长久地在消费者心目中建立起产品形象。第二,能大幅度地降低成本和费用。因为采用标准化和大批量生产,生产、储运和运输成本均可降低,由此将整个市场作为统一的市场进行研究和开发可节省大量的市场研发费用。第三,便于操作实施,有利于管理。该战略有利于企业实行统一的营销计划,有利于组织、实施和监督等各项管理活动的展开和考核。

无差异性营销战略的缺点在于:第一,它只适用于具有同质性的产品,绝大多数产品不适用此战略;第二,它忽视消费者需求的变化及各个子市场的差异性,因此将丢失许多市场机会;

第三,它将增强同一市场竞争的程度,利润趋于变小,特别是当几家企业在同一市场上采取无差异市场战略时风险更大。

2. 差异性营销战略

差异性市场营销战略是企业在对市场进行细分的基础上,根据自身的资源条件,选择多个细分市场作为目标市场,并为各目标市场制定不同的市场营销组合策略。

差异性营销战略的优点在于:第一,能够服务于更多的不同消费者群体,拓展企业的市场空间;第二,能在不同的细分市场上树立企业形象,争取更多回头客;第三,能增强企业对目标市场的渗透力和控制力,从而增强竞争能力;第四,能分散企业经营风险,不至于受限于单一市场范围内。

差异性营销战略的缺点在于:第一,增加企业经营成本,直接影响企业产销数量和利润规模;第二,其实施将受到企业自身资源条件的限制,缺乏各种资源优势的企业难以推行此战略。

3. 集中性市场营销战略

集中性市场营销战略是指企业在将整体市场分为若干细分市场后,只选择其中某一个细分市场作为目标市场,集中力量实行专业化生产和经营的有效战略。其指导思想是把企业的人、财、物集中用于某一个细分市场或将几个性质相似的小型市场归并为一个细分市场,不求在一个大的整体市场上占有较小的份额,只求在较小的目标市场上占有较大的市场份额。

集中性营销战略的优点在于:第一,适用于资源有限的中小企业,或初入新市场的大企业;第二,能使企业集中自己的所有资源攻占有限的子市场,避免了大量营销费用的消耗,节省了成本和费用,将会获得较高的投资收益率;第三,由于服务面窄,服务对象相对集中,便于企业作深入的调查研究,及时把握信息,便于做出适应市场变化的策略。

集中性营销战略的缺点在于:由于将企业的所有资源集中在一个或几个特定的市场,一旦市场突变,企业将陷入困境,甚至会被逐出被占领的市场。

(二)选择目标市场营销战略的条件

1. 企业资源。企业资源是指企业在生产、技术、销售、管理和资金等方面力量的总和。如果企业力量雄厚,且市场营销管理能力较强,即可选择差异性营销战略。如果企业能力有限,则宜选择集中性营销战略。

2. 产品的同质性。产品的同质性是指产品在性能、特点等方面差异性的大小。同质性产品竞争主要表现在价格和提供的服务条件上,该类产品适用于采用无差异性营销战略;反之,对于异质性产品,则该采用差异性营销战略或集中性营销战略。

3. 产品所处的生命周期阶段。新产品上市往往以较单一的产品探测市场需求,产品价格和销售渠道基本上单一化,市场营销的重点是启发和巩固消费者的偏好。因此,新产品在导入阶段可采用无差异营销战略。而产品进入成长或成熟阶段,市场竞争加剧,同类产品增加,再用无差异性营销战略就难以奏效,所以成长阶段改为差异性或集中性营销战略效果更好。

4. 市场的同质性。如果顾客的需求,偏好较为接近,对市场营销刺激的反应差异不大,可采用无差异营销战略;否则,应采用差异性或集中性营销战略。

5. 竞争对手的目标市场营销战略。如果竞争对手采用无差异性营销战略,企业选择差异性或集中性营销战略有利于开拓市场,提高产品竞争能力。如果竞争者已采用差异性战略,则不应以无差异性营销战略与其竞争,可以选择更深层次的细分市场或集中性营销战略。

第三节　市场定位

企业一旦选择了目标市场,就要在目标市场上进行产品的市场定位。市场定位是企业全面战略计划中的一个重要组成部分。

一、市场定位的意义

定位(positioning),是由著名的美国营销专家艾尔·列斯(Al Ries)与杰克·特劳特(Jack Trout)于20世纪70年代早期提出来的。按照艾尔·列斯与杰克·特劳特的观点:定位,是从产品开始,可以是一件商品、一项服务、一家公司、一个机构,甚至是一个人,也可能是你自己。定位并不是要你对产品做什么事情,定位是你对产品在未来的潜在顾客的脑海里确定一个合理的位置,也就是把产品定位在你未来潜在顾客的心目中。定位可以看成是对现有产品的一种创造性试验。随着市场营销理论的发展,人们对市场定位理论有了更深的认识。菲利普·科特勒对市场定位的定义是:所谓市场定位,就是对公司的产品进行设计,从而使其能在目标顾客心目中占有一个独特的、有价值的位置的行动。市场定位的实质是使本企业和其他企业严格区分开来,并且通过市场定位使顾客明显地感觉和认知到这种差别,从而在顾客心目中留下特殊的印象。市场定位的目的在于影响顾客的认知心理,增强企业及其产品的竞争力,扩大产品的知名度,增加产品的销售量,从而提高企业的经济效益。

小链接

艾尔·列斯与杰克·特劳特的定位思想

定位是由美国著名的营销专家艾尔·列斯与杰克·特劳特于20世纪70年代早期提出来的,当时,他们在美国《广告时代》上发表了名为《定位时代》系列文章,以后,他们又把这些观点和理论集中反映在他们的第一本著作《广告攻心战略》中,正如他们所言,这是一本关于传播沟通的教科书。1996年,杰克·特劳特整理了25年来的工作经验,写出了《新定位》一书。也许是更加符合了时代的要求,但其核心思想却仍然源自他们于1972年提出的定位论。作为传播的定位理论的产生源于人类各种信息传播渠道的拥挤和阻塞。定位不是去创造某种新奇的或与众不同的东西,而是将本企业产品在未来潜在顾客的心目中确定一个合理的位置,在广告宣传中为自己的产品创造、培养一定的特色,去操纵、联想人们原有的认识,在顾客心目中占据有利地位,赢得有利的市场竞争位置。艾尔·列斯与杰克·特劳特的定位思想影响远远超过了一种传播技巧的范畴,而演变为营销策略的基本思想。

二、市场定位的原则

各个企业经营的产品不同,面对的顾客也不同,所处的竞争环境也不同,因而市场定位所依据的原则也不同。总的来讲,市场定位所依据的原则有以下四点:

(一)根据具体的产品特点定位

构成产品内在特色的许多因素都可以作为市场定位所依据的原则。比如所含成分、材料、质量、价格等。"七喜"汽水的定位是"非可乐",强调它是不含咖啡因的饮料,与可乐类饮料不同。"泰宁诺"止痛药的定位是"非阿司匹林的止痛药",显示药物成分与以往的止痛药有本质的差异。一件仿皮皮衣与一件真正的水貂皮衣的市场定位自然不会一样,同样,不锈钢餐具若与纯银餐具定位相同,也是难以令人置信的。

(二)根据特定的使用场合及用途定位

为老产品找到一种新用途,是为该产品创造新的市场定位的好方法。小苏打曾一度被广泛地用作家庭的刷牙剂、除臭剂和烘焙配料,现在已有不少的新产品代替了小苏打的上述一些功能。我们曾经介绍了小苏打可以定位为冰箱除臭剂,另外还有家公司把它当作调味汁和肉卤的配料,更有一家公司发现它可以作为冬季流行性感冒患者的饮料。我国曾有一家生产"曲奇饼干"的厂家最初将其产品定位为家庭休闲食品,后来又发现不少顾客购买是为了馈赠,又将之定位为礼品。如石膏,建筑业做装饰材料,日用化工企业做化妆品原料,食品行业做添加剂,医疗单位做治疗骨折的夹板。

(三)根据顾客得到的利益定位

产品提供给顾客的利益是顾客最能切实体验到的,也可以用作定位的依据。例如美国米勒(Miller)公司推出了一种低热量的"Lite"牌啤酒,将其定位为喝了不会发胖的啤酒,迎合了那些经常饮用啤酒而又担心发胖的人的需要。

(四)根据使用者类型定位

企业常常试图将其产品指向某一类特定的使用者,以便根据这些顾客的看法塑造恰当的形象。

美国米勒啤酒公司曾将其原来唯一的品牌"高生"啤酒定位于"啤酒中的香槟",吸引了许多不常饮用啤酒的高收入妇女。后来发现,占30%的狂饮者大约消费了啤酒销量的80%,于是,该公司在广告中展示石油工人钻井成功后狂欢的镜头,还有年轻人在沙滩上冲刺后开怀畅饮的镜头,塑造了一个"精力充沛的形象"。在广告中提出"有空就喝米勒",从而成功占领啤酒狂饮者市场达10年之久。

事实上,许多企业进行市场定位所依据的原则往往不止一个,而是多个原则同时使用。因为要体现企业及其产品的形象,市场定位必须是多维度的、多侧面的。

三、市场定位策略

(一)避强定位

避强定位策略是指企业力图避免与实力最强的或较强的其他企业直接发生竞争,而将自己的产品定位于另一市场区域内,使自己的产品在某些特征或属性方面与最强或较强的对手有比较显著的区别。避强定位策略能使企业较快地在市场上站稳脚跟,并能在消费者或用户中树立形象,风险小。避强往往意味着企业必须放弃某个最佳的市场位置,很可能使企业处于最差的市场位置。

(二)迎头定位

迎头定位策略是指企业根据自身的实力,为占据较佳的市场位置,不惜与市场上占支配地位的、实力最强或较强的竞争对手发生正面竞争,而使自己的产品进入与对手相同的市场位置。这种市场定位策略就是企业把产品或服务定位在与竞争者相似或相同的位置上,同竞争者争夺同一细分市场。一般来说,当企业能够提供比竞争对手更令顾客满意的产品或服务、比竞争对手更具有竞争实力时,可以实行这种定位策略。如百事可乐与可口可乐的竞争,肯德基与麦当劳的争斗,就是直接对抗定位的例子。由于竞争对手实力很强,且在消费者心目中处强势地位,因此实施直接对抗定位策略有一定的市场风险,这不仅需要企业拥有足够的资源和能力,而且需要在知己知彼的基础上,实施差异化竞争,否则将很难化解市场风险,更别说取得市场竞争胜利了。

(三)创新定位

寻找新的尚未被占领但有潜在市场需求的位置,填补市场上的空缺,生产市场上没有的、具备某种特色的产品。如日本索尼公司的索尼随身听等一批新产品正是填补了市场上迷你电子产品的空缺,并进行不断的创新,使得索尼公司即使在"二战"时期也能迅速地发展,一跃成为世界级的跨国公司。采用这种定位方式时,公司应明确创新定位所需的产品在技术上、经济上是否可行,有无足够的市场容量,能否为公司带来合理而持续的盈利。

(四)重新定位

公司在选定了市场定位目标后,如定位不准确或虽然开始定位得当,但市场情况发生变化时,如遇到竞争者定位与本公司接近,侵占了本公司部分市场,或由于某种原因消费者或用户的偏好发生变化,转移到竞争者方面时,就应考虑重新定位。重新定位是以退为进的策略,目的是为了实施更有效的定位。例如万宝路香烟刚进入市场时,是以女性为目标市场,它推出的口号是:像5月的天气一样温和。然而,尽管当时美国吸烟人数年年都在上升,万宝路的销路却始终平平。后来,广告大师李奥贝纳为其做广告策划,他将万宝路重新定位为男子汉香烟,并将它与最具男子汉气概的西部牛仔形象联系起来,树立了万宝路自由、野性与冒险的形象,从众多的香烟品牌中脱颖而出。自20世纪80年代中期到现在,万宝路一直居世界各品牌香烟销量首位,成为全球香烟市场的领导品牌。

市场定位是设计公司产品和形象的行为,以使公司明确在目标市场中相对于竞争对手自己的位置。公司在进行市场定位时,应慎之又慎,要通过反复比较和调查研究,找出最合理的突破口。避免出现定位混乱、定位过度、定位过宽或定位过窄的情况。而一旦确立了理想的定位,公司必须通过一致的表现与沟通来维持此定位,并应经常进行监测以随时适应目标顾客和竞争者策略的改变。

四、市场定位步骤

市场定位的关键是企业要设法在自己的产品上找出比竞争者更具有竞争优势的特性。

竞争优势一般有两种基本类型:一是价格竞争优势,就是在同样的条件下比竞争者定出更低的价格。这就要求企业采取一切努力来降低单位成本。二是偏好竞争优势,即能提供确定的特色来满足顾客的特定偏好。这就要求企业采取一切努力在产品特色上下功夫。因此,企业市场定位的全过程可以通过以下三大步骤来完成。

(一)识别潜在的竞争优势

这一步骤的中心任务是要回答以下三个问题:一是竞争对手产品定位如何?二是目标市场上顾客欲望满足程度如何以及确实还需要什么?三是针对竞争者的市场定位和潜在顾客的真正需要的利益要求企业应该及能够做什么?要回答这三个问题,企业市场营销人员必须通过一切调研手段,系统地设计、搜索、分析并报告有关上述问题的资料和研究结果。通过回答上述三个问题,企业就可以从中把握和确定自己的潜在竞争优势在哪里。

企业的竞争优势一般表现为以下四个方面:

1. 产品差异。企业可以使自己的产品在实用性、耐用性、可靠性等属性上区别于其他产品。

2. 服务差异。除了靠实际产品区别外,企业还可以使其与产品有关的服务不同于其他企业,如送货、安装、维修、咨询、培训等。

3. 人员差异。企业可通过雇用和训练比竞争对手好的人员取得较强的竞争优势。

4. 形象差异。即使竞争的产品看起来很相似,购买者也会根据企业或品牌形象观察出差别来。因此,企业通过树立形象使自己与竞争对手不同。

消费者一般都选择那些给他们带来最大价值的产品和服务。因此,赢得和保持顾客的关键是比竞争者更好地理解顾客的需要和购买过程,以及向他们提供更多的价值。通过提供比竞争者较低的价格,或者是提供更多的价值以使较高的价格显得合理,从而使企业赢得竞争优势。

(二)选择合适的竞争优势

竞争优势表明企业能够胜过竞争对手的能力。这种能力既可以是现有的,也可以是潜在的。选择竞争优势实际上就是一个企业与竞争者各方面实力相比较的过程。比较的指标应是一个完整的体系,只有这样,才能准确地选择相对竞争优势。通常的方法是分析、比较企业与竞争者在经营管理、技术开发、采购、生产、市场营销、财务和产品七个方面究竟哪些是强项,哪些是弱项。借此选出最适合本企业的优势项目,以初步确定企业在目标市场上所处的位置。

假定企业已很幸运地发现了若干个潜在的竞争优势,现在,企业必须选择其中几个竞争优势,据以建立起市场定位战略。企业必须决定促销多少种,以及哪几种优势。许多营销商认为企业针对目标市场只需大力促销一种利益,其他的经销商则认为企业的定位应多于7个不同的因素。

总的来说,企业需要避免三种主要的市场定位错误:第一种是定位过低,即根本没有真正为企业定好位;第二种错误是过高定位,即传递给购买者的公司形象太窄;第三种是混乱定位,给购买者一个混乱的企业形象。

(三)传播和送达选定的市场定位信息

一旦选择好市场定位,企业就必须采取切实步骤把理想的市场定位传达给目标消费者。企业所有的市场营销组合必须支持这一市场定位战略。这一步骤的主要任务是企业要通过一系列的宣传促销活动,将其独特的竞争优势准确传播给潜在顾客,并在顾客心目中留下深刻印象。为此,企业首先应使目标顾客了解、知道、熟悉、认同、喜欢和偏爱本企业的市场定位,在顾客心目中建立与该定位相一致的形象。其次,企业通过各种努力强化目标顾客形象,保持目标顾客的了解,稳定目标顾客的态度和加深目标顾客的感情来巩固与市场相一致的形象。最后,企业应注意目标顾客对其市场定位理解出现的偏差或由于企业市场定位宣传上的失误而造成的目标顾客模糊、混乱和误会,及时纠正与市场定位不一致的形象。

思考题

1. 市场细分有哪些主要依据?
2. 选择目标市场的策略有哪些?
3. 市场定位的方法有哪些? 试举例说明。

案例讨论

案例一　欧莱雅集团的市场细分策略

法国欧莱雅集团为全球 500 强企业之一，由发明世界上第一种合成染发剂的法国化学家欧仁·舒莱尔创立于 1907 年。历经近一个世纪的努力，欧莱雅从一个小型家庭企业跃居为世界化妆品行业的领头羊。2003 年初，欧莱雅荣登《财富》评选的 2002 年度全球最受赞赏公司排行榜第 23 名，在入选的法国公司中名列榜首。欧莱雅集团的事业遍及 150 多个国家和地区，在全球拥有 283 家分公司及 100 多个代理商，5 万多名员工、42 家工厂和 500 多个优质品牌，产品包括护肤防晒、护发染发、彩妆、香水、卫浴、药房专销化妆品和皮肤科疾病辅疗护肤品等。

巴黎欧莱雅进入中国市场至今，以其与众不同的优雅品牌形象，加上全球顶尖演员、模特的热情演绎，向公众充分展示了"巴黎欧莱雅，你值得拥有"的理念。目前已在全国近百个大中城市的百货商店及超市设立了近 400 个形象专柜，并配有专业美容顾问为广大中国女性提供全面的护肤、彩妆、染发定型等相关服务，深受消费者青睐。回顾上述成功业绩，关键取决于欧莱雅公司独特的市场细分策略。

欧莱雅认为美的概念在不同国家、不同地区是不同的，所以，它从不试图去推广一种美的模式。在每一个国家，为了反映出各地本土的美、文化和传统的形式，产品都需要互不相同。针对中国内地市场，欧莱雅就曾进行过长达 6 年、非常细致的针对中国女性皮肤的研究。比如，欧莱雅希望了解四川女性的皮肤与哈尔滨女性的皮肤是否一样，研究结果表明确实不一样，因为她们的饮食习惯和所处的气候条件不一样；欧莱雅还发现，中国女性油性皮肤的比例比其他地区的人略高一些；同时，中国女性对彩妆大色彩下面的小色调的追求也不一样。欧莱雅根据这些研究成果对在中国投放的产品的配方进行调整，盖保罗说："这不仅是一种微调，实际上是一种新的配方。"

然后，按照中国地域广阔的特征，鉴于南北、东西地区气候、习俗、文化等的不同，人们对化妆品的偏好具有明显的差异。如南方由于气温高，人们一般比较少做白日妆或者喜欢使用清淡的装饰，因此较倾向于淡妆；而北方由于气候干燥以及文化习俗的缘故，一般都比较喜欢浓妆。同样东西地区由于经济、观念、气候等的缘故，人们对化妆品也有不同的要求。所以欧莱雅集团敏锐地意识到了这一点，按照地区推出不同的主打产品。

公司从产品的使用对象进行市场细分，主要分成普通消费者用化妆品、专业使用的化妆品，其中，专业使用的化妆品主要是指美容院等专业经营场所使用的产品。

第一品牌是赫莲娜，面对的消费群体的年龄也相应偏高，并具有很强的消费能力；第二品牌是兰蔻，它是全球最著名的高端化妆品牌之一，消费者年龄比赫莲娜年轻一些，也具有相当的消费能力；第三品牌是碧欧泉，它面对的是具有一定消费能力的年轻时尚消费者。欧莱雅公司希望将其塑造成大众消费者进入高端化妆品的敲门砖，价格也比赫莲娜和兰蔻低一些。

作为欧莱雅所有品牌中的高端产品，赫莲娜、兰蔻、碧欧泉等，它们主要在高档的百货商场销售。赫莲娜 2000 年 10 月才进入中国，目前只在全国 13 个大城市，如北京、上海、广州等的最高档百货商场中才有，全国共有专柜 18 个。兰蔻在 38 个城市有 114 个专柜，目前在中国高端化妆品市场中占有率第一。而碧欧泉也只是在部分大城市中设有专柜。相对而言，巴黎欧莱雅、美宝莲等相对低端的产品则深入到全国各个城市。其中：(1)巴黎欧莱雅是属于最高端的，它有护肤、彩妆、染发等产品，在全国 500 多个百货商场设有专柜，还在家乐福、沃尔玛等高档超市有售。欧莱雅的高档染发品已是目前中国高档染发品的第一品牌。(2)第二品牌是羽西，羽西秉承"专为亚洲人的皮肤设计"的理念，是一个主流品牌，在全国 240 多个城市的 800 家百货商场有售。(3)第三品牌是美宝莲——来自美国的大众彩妆品牌，它在全球很多国家彩妆领域排名第一，在中国也毫不例外，目前已经进入了 600 个城市，有 1.2 万个柜台。(4)第四品牌是卡尼尔，目前在中国主要是引进了染发产品，它相比欧莱雅更大众化一些，年轻时尚，在中国 5 000 多个销售点有售。(5)第五品牌是小护士，它面对的是追求自然美的年轻消费者，市场认知度 90% 以上，目前在全国有 28 万个销售点，网点遍布了国内二三级县市。

按照欧莱雅中国总经理盖保罗所说的金字塔理论,欧莱雅目前的品牌主要分为高端、中端、低端三个部分。塔尖部分为高端产品,主要有赫莲娜、兰蔻、碧欧泉等品牌,其面向的消费群体都是具有高收入的人群,要求购买者有较强的消费能力,而且投放的市场都是经济发达的大城市;而塔中部分为中端产品,所包含品牌有两大块:一块是美发产品,有卡诗和欧莱雅专业美发,其中,卡诗在染发领域属于高档品牌,比欧莱雅专业美发高一些,它们的销售渠道都是发廊及专业美发店。欧莱雅公司认为,除产品本身外,这种销售模式也使消费者有机会得到专业发型师的专业服务。还有一块是活性健康化妆品,有薇姿和理肤泉两个品牌,它们通过药房经销。这一部分相对来说价格稍低,适合范围更大的消费群体,对消费能力的要求也降低了。塔基部分为低端产品,其品牌主要包括巴黎欧莱雅、羽西、美宝莲、卡尼尔、小护士等,这一部分的产品适合大部分的消费者,价格更加大众化,而且销售网点遍布全国各个城市,深入到国内二三级县市,做到了让大众消费者能够消费得起。

在中国,护肤品和化妆品这个比较特殊的行业中,男性一直都处于一个比较尴尬的地位。因为化妆和护肤一般都是女性的"特权",男性对化妆品一直都比较抗拒,在他们的观念里,只有同性恋或者娘娘腔才十分重视自己的外表,因此,中国男士护肤品在整个护肤品行业中的市场占有率一直很低,相对于欧美国家的30%,中国的2%市场占有率显得有点小,所以,谁能率先突破中国男性的心理障碍,必定在男士护肤品这个市场中抢到一份可观的份额。而欧莱雅也看到了这个巨大的市场,欧莱雅通过广告策略尝试性地向男性的心理障碍进发,推出了男士系列。不过广告策略的难度也很大,开始的时候也碰到很大的困境。但最后,通过调查,欧莱雅选择了吴彦祖作为代言人,在广大男士心中塑造出一个既努力工作,又懂得享受都市生活的男士形象,这一举动,帮助欧莱雅顺利地抢占了一部分的市场。

除此之外,欧莱雅不断更新市场细分计划,欧莱雅一直以来都奉行"拿来主义",在进军中国市场后通过收购小护士、羽西等的品牌,欧莱雅不断拓宽自己的市场,细分的市场从原来高端市场的赫莲娜、兰蔻延伸到了大众化的小护士、羽西,形成了一个从高端到中端再到低端的完整的市场。

由于欧莱雅公司对中国市场分析到位、定位明晰,兰蔻在高档化妆品市场、薇姿在通过药房销售的活性化妆品市场、美宝莲在彩妆市场、欧莱雅染发在染发的高端市场已经占据了第一的位置。

资料来源:中华文本库(chinadmd.com)。

讨论题:
1. 欧莱雅公司在中国市场的细分变量有哪些?分别对应哪些产品?
2. 欧莱雅公司在中国市场运用了哪些市场定位策略?分别取得的效果如何?

案例二 加多宝发展壮大的秘诀

一家企业花费百亿、辛苦耕耘10多年的品牌和包装被别人夺走,这家企业是否还能活下去?这在一般人眼中只能是天方夜谭,然而这一天大的难题却被加多宝实现了。不仅活下来,加多宝还在短时间内重新夺回了凉茶行业销量冠军的头衔。

第一个节点:从药到饮料

原来加多宝是一个药,和可口可乐出身是一样的,都是药房里的,在2002年加多宝把它变成了一个饮料,预防上火的饮料,这是加多宝战略第一个重点。

作为一个药,北方人是很难接受的,但是作为预防上火的饮料,顾客头脑里面对于上火,几千年都有这个传统,都知道有很多场合上火,作为预防上火的饮料,大家的接受度就高。

这是一个关键的节点:走出了药房,加多宝把整个凉茶品类从药饮带向饮料。

当时加多宝有红茶、绿茶和其他业务,甚至还可以做可乐,当时可乐很红,做可乐是可以赚钱的,有现成的网络很容易就可以做。但是加多宝没有去做可乐、红茶、绿茶、乌龙茶和其他业务,却选择了做凉茶。

凉茶当时市场是很小的,而且你去做市场调研的话,所有市场调研公司走一圈下来会告诉你,对不起,凉茶市场等于零,没人要喝凉茶。

我们当时去调研过,问你喝不喝凉茶,人家说我们北方人不喝隔夜茶,他们把凉茶等同于隔夜茶,真让他试饮,一喝眉头就皱起来:那么苦的东西这怎么咽得下去? 感觉是不是有毒,逢药就有三分毒,大家觉得跟喝药一样。

要做这一步就很了不起。现在我们国家开展供给侧改革,大多数供给都是无效供给。真正供给侧改革就是要从追随需求转向创造需求。找到一个市场上我能做第一的领域,然后代表这个品类,我去把这个定位做大。

2002年加多宝做过一次供给侧改革,就把这些业务全部放弃掉,把整个公司资源全部集中在凉茶,而且在凉茶里面只集中在一个红罐凉茶,这一步相当了不起。

当然还对它进行了重新定位,这个重新定位就是把它从一个地方药饮变成了一个主流饮料,这样使得凉茶就从传统凉茶铺走向无处不在、无所不在、非常方便现代人饮用、预防上火的饮料或者怕上火的饮料,这第一步很了不起,值得很多企业学习。

第二个节点:千里跃进大北京

加多宝在2006、2007年左右,集中相当多的资源,把北京市场给做起来了。

这意味着什么呢?

作为一个南方人喝的饮料,从药房走向了饮料,但是毕竟还是南方人在喝。2006年底在北京做市场调研的时候,我们跑了很久。发现在北京卖出去的凉茶,消费者全是在北京工作的南方人,尤其那些广东村、福建村卖得很好,北京人、北方人说这个还是难以接受,感觉是南方人喝的东西。

我们专业上又有一个问题,大家把当时凉茶定位为是南方人喝的饮料,北方人不喝。

要解决这个问题,就要把北方高势能市场做火做透。北京是全国势能最高的市场,尤其对于北方市场,北京的影响非常重大。任何一个品牌要成功的话,如果能够把一些有很高势能的市场拿下来,这个品牌后劲就相当可观。

2008年北京奥运,全世界的焦点都在北京,2006年、2007年、2008年,集中公司大部分乃至绝大部分资源放在北京,人力、物力、财力集中在这里,花了两三年的时间借奥运会大势,把北京市场做得非常火,对这个品牌影响力就不一样了。

所以2006、2007这两年加多宝本来从南方广东一路逐渐北上,变成突然一下凌空一跃千里挺进大别山,凌空一跃把北京市场打得红红火火,这一下北方市场就被北京辐射,影响很大。

北京市场一火以后大家就感觉到很放心,感觉到北京人民都在喝,首都人民都在喝,它还能差吗? 大家都跟着喝吧。所以北京市场一起来就带动东三省、河南、河北、山西、内蒙古整个大北方板块起来。通过这样一个战略节点,就把南方人的饮料这样一个很强的认知给调整过来了,变成好像北京卖得很火,所以全国人民都接受,这是第二个重大的战略节点。

第三个节点:壮士换头

2012年加多宝被迫要启动自己全新的品牌,原来的品牌还在,又要跟它展开直接的竞争,媒体朋友把它形容成"换头术"。

哈佛大学几位搞案例的教授我也向他们请教过,他们说在全世界最全的案例库里面也没有找到一个这样戏剧性的案例,从来没有过。

可口可乐总裁讲过一句话:你可以烧掉我所有的东西,给我剩下"可口可乐"四个字,我一夜之间可以再造一个可口可乐。

他这个话不假,你现在真出现这种局面,他就能做到。只要凭着可口可乐四个字,全世界投资银行、全世界优秀的人才MBA、500强CEO都愿意帮助他,给钱、投人,帮他再造复兴。

这个话讲得对不对?

非常正确,说明品牌很重要。

但加多宝恰恰出现一个完全相反、决然对立的一个情况,就是被人拿走了那几个字,就是没有那几个字了。

加多宝做了一件前无古人的事情,比这个还残酷,不但把那几个字拿走了,你还得跟它竞争,原来的品牌还在,还很强大,你还要跟它竞争,那就更残酷了。

还没完呢,加多宝还不想裁员。如果这个时候我就过冬吧,裁员一半,下滑80%从头再来也行。加多宝还不想这么干。

当时我去访谈好多经销商,顶不顶得住,靠不靠谱,经销商是在观望之中的,经销商都在看着你行不行。

加多宝没有裁掉一个人,上下游产业链所有合同完全如约,所有人都看着是不是我要把钱拿回来的时候,加多宝顶着这三层巨大的压力,还要保持规模不变,甚至还想高速增长,这的确是一个天险。

重新启动一个全新的品牌是一件风险极高的事情,这个动作是分两步走,分了上下半场才打完这场仗:

上半场仗我们先把加多宝这个品牌和原来顾客头脑里已有的定位合二为一,和原来那个品牌是共享一个位置的。这是不得已而为之的。

为什么呢?

因为加多宝规模太大了,一个从零起步的品牌要确保它销售额不大幅下降,确保不裁员,确保不影响上下游产业链合同的执行,我们只能先把加多宝这个新的品牌和消费者心中的位置合在一起,调动顾客的力量,我们先达到一定规模再说。

这就好像信陵君窃符救赵,虎符是把一只老虎一劈两半的,一半在国王那里,一半在将军那里,调动军队,一定要国王和前方将军合二为一,千军万马才能被调动。

加多宝玩的也是信陵君窃符救赵的故事,信陵君是偷符,我们是光明正大的纯市场行为,我们就是瞄准了顾客头脑里那个位置。国王那个符给了人家,在人家手上我们怎么办,我们只能造一个符,跟那个消费者头脑的符是一样的,合上去了,千军万马我们就调动了。

共享以后是什么?

完全二合一,消费者不区分原来的品牌和加多宝,这样两个就完全同质化。加多宝在跟原有强大品牌竞争之中获得了一个高速增长。

但是,同质化对一个品类杀伤力最大,对于两个公司杀伤力也是最大,我们也是不得已而为之,先二合一。

如果不能分两步走,先二合一,这个企业真的是面临着巨大的风险,是非常危险的一件事情,甚至是面临着要出局完败的风险,所以我们第一步只能跟它共享一个位置。

这样,把加多宝从一个全新的品牌、从零开始,一下冲到200亿元的规模,就一年的时间,这是一件非常了不起的事。

第四个节点:壮士换身

2015年我们推出了金罐。

推出金罐不是重点,放弃红罐才是这个战略的重点,因为红罐竞争对手也有,就容易产生混淆。我把这个做了20年的消费者不用动脑筋看到红罐就拿的东西放弃掉,不是那么容易的。

推一个金罐很简单,谁都可以推,放掉红罐只推金罐,则是一件高风险的大战略决策,是很不容易的。

这是再次告别同质化,去做独一无二的事情。这个动作说很容易,实际意味着几十亿元资金,意味着原来几十年辛辛苦苦培养消费者的习惯、行为要重新来。

这20年工作要重新来极其不容易,这个战略决策相当了不起。但是我们一年走下来结果又一次成功了。

第四个节点,我们就是从原来的把它二合一合在一起之后,又要一分为二,从原来品牌独立出来,我们今天又拿到领导者的定位。

这一年走下来,这个节点又成功度过了。

今天金罐的成功,本质上,是给2012年品牌更换真正画了一个句号,因为那个时候我们只是共享一个位置,还没有自己独立的位置。今天我们敢说加多宝在顾客头脑里面是独一无二的一个位置,是没有其他人可以替代的,是领导者的地位,正宗凉茶定位已经建立起来了。

资料来源:http://www.xuexila.com(编辑:弘达)。

讨论题: 加多宝得以发展壮大的根本原因是什么?

课后实践

1. 目的

认识市场细分、目标市场的选择和市场定位的意义。

2. 内容和任务

选取本地典型企业进行调查,分析选取企业是如何进行市场细分、目标市场的选择和市场定位的,总结其成功与不足,对不足之处提出改进意见。

3. 步骤

(1) 教师布置实训目的及任务,并提出相应要求。

(2) 将班级成员分成若干组,每组5~8人,分组时注意小组成员在知识、性格、技能方面的互补性,并进行合理分工,选出小组长,以协调小组工作。

(3) 各小组由组长负责,确定调研企业,拟订调研提纲。

(4) 实施调研。

(5) 整理调研资料,撰写小组调研报告。

(6) 教师组织各小组调研报告的交流与讨论。由各组组长组成评审团,对各组代表发言情况进行评分。将各组最后得分计入每人的平时成绩。

(7) 教师最后进行总结。

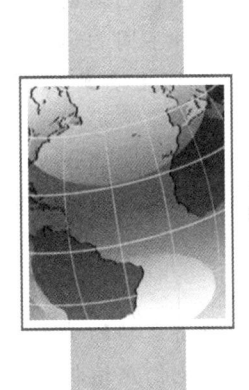

第六章
产品策略

引例

LV 品牌营销策略

LV 全称 Louis Vuitton,中文名称路易·威登。LV 创立于 1854 年,现隶属于法国专产高级奢华用品的 Moet Hennessy Louis Vuitton 集团。

路易·威登向来是品牌经营的典范,在奢侈品品牌营销策略上,有许多值得学习之处。

1. 将奢侈做成艺术和经典

对于奢侈品品牌来说,之所以奢侈,一个很重要的原因就是其具有稀缺性:少,生产少,买得起的人少,能经常买的人更少。既要让大家知道尊贵和奢侈,又不能用太大众的方式,于是没有什么比建立一个奢侈精致而又有创意的旗舰店更有效果了。

路易·威登绝对是做有创意的旗舰店的高手。2004 年为庆祝 LV 创立 150 周年,路易·威登将香榭丽舍大道的旗舰店规模扩增 2 倍。

出人意料的是,路易·威登特地制作了两个超大的招牌旅行箱,架在旗舰店的大楼外面,赚足了过往行人的眼球。这里不仅展出有 LV 历史上 28 件珍贵的古董行李箱,而且位于旗舰店七层的 LV 美术馆,也首次选用了一群尖端艺术家的作品,在店内做永久性的陈列。其中一件由白皮肤女人裸体构成的字母"U"和黑皮肤女人裸体构成的"y"组成的图案颇为打眼。

LV 的许多竞争对手主要是为了满足购买者的虚荣心而设置旗舰店,而路易·威登旗舰店更像当代艺术馆。在路易·威登旗舰店的漫步长廊,展示有美国艺术家 James 的灯饰雕塑,以及丹麦概念艺术家 Olafur 专门为路易·威登设计的作品。这样的效果正是 LV 所追求的,LV 的这个店面每天有三五千人前来膜拜,据称在巴黎是排在埃菲尔铁塔和巴黎圣母院之后最有人气的旅游胜地。LV 将自己的旗舰店塑造成了一个城市的地标性的建筑,其尊贵地位,奢华姿态,不著一字,尽得风流。

顾客在这样的一间旗舰店里徜徉,用参观艺术馆般的态度来参观 LV 的精致皮具,其中甚至有了某种朝拜的意味,试想,人们不能把罗浮宫里的《蒙娜丽莎的微笑》买下来天天背在身上在繁华的都市中漫步,但 LV 的包却可以满足人们的这个奢侈体验。

2. 重视研究消费者的消费心理

从路易·威登官方网站的几次细微改变能看出其在中国市场的上升态势。1997 年,路易·威登首次开设正式官方网站时,设置了最初的中文网页,这时是LV进入中国内地的第五个年头。四年后,路易·威登又设立了一个有英语、法语、日语和繁体中文四种不同的语言版本的新网站。同年7月,路易·威登中文版的网页中增添了"大中华焦点"栏目,主要涵盖LV在中国香港、台湾地区和中国内地的动向。

路易·威登中国董事总经理施安德先生承认说:"这的确是因为Louis Vuitton的中国消费者,尤其是中国内地消费者数量增长而设立的。"而LV的一个新计划是开设简体中文版网站和增加更贴近内地市场的网站内容。这表明这个试图进军中国奢侈品行业的豪华品牌放下架子去聆听客户的心声,去感受这个新兴市场的时代脉动。

贝恩咨询公司(Bain)在2005年奢侈品报告中表示:"过去,在奢侈品业取得成功的黄金法则是高贵优雅、始终如一和积极有效。不要问客户他们想要什么,而要告诉他们应该拥有什么。"如今,面对一个陌生的市场,以自我为中心的方法将不再奏效。必须了解客户,深入把握他们的高端价值主张。"不仅仅是让你的客户知道你,而是要努力了解他们。"

路易·威登在中国取得令人瞩目的成功证明,只有理解推动奢侈品购买行为的"原因",奢侈品公司才能获得建设品牌方面的新想法,触摸到目标市场的情感需求,卖出更多的产品。

对中国消费者的研究发现:全新的奢侈品文化已登陆中国;中国奢侈品消费者的平均年龄在40岁以下;奢侈品不仅仅属于上流社会,新新人类主张人人有权拥有奢侈品;年轻的中国消费者喜欢将奢侈品与街头时尚品牌混搭。于是,在这样的对中国消费者的研究基础上,路易·威登已开始向中国客户提供创新服务。

(1)由于当季商品的数量及范围不断增加,每一季奢侈品的货架期都相应缩短了。LV在华奢侈品品牌推出时尚商品的频率越来越高,数量也越来越多。

(2)路易·威登在中国提供较小(因此不太昂贵)商品的策略。通过"可得到的奢侈品"或"价值导向奢侈品"策略来达到吸引年轻新会员的目的。

奢侈品品牌LV在中国做出的低姿态不仅没有损害了其尊贵的形象,反而因此抓住了中国消费者的特性,了解了他们购买的动因和能够承受的范围,占据了中国奢侈品消费的鳌头。

3. 跨国的CRM管理

一个完整有效的客户关系管理数据系统(CRM)帮助路易·威登充分地理解市场,与客户建立紧密的联系,实现"多一点科学分析,少一点道听途说"。

路易·威登公司跨国的CRM管理能够使其跨越时空,整合不同市场的客户信息,从而实现对特定客户群的深度了解。通过深入挖掘过去的销售数据,路易·威登能够掌握客户的偏好并评估潜在需求。今天购买小件商品的客户,明天就可能购买其他更高价值的商品。在巴黎的商店购买单件商品的中国游客可能在上海的其他商店购买多件同样牌子的商品。

无论中国消费者在全世界的哪家商店购物,数据的深入挖掘都能使路易·威登了解他们的偏好。通过对在海外购物的中国人的密切观察,即使尚未在某个城市开设门店,路易·威登也能较好地把握该市场的运作。

路易·威登相信:一个有效的客户关系管理系统能够帮助市场营销直接面向对此作出反应的客户,并回报给客户他们最想要的产品和服务。

跨国的CRM管理方式在中国市场上可能会遭遇客户详细的数据资料搜集困难的瓶颈,但在东方国家其他市场的推广经验可以被移植过来,化解在中国市场上推广的相关问题。如关于品牌大众化带来的困扰,可以参考路易·威登在日本市场的做法而得到有效解决。LV的手袋在日本十分畅销,几乎每位女士都有一只,高端消费者对此产生了不满,日本路易·威登及时发行了制作精致的 VIP 会员卡,提供 VIP 独有的特色服务、创新服务、增值服务,路易·威登 VIP 会员又一次成为时尚先锋,VIP 会员俱乐部的成功运作使路易·威登的高端消费者品牌忠诚度大大提高,同时又再一次地刺激了原本的消费人群继续购买以获取尊贵的VIP 会员的资格。

资料来源:http://www.xuexila.com。

第一节　产品概念、分类及产品组合

一、产品的整体概念

人们通常理解的产品是指具有某种特定物质形状和用途的物品,是看得见、摸得着的东西。这是一种狭义的定义。而现代市场营销理论认为,广义的产品是指人们通过购买而获得的能够满足某种需求和欲望的物品的总和,它既包括具有物质形态的产品实体,又包括非物质形态的利益,这就是产品的整体概念。产品整体概念包含核心产品、形式产品、期望产品、延伸产品和潜在产品五个层次,如图 6—1 所示。

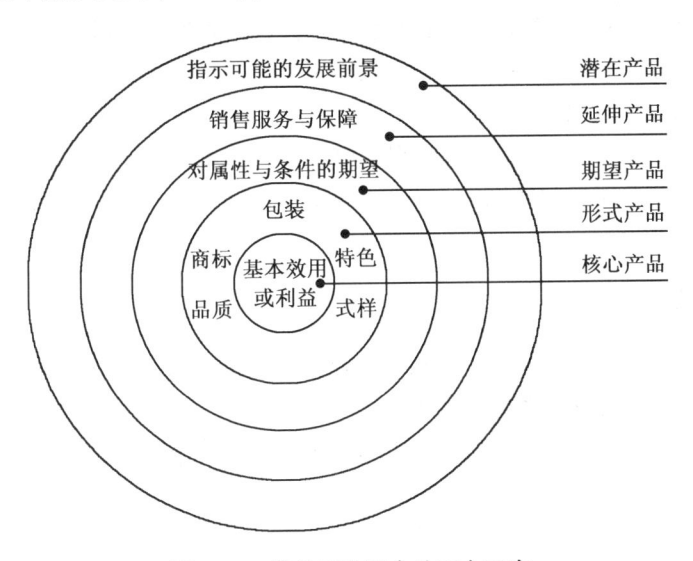

图 6—1　整体产品概念的五个层次

(一)核心产品

核心产品是指向购买者提供的基本效用或利益。消费者购买商品并不是为了获得产品本身,而是为了获得能够满足某种需求的使用价值。如消费者购买洗衣机,并不是为了拥有这种机器物品本身,而是为了获得清洗、洁净衣物和安全的效用。核心产品是消费者追求的最基本内容,也是他们所真正要购买的东西。任何产品都必须具有反映顾客核心需求的基本效用或利益。

(二)形式产品

形式产品是核心产品所展示的全部外部特征,即呈现在市场上的产品的具体形态或产品核心功能、效用借以实现的外在形式,主要包括品牌商标、包装、款式、颜色、特色、质量等。即使是纯粹的服务产品,也具有相类似的形式上的特点。

(三)期望产品

期望产品是指顾客在购买该产品时期望得到的与产品密切相关的一系列属性和条件。一般情况下,顾客在购买某种产品时,往往会根据以往的消费经验和企业的营销宣传,对所欲购买的产品形成一种期望,如对于旅店的客人,期望的是干净的床、香皂、毛巾、热水、电话和相对安静的环境等。

(四)延伸产品

延伸产品是指消费者在取得产品或使用产品过程中所能获得的除产品基本效用和功能之外的各种利益的总和,主要包括运送、安装、调试、维修、产品保证、零配件供应、技术人员与操作人员的培训等,它能给消费者带来更多的利益和更大的满足。正如美国市场营销学者西奥多·李维特所指出的:"未来竞争的关键不在于企业能生产什么产品,而在于其产品提供的附加价值:包装、服务、广告、用户咨询、消费信贷、及时交货、仓储以及人们以价值来衡量的一切东西。"

(五)潜在产品

潜在产品是指产品最终会实现的全部附加价值和新转换价值,是附加产品服务和利益的进一步延伸,指明了产品可能的演变给顾客带来的价值。潜在产品要求企业不断寻求满足顾客的新方法,不断将潜在产品变成现实的产品,这样才能使顾客得到更多的意外惊喜,更好地满足顾客的需要。比如人们购买保险产品,在购买当时并未得到可即刻实现的利益,而是一种承诺,即未来可以实现的理赔收益。

产品整体概念的 5 个层次,清晰地体现了以顾客为中心的现代营销观念。这一概念的内涵和外延都是以消费者需求为标准的,由消费者需求来决定的。没有产品整体概念,就不可能真正贯彻现代营销观念。

二、产品分类

在市场营销实践活动中,要制定有效的营销策略,就必须把产品进行科学的分类。

(一)按照产品的耐用性和有形性分类

按照产品的耐用性和有形性,产品可分为非耐用品、耐用品和服务三种。

1. 非耐用品

它是指使用一次或少数几次、单位价值较低的有形产品,如啤酒、食盐、化妆品等。这些产品消费很快,购买较为频繁。

2. 耐用品

一般是指使用年限较长、单位价值较高的有形物品,如彩电、空调、汽车、机械产品等。

3. 服务

通常是指为出售而提供的活动、利益和满足感等,如修理、旅馆等。服务具有无形、不可分离、可变和易消失等特征。

(二)按产品的购买者和购买目的不同分类

按产品的购买者和购买目的不同,可以划分为消费品和产业用品两种。

1. 消费品

消费品是指个人和家庭为满足生活消费而购买的商品和服务。根据消费者的购买行为和购买习惯,消费品一般可以划分为以下四种。

(1)便利品。便利品是指消费者频繁购买并且购买时不用花时间比较和选择的商品。具体又可以分为常用品、冲动品和救急品。常用品是消费者经常需要购买的便利品,如大米、食盐、饮料等;冲动品是事先不在购买计划之内,由于一时冲动而购买的商品,如合意的书籍、折价的小饰品、旅游途中购买的工艺品和纪念品等;救急品是消费者在某种情况下紧急购买的商品,如饥肠辘辘时购买的食品、倾盆大雨突然而至时购买的雨伞等。

(2)选购品。选购品是指消费者在购买过程中对功效、质量、款式、色彩、特色、品牌、价格等花较多时间进行比较的商品,如家用电器、服装、鞋帽等。选购品又可以分为同质选购品和异质选购品。前者在质量、功效等非价格因素方面差别不大,但价格差异较大,所以要认真比较选购。而后者在功效、质量、款式、色彩、风格等方面差异较大,消费者购买时重视和追求特色,特色比价格对购买决策的影响更大。

(3)特殊品。特殊品是指具有特定品牌或独具特色的商品,或对消费者具有特殊意义、特别价值的商品,如品牌服装、名车、名烟、名酒,具有收藏价值的艺术品以及结婚戒指等。

(4)非渴求品。非渴求品是指消费者不熟悉,或虽然熟悉但不感兴趣,不主动寻求购买的商品。如环保产品、人寿保险以及专业性很强的书籍等。

2. 产业用品

产业用品是指各种组织,如企业、机关、学校、医院为生产或维持组织运作需要而购买的商品和服务。对于产业用品,可以根据它们参与生产过程的程度和价值大小划分为材料和部件、资本项目以及供应品和服务三大类。

(1)材料和部件。指完全转化为制造商产成品的一类产品,包括原材料、半成品和部件。

(2)资本项目。指部分进入产成品中的产品,包括装备和附属设备。装备又包括建筑物(如厂房等)与固定设备(如发电机等)。

(3)供应品和服务。指不构成最终产品的那类产品。供应品包括操作用品(如润滑油、铅笔等)和维修用品(如钉子、钳子等)。商业服务包括维修服务(如清洗窗户等)和商业咨询服务(如法律咨询等)。

三、产品组合

(一)产品组合的宽度、长度、深度和关联度

产品组合是指企业生产或经营的全部产品线和产品项目的组合或结构,即企业的业务经营范围。

产品线指一组密切相关的产品,又称产品系列或产品品类。所谓密切相关,指这些产品或者能够满足同种需求;或者必须配套使用,销售给同类顾客;或者经由相同的渠道销售;或者在同一价格范围内出售。

产品项目指在同一产品线或产品系列下不同规格、款式、质地或品牌的产品。例如百货公司经营金银首饰、化妆品、服装鞋帽、家用电器、食品、文教用品等,各大类就是产品线;每一大类里包括的具体品牌、品种为产品项目。

企业产品组合可以从宽度、长度、深度和关联度四个维度进行分析。下面以表6-1所显示的产品组合为例加以阐述。

产品组合宽度又称产品组合的广度,指企业生产经营的产品线的数量。表6-1所显示的产品组合宽度是4。

产品组合长度指企业生产经营的全部产品线中所包含的产品项目总数,即产品线的总长度。表6-1所示的产品项目总数是18,这就是产品线的总长度。每条产品线的平均长度,即

企业全部产品项目数除以全部产品线所得的商,在此表中是 4.5(18/4),说明平均每条产品线中有 4.5 个品牌的商品。企业产品的项目总数越多,则产品线越长;反之则越短。

表 6—1　　　　　　　　　　　　某专卖店的产品组合

产品线的长度	产品线的宽度			
	服　装	皮　鞋	帽　子	针织品
	休闲装	男凉鞋	制服帽	卫生衣
	女西装	女凉鞋	鸭舌帽	卫生裤
	男休闲装	男皮鞋	礼帽	汗衫背心
	女休闲装	女皮鞋	女帽	
	风雨衣		童帽	
	儿童服装			

产品组合的深度指企业生产经营的每条产品线中,每一种产品品牌所包含的产品数目的多少。一个企业每条产品线中所包含的产品品牌数往往各不相等,每一产品品牌下又有不同的品种、规格、型号、花色的产品。例如,某专卖店的休闲装有九种规格,那么,它的深度就是 9。专业商经营的产品品类较少,但同一产品种类中规格、品种、花色、款式较为齐全,产品组合的深度较深。

产品组合的关联度又称产品组合的密度或相关性,指企业生产和经营的各条产品线的产品在最终用途、生产条件、销售渠道及其他方面相互联系的密切程度。表 6—1 中该专卖店四条产品线都是人们的穿着用品,产品的最终用途相同,可以通过相同的分销渠道销售,其关联度较为密切。

企业产品组合的宽度、长度、深度和关联度不同,就构成不同的产品组合。

(二)产品组合策略

1. 产品组合策略类型

产品组合策略是制定其他各项决策的基础,产品组合确定之后,企业的投资组合、定价、分销渠道、促销以及各项资源的配置都基本确定。常见的产品组合策略有以下六种:

(1)全线全面型组合

即企业生产经营多条产品线,每一条产品线中又有多个产品项目,产品项目的宽度和深度都较大。该策略的特点是力争向尽可能多的顾客提供他们所需要的多种产品,满足他们尽可能多的需求,以占领较为广阔的市场。只有规模巨大、实力雄厚、资源丰富的企业才能做到。如美国宝洁公司就有洗涤剂、牙膏、洗发水、香皂、除臭剂、润肤液、婴儿尿布和饮料等多条产品线,都是日常生活用品,各条产品线之间的关联度较强。

(2)市场专业型组合

即企业以某一特定市场为目标市场,为该市场的消费者群体提供多条产品线和多个产品项目,以满足他们多方面的需求。这种组合策略的特点是宽度和深度大,而关联度较小,并且能全面了解本企业目标顾客的各类需求,以全面牢固地占领本企业目标市场为目的。这种组合策略仍是规模较大的企业才适用,如金利来主要是专门为成功的男士生产西服、衬衫、领带、皮具、领带夹等用品。

(3)产品系列专业型组合

即企业生产相互之间关联度较强的少数几条产品线中的几个产品项目,以满足不同消费者对这几类产品的差异需求。这种组合策略的特点是宽度和深度小而关联度密切,产品的技术要求接近,生产专业化程度高,有利于延伸技术优势提高生产效率。如科龙公司一直致力于制冷产品的生产,只拥有空调、冰箱等少数几条产品线,每一条产品线的产品项目也较为有限,而生产量较大。

(4)产品系列集中型组合

即企业集中各种资源,生产单一产品线中的几个产品项目,以便更有效地满足某一部分消费者对这一类产品的需求。该组合策略的特点是宽度最小、深度略大而关联度密切,且产品和目标市场都比较集中,有利于企业较好地占领市场。这是中小企业经常采用的组合策略。如格兰仕公司在创业初期和早期只生产微波炉这一大类产品,其花色、品种也较为有限。

(5)特殊产品专业型组合

即企业凭借自己所拥有的特殊技术和生产条件,生产能满足某些特殊需求的产品。这一组合策略的特点是宽度、深度、长度都小,目标顾客具有特殊需求,生产的针对性、目标性都很强。很多情况下是根据顾客特殊的个性化需求定制产品。如某企业专门生产残疾人使用的假肢、轮椅、康复器械等。

(6)单一产品组合

即企业只生产一种或为数有限的几个产品项目,以适应和满足单一的市场需求。这一组合策略的特点是产品线简化,生产过程单纯,能大批量生产,有利于提高劳动效率、降低成本;技术上也易于精益求精,有利于提高产品质量和档次。但是由于生产经营的产品单一,企业对产品的依赖性太强,因而对市场需求的适应性差,风险较大。

上述六种产品组合策略为企业制定决策提供了多种选择,企业在实际决策时要综合考虑以下几个制约因素:资源的制约;市场需求的制约;竞争条件的制约。

2. 产品组合调整策略

对企业现行产品组合进行分析和评估之后,找出存在的问题,就要采取相应措施,调整产品组合,以求达到最佳的组合。产品组合的调整策略有以下几种:

(1)扩大产品组合

即扩展产品组合的广度或深度,增加产品系列或项目,扩大经营范围,生产经营更多的产品以满足市场的需要。当市场需求不断扩大、营销环境有利、企业资源条件优化时,就需要扩大企业产品组合以赢得更大发展。或者当企业预测到现行产品线的销售额和利润率在未来可能下降时,就必须及时考虑在现行产品组合中增加新的产品线,或加强其中有发展潜力的产品线。

(2)缩减产品组合

即降低产品组合的广度或深度,剔除那些不获利或获利能力小的产品线或产品项目,集中力量生产经营一个系列的产品或少数产品项目,提高专业化水平,力争从生产经营较少的产品中获得较多的利润。当市场不景气或原料、能源供给紧张以及企业费用水平太高时,缩减产品线反而能使企业的总利润增加。

(3)产品线延伸

产品线延伸策略是指全部或部分地改变公司原有产品的市场定位。每一个企业的产品都有其特定的市场定位。具体做法有以下三种:

①向下延伸。是指企业原来定位于高档市场的产品线向下延伸,在高档产品线中增加中

低档产品项目。采取这种策略,可以使企业利用高档名牌产品的声誉,吸引不同层次的顾客,从而增加产品销售,扩大市场份额,充分利用原有的物质技术力量。

②向上延伸。是指企业原来定位于低档市场的产品线向上延伸,在原有产品线内增加高档产品项目。采取这一策略的原因,是因为高档产品市场具有较大的市场潜力和较高的利润率,企业在技术设备和营销能力方面已经具备进入高档市场的条件,需要对产品线进行重新定位等等。

③双向延伸。是指企业原来定位于中档市场的产品线掌握了一定的市场优势后,决定向产品线的上下两个方向延伸,一方面增加高档产品,另一方面增加低档产品,力求全方位占领某一市场。

第二节 产品生命周期

一、产品生命周期的内涵

产品生命周期(product life cycle,简称 PLC),是指产品从准备进入市场开始到被淘汰退出市场为止的全部运动过程,是由需求与技术的生产周期所决定的。

产品生命周期和产品的使用寿命是两个完全不同的概念。前者指的是产品的经济寿命,即产品在市场上销售的时间,它以产品在市场上的销售额和企业利润额的变化为依据进行分析判断。而后者指的是产品的自然寿命,即产品物质形态的变化、产品实体的消耗磨损。

二、产品生命周期阶段

典型的产品生命周期一般表现为 4 个阶段,即导入期(或引入期)、成长期、成熟期和衰退期。在产品生命周期的各个阶段,销售额和利润额随产品推进市场的时间不同而发生变化,通常表现如图 6-2 所示曲线,即称为产品(市场)生命周期曲线。

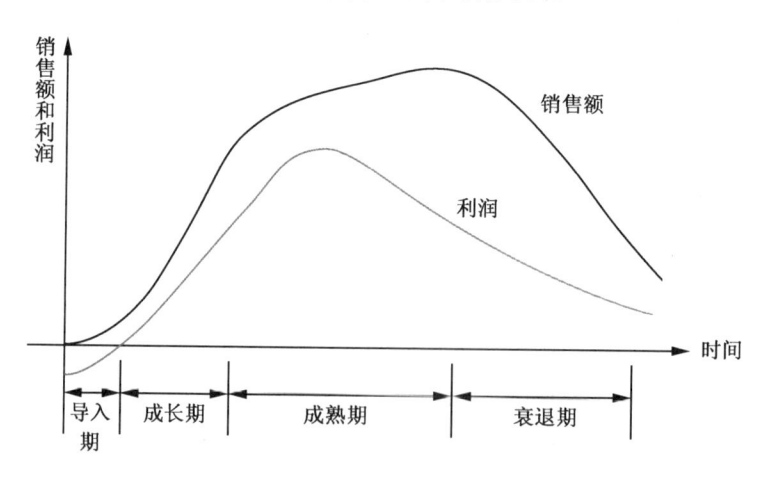

图 6-2 产品生命周期曲线图

(一)导入期

新产品投入市场,便进入了导入期。此时产品品种少,顾客对产品还不了解,除少数追求新奇的顾客外,几乎无人实际购买该产品。生产者为了扩大销路,不得不投入大量的促销费用,对产品进行宣传推广。该阶段由于生产技术方面的限制,产品生产批量小,制造成本高,广告费用大,产品销售价格偏高,销售量极为有限,企业通常不能获利,反而可能亏损。

(二)成长期

当产品在导入期的销售取得成功之后,便进入了成长期。成长期是指产品通过试销效果良好,购买者逐渐接受该产品,产品在市场上站住脚并且打开了销路。这是需求增长阶段,需求量和销售额迅速上升。生产成本大幅度下降,利润迅速增长。与此同时,竞争者看到有利可图,将纷纷进入市场参与竞争,使同类产品供给量增加,价格随之下降,企业利润增长速度逐步减慢,最后达到生命周期利润的最高点。

(三)成熟期

经过成长期之后,随着购买产品的人数增多,市场需求趋于饱和。此时,产品普及并日趋标准化,成本低而产量大。销售增长速度缓慢直至转而下降,由于竞争的加剧,导致同类产品生产企业之间不得不加大在产品质量、花色、规格、包装服务等方面加大投入,在一定程度上增加了成本。

(四)衰退期

随着科学技术的发展,新产品或新的替代品的出现,促使消费者消费习惯发生改变,原有产品已经不能满足消费者的需求,导致销售量和利润持续下降,此时成本较高的企业就会由于无利可图而陆续停止生产,该类产品的生命周期也就陆续结束,最后完全退出市场。

三、产品生命周期策略

在产品生命周期的不同阶段,产品的销售额、成本、利润、市场竞争态势及消费者行为等都具有不同的特点。企业应该根据这些特点,制定相应的营销策略。

(一)导入期的营销策略

导入期是新产品进入市场的最初阶段,该阶段企业主要的经营目标是迅速将新产品打入市场,在尽可能短的时间内扩大产品的销售量。针对导入期特点,企业有以下几种营销策略可供选择。

(1)积极开展卓有成效的广告宣传,采用特殊的促销方式,如示范表演、现场操作、实物展销、免费赠送、小包装试销等,广泛传播商品信息,帮助消费者了解商品,提高认知程度,解除疑虑,培育市场。

(2)积极攻克产品制造中尚未解决的问题,稳定质量,并及时根据市场反馈对产品进行改进。

(3)采取行之有效的价格与促销组合策略。可供选择的价格与促销的组合策略有以下四种:①快速—掠取策略,即企业以高价格和高促销费用推出新产品。成功地采用这一策略可以使消费者更快地熟悉和了解新产品,迅速打开销路;还可以使企业赚取较大的利润,以尽快回收新产品开发的巨额投资。②缓慢—掠取策略,即企业以高价格和低促销费用将新产品推向市场。高价格和低促销费用的结合有利于企业减少流通费用、降低成本,获取较大的利润。③快速—渗透策略,即企业以低价格和高促销费用将新产品推向市场。其目的是抢占先机,以尽可能快的速度将产品打入市场,赢得最大的市场渗透和最高的市场占有率,薄利多销,从多销中获取利润。④缓慢—渗透策略,即企业以低价格和低促销费用将新产品推向市场。低价格有利于消费者接受新产品,使产品较易于渗透市场,打开销路,并扩大销路。低促销费用有利于降低产品成本,树立"物美价廉"的形象。如表6—2所示。

表 6—2　　　　　　　　　　　导入期价格—促销组合策略

价格水平		促销水平	
		高	低
价格水平	高	快速—掠取策略	缓慢—掠取策略
	低	快速—渗透策略	缓慢—渗透策略

(二)成长期的营销策略

成长期是产品在市场上已经打开销路,销售量稳步上升的阶段。在成长期,企业的主要营销目标是进一步扩大市场,提高市场占有率,以实现市场占有率的最大化。针对成长期特点,企业有以下几种营销策略可供选择:

(1)进一步提高产品质量,增加花色、品种、式样、规格,并改进产品包装。

(2)广告促销从介绍产品、提高知名度转为突出产品特色,建立良好形象,力创名牌,建立顾客对产品的偏好,提高忠诚度等。

(3)开辟新的分销渠道,扩大商业网点,进一步向市场渗透,拓展市场空间。

(4)在大量生产的基础上,适时适度降价或采用其他有效的定价策略,以吸引更多的购买者。

(三)成熟期的营销策略

成熟期是产品在市场上普及、销售量达到高峰的饱和阶段。在成熟期,企业的主要营销目标是牢固地占领市场,保持市场占有率,防止与抵抗竞争对手的蚕食进攻,争取获得最大的利润。针对成熟期特点,企业有以下几种营销策略可供选择:

(1)从广度和深度上拓展市场,争取新顾客,并刺激老顾客增加购买,以增加现有产品的使用频率和消费数量。如强生公司将婴儿爽身粉、婴儿润肤露等婴儿护肤用品扩展到母亲市场,成功地做大了市场"蛋糕"。

(2)进一步提高产品质量,进行产品多功能开发,创造新的产品特色,扩大产品的多功能性、安全性和便利性,增加产品的使用价值。

(3)改进营销组合策略,如调整价格、增加销售网点、开展多种广告宣传活动,或者采用以旧换新、有奖销售、竞猜、拍卖等进攻性的促销手段,以及强化各种服务等。

(四)衰退期的营销策略

衰退期是产品销售量持续下降,即将退出市场的阶段。在实践中,有的产品的衰退速度较为缓慢,逐渐地退出市场;而有的产品则很迅速,如流行产品。有的产品的销售量很快就下降到零,也有的可能在一个低水平上持续多年。在衰退期,企业的主要营销目标是尽快退出市场,转向研制开发新产品或进入新的市场。可选用的策略有:

(1)继续营销策略,即企业继续生产衰退期产品,利用其他竞争者退出市场的机会,通过提高服务质量、降低价格等方法来维持销售。

(2)收缩策略,即企业尽量减少各方面如厂房设备、维修服务、研制开发和广告、销售队伍建设等方面的投入,同时继续维持产品销售。只要短期内销售量不出现急剧减少,企业就可以从该产品上获得更多的受益,增加现金流量。

(3)放弃策略,即企业停止生产衰退期产品,上马新产品或转产其他产品。

四、产品生命周期的应用价值

产品生命周期(PLC)提供了一套适用的营销策划观点。企业营销人员正确分析把握产品所处的生命周期阶段,并针对各个阶段不同的特点而采取行之有效的营销组合策略,尽可能延长产品的市场生命周期,以实现利润最大化。具体来说,企业在应用产品生命周期理论时应把握好以下几点:

(一)重视新产品的研制与开发

产品生命周期理论揭示出任何产品在市场上的生命运动和生物有机体一样,也有一个诞生→成长→成熟→衰亡的过程,世界上没有一个企业的产品可以在市场上长盛不衰,产品被市场所淘汰是社会经济发展、科学技术进步和消费者需求变化的必然结果。"不创新,即死亡",新产品的研制与开发对企业的生存竞争与发展的重要意义是至关重要的。因此,企业要做到居安思危,高度重视新产品的研制与开发,不断创新,做到"生产一代,研制一代,构思一代",为企业可持续发展提供坚实的基础。

(二)正确把握产品生命周期的变化趋势

产品生命周期理论阐明随着产品进入市场时间的推移,市场销售竞争态势、企业盈利状况等都会发生重大的变化,呈现出显著不同的特点。企业应该通过对市场的观察以及采用科学的方法,分析判断产品处于生命周期的哪一个阶段,推测预见产品在市场上的发展变化趋势,立足于不同阶段的特点,因势利导,实施相应的市场营销组合策略,以有效地增强产品的市场竞争力,提高企业的营销效益。更为重要的是,通过对企业现有产品生命周期不同阶段的正确推断,为新产品的开发和投放市场提供科学依据,强化新产品开发的针对性和时效性,从而提高新产品开发的成功率。

(三)尽量延长产品市场生命周期

研究产品生命周期的目的是为了尽可能地延长产品生命周期。尤其是在当今社会产品生命周期不断缩短的大趋势下,企业无法改变而只能积极地去适应。因此,企业需要通过各种营销努力,尽可能延长产品生命周期。但延长产品市场生命周期并不是延长它生命的每一个阶段,而只是延长其中能给企业带来较大销售量和利润的两个阶段,即成长期和成熟期。开发期、导入期和衰退期不能给企业创造较多的利润,因而不仅不应延长,还应设法加以缩短。要延长产品市场生命周期,可以设法促使消费者提高使用频率,增加购买次数和购买量;对产品进行质量、特性形态改进以吸引新的购买者,使呆滞的销售量回升;开拓新市场,争取新顾客;拓展产品使用的新领域,以新用途来带动新需求。

第三节　新产品开发策略

一、新产品概念及其分类

市场营销学认为,产品只要在功能或形态上得到改进,与原有产品产生差异,不论任何一部分的创新或变革,为顾客带来了新的利益,或者企业向市场提供过去未生产的产品或采用新的品牌的产品都可以称为新产品。新产品的"新",不仅是生产者、销售者认可,更重要的是得到消费者认可和接受的"新"属性、"新"功能、"新"用途、"新"特点等。按其创新的程度不同,可以将新产品分为以下三类:

(一)全新产品

指应用新技术、新原理、新工艺、新结构、新材料研制而成的前所未有的产品,是企业率先发明创造出来的。在这种新产品问世之前,市场上没有相同或类似的产品,如汽车、电视机、电灯、计算机等产品最初上市时,均属全新产品。对绝大多数企业来说,独立自主开发全新产品十分困难,需要耗费较长的时间、巨大的人力和资金投入,成功率较低,风险很大。

(二)换代新产品

指在原有产品的基础上,部分采用新技术、新材料、新结构制成,在性能上有显著提高的产品。如半自动单缸洗衣机到半自动双缸洗衣机再发展到全自动洗衣机。开发换代新产品相对容易,并且不需要花费巨额资金,企业风险不大。

(三)改进新产品

指采用各种改进技术,对原有产品的品质、特点、花色、式样及包装等作一定改变与更新的产品。改进后的产品或者性能更佳,或者结构更合理,或者精度更加提高,或者特征更加突出,或者功能更加齐全。如装有鸣笛的开水壶、各式新款服装等。改进新产品与换代新产品都是以原有产品为基础进行研制与开发,对企业各方面资源要求不高,风险较小,开发出的新产品容易为市场所接受,是广大企业特别是中小企业开发新产品的重点。

二、新产品开发的基本原则

新产品的研制开发对企业的生存与发展至关重要,然而成功地开发新产品并非易事。为了提高新产品开发的成功率,企业在研制和开发新产品时,应该遵循以下基本原则:

(一)根据市场需求选择产品开发的重点

企业产品开发的目的是为了满足消费者尚未得到充分满足的需求,企业开发的新产品能否适应市场需求是产品开发成功与否的关键。因此,必须通过深入的市场调研和科学的预测,分析消费者需求变化的趋势以及对产品的品质、性能、款式、包装等方面的要求,研制开发满足市场需求的新产品。

(二)根据企业资源和实力确定产品开发的方向

企业要根据自身的资源、设备条件和技术实力来确定产品的开发方向。有的产品,尽管市场需求相当大,但如果企业缺乏研制开发和市场开发能力,也不能盲目跟风,必须量力而行。

(三)要有企业的特色

产品开发贵在与众不同、新颖别致,才能形成自己的特色优势。这种特色可以表现在功能、造型上,也可以表现在其他方面,以满足不同消费者的特殊爱好,激发其购买欲望。

(四)要有经济效益

开发新产品必须以经济效益为中心,这是企业的经济性质所决定的。企业对拟开发的产品项目,必须进行技术经济分析和可行性研究,以保证产品开发的投资回收,能获得预期的利润。

三、新产品开发的程序

企业开发新产品必须遵循科学的程序,严格执行和管理。新产品的开发程序是指从寻求产品创意开始,到最后将新产品的某一创意转化为现实的新产品并成功投放市场,实现商业化的全过程,具体可以划分为产生构思、构思筛选、产品概念的形成与测试、初拟营销规划、商业分析、新产品研制、市场试销、商业化八个阶段。

(一)产生构思

新产品构思是指为满足一种新需求而提出的富有新意、创造性的设想。一个成功的新产品,首先来自一个既有创见又符合市场需求的构思。新产品的构思越多,则从中挑选出最合适、最有发展希望的构思的可能性也就越大。企业能否搜集到丰富的新产品构思并从中捕捉开发新产品的机会,是成功开发新产品的第一步。

(二)构思筛选

对广泛搜集到的各种新产品构思,企业要根据自身的资源条件和发展目标进行筛选,摒弃那些可行性小或获利较少的构思。在筛选中,既要避免漏选掉具有潜在价值的构思,又要避免误选市场前景不佳的构思。为此,企业可以通过制定新产品构思评审表,由产品研发部门或新产品委员会根据表中所列举的各项因素逐一对新产品构思进行评审打分,确定分数等级,保留可行的产品构思,剔除那些与企业目标和资源不协调的构思。

(三)产品概念的形成与测试

筛选出的构思需要形成具体、准确的产品概念,即可以将已经成型的产品构思用文字、图像、模型等加以清晰描述。新产品概念形成以后,还需要了解顾客的意见,进行产品概念测试。产品概念测试一般采用概念说明书的方式,说明新产品的功能、效用、特性、规格、包装、售价等。测试所获得的信息使企业进一步充实产品概念,以确定吸引力最强的产品概念。

(四)初拟营销方案

通过测试选择了最佳的新产品概念之后,就要制定一个该产品引入市场的初步市场营销方案,并随着产品研发的逐步推进不断地加以完善。初拟营销方案主要包括三方面的内容:(1)描述目标市场的主体规模、结构,消费者的购买行为和特点;产品的市场定位以及短期(如3个月)的销售量;市场占有率以及开始几年的利润率预期等。(2)概述产品在第一年的预期价格、分销渠道、策略及营销预算。(3)概述较长时期(如3～5年)的销售额和利润目标,以及不同阶段的市场营销组合策略等。

(五)商业分析

从经济效益方面对新产品概念进行可行性分析,进一步考察新产品概念是否符合企业的营利性目标,是否具有商业吸引力,具体包括预测销售额和推算成本利润两个步骤。根据已预测出的销售额和费用额,就可以推算出企业的利润收益以及投资回报率等。

(六)新产品研制

产品研制是新产品开发程序中最具有实质意义的一个重要步骤。只有通过产品研制,投入资金、设备、劳动力、技术等各种资源,才能使产品概念实体化,可能发现产品概念存在的不足和问题,继续改进设计,才能证明某一新产品概念在技术上和商业上的可行性如何。如果某一新产品概念因技术上不过关或成本过高等原因而被否定,则该项产品的开发过程即告终止。

(七)市场试销

经过测试合格的样品即为正式的新产品,在大批量投放市场之前,还要选择具有代表性的小规模市场进行试销。新产品试销既能帮助企业了解市场的状况,又能检测产品包装、价格、数量、广告的效果,还能发现产品性能的不足之处,为产品正式投入市场打好基础,为企业是否大批量生产该产品提供决策依据。

(八)商业化

新产品试销成功后,便可以批量生产,正式推向市场,实现新产品的商业化。为确保新产品批量上市成功,企业要注意以下几个问题:(1)正确选择投放时机;(2)正确选择投放地区;(3)正确选择目标市场;(4)制定有效的营销组合策略。

第四节 品牌策略

当今社会产品越来越同质化,品牌成为差异化的重要价值资产和来源,品牌战略在营销战略中扮演着愈发重要的角色。

一、品牌的含义和作用

(一)品牌的含义

品牌,是指企业给自己的产品所起的商业名字,通常由文字、标记、符号、图案和颜色等要素或这些要素的组合构成,用作一个卖主或卖主集团的标识,以便同竞争者的产品相区别。

品牌是一个集合概念,包括品牌名称、品牌标志和商标等要素。品牌名称,是指品牌中可以用文字表述的部分。如海尔、联想、五粮液等。品牌标志,是指品牌中可以识别但不能用文字表述的部分。商标是一个法律术语,是指已获得专用权并受法律保护的一个品牌或一个品牌的一部分。企业在政府有关主管部门注册登记以后,就享有使用某个品牌名称和品牌标志的专用权,这个品牌名称和品牌标志受到法律保护,其他任何个人或组织未经许可都不得使用。

品牌实质上代表着卖者对交付给买者的产品特征、利益和服务的一贯性的承诺,它是一个包含多层含义的复杂象征。品牌的整体含义可以分成六个层次。

1. 属性。品牌首先代表某种属性。例如,"奔驰"意味着昂贵、工艺精湛、马力强大、高贵、转卖价值高、速度快等。

2. 利益。顾客不是买属性,而是买利益。因此,属性需要转化成功能性或情感性的利益。耐久的属性可转化成功能性的利益:"多年内我不需要买新车。"昂贵的属性可转化成情感性利益:"这辆车让我感觉到自己很重要并受人尊重。"

3. 价值。品牌体现生产者价值。例如,"奔驰"代表着高绩效、安全、声望及其他东西。品牌的市场营销人员必须分辨出对这些价值感兴趣的消费者群体。

4. 文化。品牌代表着一种文化。"奔驰"汽车代表着德国文化:组织严密、高效率和高质量。

5. 个性。品牌反映出个性。如果品牌是一个人、动物或物体的名字,会使人们想到什么呢?"奔驰"(Benz)可能会让人想到严谨的老板、凶猛的狮子或庄严的建筑。

6. 用户。品牌暗示着购买或使用产品的消费者类型。如果我们看到一位20来岁的年轻人开着一辆"奔驰"时会感到很吃惊。我们更愿意看到开车的是一位40岁的高级经理。

品牌最持久的含义是其价值、文化和个性,它们构成了品牌的实质。"奔驰"代表着"高技术、杰出表现和成功"等,奔驰公司必须在其品牌战略中反映出这些东西。

(二)品牌的作用

1. 品牌给企业带来的利益

菲利普·科特勒在其著作《营销管理》(第九版)中强调,品牌暗示着特定的消费者,即暗示了购买或者使用产品的消费者类型,也即品牌的潜在顾客。他还对品牌功能做了论述,认为拥有高品牌资产的公司具有如下竞争优势:

(1)由于其高水平的消费者品牌知晓度和忠诚度,公司营销成本降低;
(2)由于顾客希望分销商与零售商经营这些品牌,加强了公司对他们的讨价还价能力;
(3)由于该品牌有更高的认识品质,公司可比竞争者卖出更高的价格;
(4)由于该品牌有高信誉,公司可以较容易地开展品牌拓展;
(5)在激烈的价格竞争中,品牌给公司提供了某些保护作用。

以上这些说明,成功的品牌管理在企业创造竞争优势过程中发挥着重要的作用。

2. 品牌给消费者带来的利益

现代品牌理论特别重视和强调品牌是一个与消费者为中心的概念,没有消费者,就没有品牌。品牌的价值体现在品牌与消费者的关系之中。在现实生活中,品牌代表着特定的品质和价值。如果没有品牌,消费者即使购买一瓶饮料也会有相当的麻烦,比如要阅读大量饮料的标签和说明;花大量时间去比较和选择;要考虑购买后是否后悔等等,有了品牌之后,这个选择就变得十分简单。

二、品牌的设计原则

品牌设计是在企业自身正确定位的基础之上,基于正确品牌定义下的视觉沟通,它是一个协助企业发展的形象实体,不仅协助企业正确地把握品牌方向,而且能够使人们正确、快速地对企业形象进行有效深刻的记忆。品牌名称在很大程度上影响品牌联想,并对产品销售产生直接影响,是品牌的核心要素。

品牌命名除了应符合法律规定外,还应遵循以下基本原则:简洁醒目,易读易记;构思巧妙,暗示属性;富蕴内含,情意浓重;避免雷同,超越时空。

三、品牌策略

品牌策略是企业品牌运营的核心内容,品牌策略主要有以下几种。

(一)品牌化策略

品牌化策略是指企业决定是否给产品起名字、设计标志的活动。

(二)品牌归属策略

可供选择的品牌归属策略有以下三种:

1. 自有品牌。即企业使用属于自己的品牌。制造商企业决定使用自己的品牌,即制造商品牌。我国知名品牌中大多数都是制造商品牌,如"海尔"、"格力"、"娃哈哈"等。

2. 他人品牌。包括两种:其一是制造商将其产品卖给中间商,中间商再用自己的品牌将物品转卖出去,即中间商品牌;其二是贴牌生产,即其他生产者品牌。西方国家许多享有盛誉的百货公司、超级市场、服装商店等都使用自己的品牌,有些著名商家如美国的沃尔玛经销的90%商品都用自己的品牌。

3. 一部分产品用自有品牌,另一部分产品用他人品牌。如大型超市经营的商品一般是一部分商品采用制造商品牌,一部分采用经销商自有品牌。

(三)品牌统分策略

可供选择的策略有3种:

1. 统一品牌,又称家族品牌,即企业的所有产品组合都统一采用同一个品牌名称。多见为"品牌名=企业名"的操作方式。美国通用电气公司,对其产品就只采用一个品牌"GE";SONY公司的所有产品(随身听、电视机、手机、电脑等)都以"SONY"为品牌。

2. 个别品牌,指企业对各个产品项目(不同产品)分别使用不同的品牌。比如美国大型日化企业"宝洁"公司的洗发水产品就有"海飞丝"、"飘柔"、"潘婷"、"润妍"等多种不同品牌。

3. 企业名称加个别品牌,是企业对各种不同产品分别使用不同的品牌,各种不同的品牌前面冠以企业名称。如海尔集团的冰箱依据其目标市场的定位不同而分别命名为"海尔双王子"、"海尔小王子"、"海尔帅王子"等,洗衣机则有"海尔小小神童"等。

(四)品牌延伸策略

品牌延伸,按照菲利普·科特勒的定义是:把一个现有的品牌名称使用到一个新类别的产品上。当品牌资源积累到一定程度,企业必然要利用现有的品牌资源推出新产品或者开拓新市场。

常见的品牌延伸策略如表6-3所示。

表6-3　　　　　　　　　　按照不同依据划分的品牌延伸策略

划分依据	策略模式
依据行业的不同	同行业延伸策略
	跨行业延伸策略
依据品牌延伸的方向不同	水平延伸
	垂直延伸
按品牌延伸前后内涵是否变化	内涵不变式延伸
	内涵渐变式延伸
按照延伸前后品牌名称的变化	直接冠名
	间接冠名
	副品牌式延伸

第五节　包装策略

包装是商品生产的继续,商品只有经过包装才能进入流通领域,实现其价值和使用价值。商品包装可以保护商品在流通过程中品质完好和数量完整,同时,还可以增加商品的价值,此外,良好的包装还有利于消费者挑选、携带和使用。产品包装在营销实践中已成为赢得竞争的一种重要手段。

一、包装的含义及作用

(一)包装的含义

包装是指对某一品牌商品设计并制作容器或包礼物的一系列活动。也可以说,包装有两方面含义:其一,包装是指为产品设计、制作包扎物的活动过程;其二,包装即是包礼物。

一般来说,商品包装应该包括商标或品牌、形状、颜色、图案和材料等要素。

1. 商标或品牌。商标或品牌是包装中最主要的构成要素,应在包装整体上占据突出的位置。

2. 包装形状。适宜的包装形状有利于储运和陈列,也有利于产品销售,因此,形状是包装中不可缺少的组合要素。

3. 包装颜色。颜色是包装中最具有刺激销售作用的构成要素。突出商品特性的色调组合,不仅能够加强品牌特征,而且对顾客有强烈的感召力。

4. 包装图案。图案在包装中如同广告的画面,其重要性、不可或缺性不言而喻。

5. 包装材料的选择。包装材料的选择不仅影响包装成本,而且也影响着商品的市场竞争力。开发和选用新型材料是包装设计中的一项重要工作。

6. 产品标签。在标签上一般都印有包装内容和产品所包括的主要成分、品牌标志、产品质量等级、生产厂家、生产日期和有效期、使用方法等。有些标签上还印有彩色图案或实物照片,以促进销售。

(二)包装的分类

包装可以依据不同特征区分不同类型。

1. 按照产品包装的不同层次划分

(1)首要包装,即产品的直接包装,如酒瓶、牙膏皮。

(2)次要包装,即保护首要包装的包装物,如酒瓶外的纸盒。

(3)运输包装,即为了便于储运、识别某些产品的外包装,也叫大包装。

2. 按在流通过程中作用划分

(1)运输包装,主要用于保护产品品质安全和数量完整。运输包装可细分为单件运输包装和集合运输包装。

(2)销售包装,又称内包装或小包装。它随同产品进入零售环节,与消费者直接接触。销售包装实际上是零售包装,因此,销售包装不仅要保护产品,而且更重要的是要美化和宣传商品,便于陈列展销,吸引顾客,方便消费者识别、选购、携带和使用。

(三)包装的作用

包装作为商品的重要组成部分,其营销作用主要表现在以下几个方面:

1. 保护商品

包装保护商品的作用主要表现在两个方面:其一是保护商品本身。有些商品怕震、怕压,需要包装来保护;有些商品怕风吹、日晒、雨淋、虫蛀等,也需要借助包装物来保护。其二是安全(环境)保护。有些商品是属于易燃、易爆、放射、污染或有毒物品,对它们必须进行包装,以防泄漏造成危害。

2. 方便储运

有的商品外形不固定,或者是液态、气态,或者是粉状,若不对其进行包装,则无法运输和储藏,从而使商品保值,同时加快交货时间。

3. 促进销售

商品给顾客的第一印象,不是来自产品的内在质量,而是它的外观包装。产品包装美观大方、漂亮得体,不仅能够吸引顾客,而且还能激发顾客的购买欲望。据美国杜邦公司研究发现,63%的消费者根据商品包装做出购买决定。所以说,包装是无声的推销员。

4. 增加利润

由于装潢精美、使用方便的包装能够满足消费者的某种心理要求,消费者乐于按较高的价格购买,而且,包装材料和包装过程本身也包含着一部分利润。因此,适当的、好的包装能够增加企业的利润。

二、包装标签与包装标志

（一）包装标签

包装标签是指附着或系挂在商品销售包装上的文字、图形、雕刻及印刷的说明。标签可以是附着在商品上的简易签条，也可以是精心设计的作为包装一部分的图案。通常，商品标签主要包括：制造者或销售者的名称和地址、商品名称、商标、成分、品质特点、包装内商品数量、使用方法及用量、编号、贮藏应注意的事项、质检号、生产日期和有效期等内容。值得提及的是，印有彩色图案或实物照片的标签有明显的促销功效。

（二）包装标志

包装标志是在运输包装的外部印刷的图形、文字和数字以及它们的组合。包装标志主要有运输标志、指示性标志、警告性标志三种。运输标志是指在商品外包装上印制的反映收货人和发货人、目的地或中转地、件号、批号、产地等内容的几何图形、特定字母、数字和简短的文字等。指示性标志是根据商品的特性，对一些容易破碎、残损、变质的商品，用醒目的图形和简单的文字做出的标志。指示性标志指示有关人员在装卸、搬运、储存、作业中引起注意，常见的有"此端向上"、"易碎"、"小心轻放"、"由此吊起"等。警告性标志是指在易燃品、易爆品、腐蚀性物品和放射性物品等危险品的运输包装上印刷特殊的文字，以示警告。常见的有"爆炸品"、"易燃品"、"有毒品"等。

三、包装的设计原则

"人要衣装，佛要金装。"商品也要包装。重视包装设计是企业市场营销活动适应竞争需要的理性选择。一般来说，包装设计在遵守法律法规的前提下应符合以下基本原则：

（一）适用原则

包装的主要目的是保护商品。因此，首先要根据产品的不同性质和特点，合理地选用包装材料和包装技术，确保产品不损坏、不变质、不变形等，尽量使用符合环保标准的包装材料；其次要合理设计包装，便于运输等。

（二）美观原则

销售包装具有美化商品的作用，因此在设计上要求外形新颖、大方、美观，具有较强的艺术性。

（三）经济原则

在符合营销策略的前提下，应尽量降低包装成本。

（四）环保原则

产品包装要符合环境保护的要求，不会对自然环境造成污染。包装可回收或者可以有多种用途，可以多次使用。或者可以有重新使用的功能。

此外，包装还应注意满足不同运输商、不同分销商的特殊要求。

四、包装策略

符合设计要求的包装固然是良好的包装，但良好的包装只有同科学的包装决策结合起来才能发挥其应有的作用。可供企业选择的包装策略主要有以下几种。

（一）类似包装策略

类似包装策略就是企业生产经营的所有产品，在包装外形上都采取相同或相近的图案、颜色,体现共同的特征。类似包装策略的优点在于可以降低包装的成本,扩大企业的影响,特别是在推出新产品时,可以利用企业的声誉,使顾客首先从包装上辨认出产品,迅速打开市场。但有时也会因为个别产品质量差,影响到其他产品的销售。类似包装策略宜用于品质接近的产品。

(二)等级包装策略

等级包装策略是企业对自己生产经营的不同质量等级的产品分别设计和使用不同的包装。这种依产品等级来设计包装的策略可使包装质量与产品品质等级相匹配,其做法适应不同需求层次消费者的购买心理,便于消费者识别、选购商品,从而有利于全面扩大销售。

(三)分类包装策略

分类包装策略指根据消费者购买目的的不同,对同一产品采用不同的包装。例如,购买商品用作礼品赠送亲友,则可精致包装;若购买自己使用,则简单包装。此种包装策略的优缺点与等级包装策略相同。

(四)配套包装策略

配套包装策略就是将数种关联性较强的产品组合在同一包装物内的做法,如化妆品的组合包装、节日礼品盒包装等都属于这种包装方法。配套包装不仅能促进消费者的购买,也有利于企业推销产品,特别是推销新产品时,可将其与老产品组合出售,创造条件使消费者接受、试用。

(五)附赠品包装策略

附赠品包装策略是指在包装物内附有赠品以诱发消费者重复购买的做法。在包装物中的附赠品可以是玩具、图片,也可以是奖券。该包装策略对儿童和青少年以及低收入者比较有效。这也是一种有效的营销推广(促进销售)方式。

(六)再使用包装策略

这种包装物在产品使用完后,还可做别的用处。这样,购买者可以得到一种额外的满足,从而激发其购买产品的欲望。如设计精巧的果酱瓶,在果酱吃完后可以做茶杯之用。包装物在继续使用过程中,实际还起了经常性的广告作用,增加了顾客重复购买的可能。

(七)更新包装策略

当由于某种原因使产品销量下降、市场声誉跌落时,企业可以在改进产品质量的同时,改变包装的形式,从而以新的产品形象出现在市场上,改变产品在消费者心目中的不良地位。这种做法,有利于迅速恢复企业声誉,重新扩大市场份额。

思考题

1. 什么是整体产品概念?产品整体概念的营销意义有哪些?
2. 什么是产品组合?可供选择的产品组合策略有哪些?如何选择?
3. 什么是产品生命周期?怎样理解产品生命周期各阶段特征?
4. 产品生命周期理论对企业实践有什么重要意义?
5. 怎么理解市场营销学中新产品的定义和类别?
6. 如何理解品牌内涵?品牌策略有哪些?
7. 包装策略有哪些?如何选择运用?

案例讨论

看完才知道今年的 vivo 为何格外亮眼？

即将迎来崭新的 2018 年，在过去的一年里，智能手机市场也发生了不少大事件，其中 vivo 在众多手机厂商中尤为引人瞩目。就在今天，vivo 官方也对过往的 2017 年做了一次年终汇总，下面不妨一起来看看今年的 vivo 有哪些影响手机行业的大事记吧！

1. vivo 设立全球六大研发中心

vivo 在 2017 年更为注重产品技术研发，早在今年 1 月份，vivo 就在美国的圣地亚哥以及中国的北京、南京、杭州、深圳、东莞设立了全球六大研发中心。这些研发中心研发的方向包括：AI 人工智能、vivo 隐形指纹识别、拍照、Hi-Fi 以及 5G 网络等，确保为 vivo 后续的产品研发提供有力的技术支持。

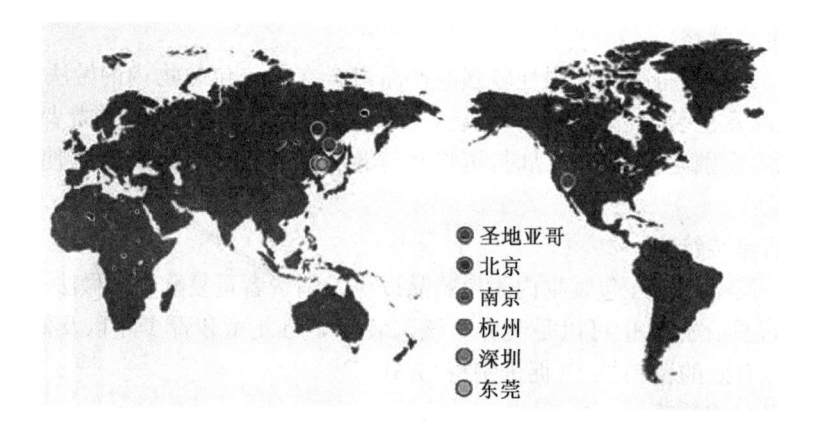

2. 体育合作定制机系列亮相

早在去年，vivo 就和 NBA 达成战略合作，到了今年 4 月份，vivo 又联合 NBA 知名球星库里，推出了 vivo Xplay6 库里定制版，不久之后，vivo 又推出了 vivo X9 NBA 定制版，为 NBA 球迷带来了专属定制手机。

3. vivo 成为 FIFA 世界杯全球官方手机

继 NBA 之后，vivo 又于今年 5 月份结盟 FIFA 世界杯，将连续成为 2018 年及 2022 年两届世界杯全球官方赞助商。这样意味着 vivo 将在 2018 年俄罗斯世界杯、2021 年联合会杯、2022 年卡塔尔世界杯亮相，成为全球瞩目的焦点。

第六章　产品策略

4. 上海 MWC 大会发布 vivo 隐形指纹识别技术

正因为 vivo 今年加速了技术研发的脚步，在今年 6 月份的上海 MWC 大会上，vivo 向外界展示了最新的研发成果，分别有：vivo 隐形指纹识别技术、DSP 独立影像芯片以及全新定制 DAC 解码芯片和耳放技术，其中 vivo 隐形指纹识别技术更是受到了广泛关注。

5. vivo 影像寻城记

在加快技术研发和国际化进程的同时，vivo 也不忘拉近消费者的关系。在 7 月份，vivo 携手佳能和美国《国家地理》开启了第四季"vivo 影像寻城记"，让消费者在摄影达人的带领和指导下零距离地接触 vivo Xplay6 极致的影像功能。

6. vivo 发布 vivo X9s 系列手机

同样在 7 月份，vivo 又带来了全新前置双摄旗舰 vivo X9s 系列手机。2 000 万人像双摄加上 1.59mm 超窄边框屏幕带来无限视觉体验，该系列手机自发布以来就收到了消费者的追捧，成为年度畅销手机。

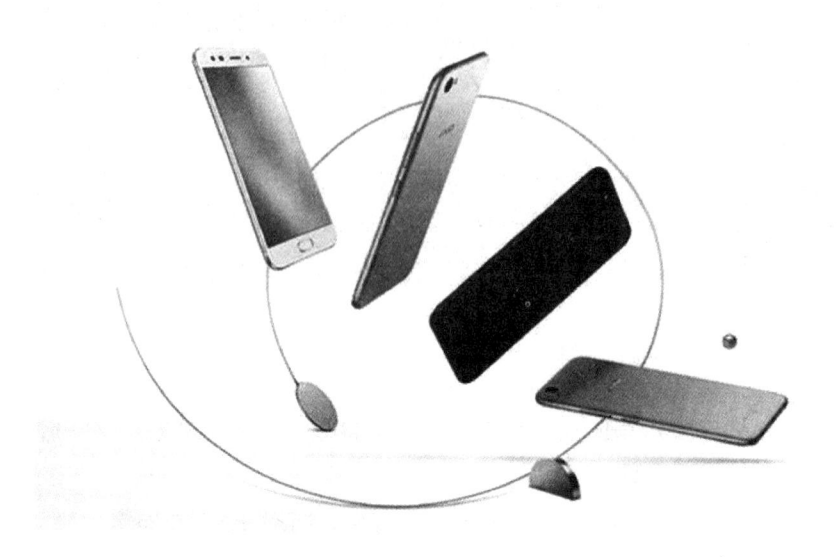

7. 与王者荣耀展开深度跨界合作

今年 8 月份，vivo 深耕手游电竞领域，与 KPL 王者荣耀职业联赛战略合作，开展了"最强王者嘉年华"授权赛，全国 300 家门店联动狂欢，此次还结合年度重磅新品 vivo X20 全面屏手机，强势推出王者荣耀限量版。

8. 发布逆光拍照也清晰的 vivo X20 全面屏手机

在今年 9 月份，vivo 又发布了一款年度重磅产品——vivo X20 全面屏手机，不仅引领了全面屏设计潮流，还带来了 vivo 图像魔方技术，开启了全新的逆光拍照新时代。最近，vivo 还带来了惊艳设计的 vivo X20 全面屏手机星耀红。

9. 发布海外市场的 vivo V7/V7＋系列手机

继 vivo X20 全面屏手机之后，vivo 又在海外市场发布了主打中高端价位的 vivo V7/V7＋系列手机。该系列手机不仅采用了全面屏设计，并且还有前置 2 400 万像素摄像头，搭配 vivo 标志性的柔光自拍，极具市场竞争力。

10. vivo 宣布进军全球多个新市场

随着 vivo V7/V7＋系列的发布，vivo 也对外宣布了进军全球更多个新市场的计划。现在 vivo 已经正式进入中国香港、俄罗斯和中国台湾市场，在 2018 年年初，vivo 还将进入非洲市场开售产品，致力为全球用户提供更优秀的手机产品。

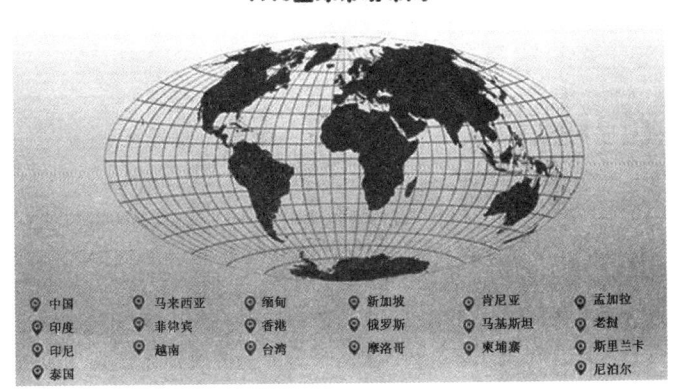

11. 2017 年 vivo 天猫"双 11"狂欢夜

作为一个专注于智能手机领域的国际化品牌，vivo 又与天猫"双 11"全球狂欢夜晚会展开跨界合作，为消费者带来更极致、更愉悦的生活体验，传递科技、娱乐带给生活的魅力。

12. vivo 5G 全球之路

在 2017 国际手机产业领袖峰会上，vivo 率先提出了"拥抱 5G，共创未来"，并且在欧洲市场乃至全球市场树立了中国现代品牌的新形象。目前，vivo 已经基于自身产品，对于这一领域的技术研发取得了阶段性的成果，有望在明年实现更大突破。

13. 年终狂欢月各大盛典合作

正值 vivo 年终狂欢月，vivo 已是第三年携手芭莎，而今年更是为大家一起探秘了维多利亚的秘密 2017 年上海大秀。此外，vivo 也是第四年携手爱奇艺、网易、江苏卫视带来年终盛典，相信即将到来的 2018vivo 江苏卫视跨年演唱会自然也是亮点满满。

资料来源:搜狐科技,2017—12—29 10:18。

讨论题:

1. 在面向消费升级的市场环境下,vivo所采取的一系列措施对提升其品牌价值有何重要作用?
2. vivo的成功经验对国产手机品牌建设有何借鉴意义?

课后实践

1. 目的

了解新产品开发流程。

2. 内容和任务

选取本地典型企业进行参观调查,了解该企业新产品开发流程,分析其经验与不足,并提出相应对策。

3. 步骤

(1)师生一起共同寻找调查企业。

(2)布置实训目的及任务,并提出相应要求。

(3)将班级成员分成若干组,每组5~8人,分组时注意小组成员在知识、性格、技能方面的互补性,并进行合理分工,选出小组长,以协调小组工作。

(4)实施参观调查。

(5)整理调研资料,撰写小组调研报告。

(6)教师组织各小组调研报告的交流与讨论。由各组组长组成评审团,对各组代表发言情况进行评分。将各组最后得分计入每人的平时成绩。

(7)教师最后进行总结。

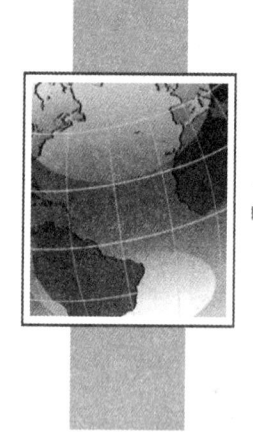

第七章 定价策略

引例

宜家产品策略：先定价，再设计

宜家中国地区（零售业务）总裁吉丽安说："优势在于，我们控制了供应链的所有环节，能使每个环节都有效地降低成本，使其贯穿于从产品设计到（造型、选材等）、OEM厂商的选择/管理、物流设计、卖场管理的整个流程。"

宜家宣称自己"最先设计的是价签"，即先定价，再由设计师进行产品设计。

1. 从成本反推设计

宜家的邦格杯子，为了保持低价格，设计师必须充分考虑材料、颜色和设计等因素，如杯子的颜色选为绿色、蓝色、黄色或者白色，因为这些色料与其他颜色（如红色）的色料相比，成本更低；为了在储运、生产等方面降低成本，设计师把邦格杯子设计成了一种特殊的锥形，因为这种形状使邦格杯子能够在尽可能短的时间内通过机器，从而更能节省成本。后来宜家再次将这种杯子的高度和杯把儿的形状作了改进，可以更有效地进行叠放，从而节省了杯子在运输、仓储、商场展示以及顾客家中碗橱内占用的空间。

宜家的设计师采用奥格拉椅子复合塑料替代木材；后来，为了进一步降低成本，宜家将一种新技术引入了家具行业——通过将气体注入复合塑料，节省材料并降低重量，并且能够更快地生产产品。

宜家还发明了"模块"式家具设计方法（宜家的家具都是拆分的组装货，产品分成不同模块，分块设计。不同的模块可根据成本在不同地区生产；同时，有些模块在不同家具间也可通用），这样不仅设计的成本得以降低，而且产品的总成本也能得到降低。

2. 从成本反推储运

在储运方面，宜家采用平板包装，以降低家具在储运过程中的损坏率及占用仓库的空间；更主要的，平板包装大大降低了产品的运输成本，使得在全世界范围内进行生产的规模化布局生产成为可能。

宜家把顾客也看作合作伙伴，顾客翻看产品目录，挑选家具并可以亲自体验，然后自己在自选仓库提货。由于大多数货品采用平板包装，顾客可方便将其运送回家并独立进行组装。这样，顾客节省了部分费用（提货、组装、运输），享受了低价格；宜家则节省了成本，保持了产品的低价格优势。

宜家中国正打造一个全方位、整合的商业模式。包括新建了宜家工业集团,致力于研发和打造中国市场的产品;在上海建立研发中心,与中国供应商一起开发适合当地的产品;优化目前的供应链,比如目前58%的产品直接从供应商到商场或者终端消费者,而到2020年,宜家亚太区物流服务总裁高博扬表示:"这个数据将达到75%。"要知道,物流成本占到宜家产品成本的1/3。

3. 从消费者寻找低成本灵感

宜家发现,哪些产品卖得越好、量越大,供应商越有动力进行工业化、机械化生产改造,这会形成一个"正循环"。于是就帮助供货商进行信息系统改造,使其能根据宜家商场每天的卖货动态来规划其发货计划和生产计划。

宜家一套名为Trysil的卧室五件套,就是中国零售商了解到当地消费者的需求,并参考市场上同类竞争产品的价格,设计出有竞争力的销售价格,有时宜家销售部门还需要参考所有宜家商店的销售记录,按照"价格矩阵"确定价格从而保证某类产品利于销售,比如低于市场价格10%。然后,研发部门再与供货商一起,结合市场需求设计出满足当地消费者需求的产品,就是说,在设计之前,宜家就确定这种五件套的价格必须能够真正击倒所有竞争对手。

资料来源:第一财经日报。

【营销启示】 价格策略是企业赢得竞争的重要利器。

价格是市场营销组合中十分敏感而又难以控制的因素,它直接关系着市场对产品的接受程度,影响着市场需求和企业利润,涉及生产者、经营者、消费者等各方面的利益。定价策略是市场营销组合策略中极其重要的组成部分。

第一节 影响定价的主要因素

影响产品定价的因素是多方面的,概括起来,主要有企业定价目标、商品成本、市场需求、竞争因素、消费者心理因素和政策法律因素。

一、企业定价目标

定价目标是指企业通过制定及实施价格策略所希望达到的目的。首先,定价目标和企业战略目标要保持一致,为经营战略目标服务;其次,定价必须按照企业的目标市场战略的要求来进行,定价目标必须在整体营销战略目标的指导下被确定,而不能相互冲突。企业对它的定价目标越清楚,制定价格就越容易。企业的定价目标主要包含以下几个方面。

(一)维持生存

当企业面临大量产品积压、激烈的竞争等生存危机时,则会将维持生存作为主要目标。企业必须制定较低价格,只要价格能够弥补可变成本和一些固定成本,企业就可以维持下去,以争取转机。

(二)当期利润最大化

当企业的生产技术和产品质量在市场上居领先地位,同行业中竞争对手的力量较弱,或商品供不应求时,企业可以制定较高的价格,使之能产生最大的当期利润、现金流量或投资收益率。

（三）市场占有率最大化

有些企业通过定价取得控制市场的地位，即使市场占有率最大化。企业牺牲短期利润，缩减成本，降低产品价格吸引消费者，通过价格竞争优势来追求市场占有率的领先地位，以期获得长期利润。但是一些情况下，低价策略并不一定引起市场销量的提升，它必须具备下述条件之一：

1. 市场对价格高度敏感，低价能刺激需求迅速增长。
2. 单位成本会随生产规模和生产经验的积累而大幅下降。
3. 低价能阻碍现有和潜在的竞争者。

（四）产品质量最优化

企业也可考虑质量领先这样的目标，并在生产和营销过程中始终贯彻质量最优的指导思想，这就要求用高价弥补高质量和研发的高成本。企业在保持产品优质优价的同时，还应辅以相应的优质服务。

二、产品成本

成本是商品价格的最低限度。从长远看，任何产品的销售价格都必须高于成本费用，才能以销售收入来抵偿生产成本和经营费用，否则就无法经营。所以说产品成本是企业定价的底线，以成本为导向的定价方法至今仍被很多企业采用。

三、市场需求

市场需求受到价格和收入变动的影响，在通常情况下，价格与需求呈反方向变化：价格上升，需求减少；价格下降，需求增加，这是供求规律的客观反映。但是产品的最终销售收入是否增加，企业是否真正受益，还要关注二者的变化幅度。因此，在制定商品营销价格时，必须考察商品的需求价格弹性因素。

需求价格弹性，简称需求弹性，是指在一定时期内，某种商品的价格变动的百分比与其需求变动的百分比的比值。它反映需求变动对价格变动的敏感程度。需求价格弹性指数，用 E_P 表示，取其绝对值，其计算公式表示为：

$$E_P = \frac{需求变动的百分比}{价格变动的百分比}$$

需求的价格弹性通常有三种情况：

当 $E_P > 1$ 时，表示价格变动引起需求大幅度变化，称作需求弹性大，表明该商品的需求对其价格变化较为敏感。企业在降低成本、保证质量的前提下，采用低价策略可以扩大销售，争得较多利润，也即实践中"薄利多销"的原理。

当 $E_P < 1$ 时，表示价格变动只引起需求量较小的变化，称作需求弹性不足，表明该商品的需求对其价格变化的反应较为迟钝。该类商品的降价不仅不能刺激带来同等幅度的销量的增长，反而会降低收入水平和利润。

当 $E_P = 1$ 时，表示价格变动引起需求量等幅度的变化，称作需求无弹性。表明价格的上升或降低对销售额影响不大。这类商品则应认真研究市场状况，找出影响需求变化的关键因素，并据此选择相应的价格策略。

四、竞争状况

价格竞争是营销竞争的重要手段。现实的和潜在的竞争者的多少及竞争的强度对产品定价的影响很大,企业应把定价策略作为一个竞争要素来考虑。一般来说,如产品在竞争中处于优势,可以适当采取高价策略;反之,则应采取低价策略。因此,企业必须采取了解竞争者的产品质量和价格,比质比价,以便更准确地制定自己的产品价格。还要随时关注竞争对手的价格调整,及时掌握相关信息,并做出合适的调整和反应。

五、消费者心理

消费者心理对于企业的产品定价影响重要且微妙,如股市、楼市出现的"买涨不买跌"的现象,一定程度上都反映出消费者对未来一段时间内市场商品供求即价格变化趋势的预测;消费者在购买商品时,还常常把商品的价格与内心形成的认知价值相比较,来确定商品的价值,决定是否购买。企业在制定商品价格时,可以利用消费者求名、求新、求廉、求吉利等各种心理,巧妙地制定价格策略,以促进产品销售。

六、政府的政策法规

我国政府制定了一系列的政策和法规,对市场价格进行管理,并采取了各种改革措施建立健全市场经济所需要的价格管理体制。这些政策、法规和改革措施制约着市场价格的形成,是各类企业制定商品价格的重要依据,企业在制定价格策略时都不能违背。

第二节 企业定价方法

一、成本导向定价法

成本导向定价法是以成本为依据来制定价格的方法。这种方法操作简单方便,是企业最基本、最普遍和最常见的定价方法。常见的成本导向定价法包括成本加成定价法和目标利润定价法。

(一)成本加成定价法

所谓成本加成定价法,是指按照单位成本加上一定百分比的利润制定销售价格的定价方法。其基本公式为:

$$P=C(1+R)$$

公式中,P 为单位产品价格,C 为单位产品成本,R 为成本利润加成率。

这种方法计算简便,成本资料容易获得。制造商、中间商、农业部门经常使用成本加成定价法,特别是销售量与单位成本相对稳定,供求双方竞争不甚激烈的情况下更为实用。采用这种方法的关键是加成率的确定,企业要根据以往经验和预测,对市场竞争状况、行业和商品特点进行评估以确定恰当的成本加成率。

成本导向定价法是典型的生产者导向定价法,它的不足之处在于:只考虑了成本因素,忽视了市场需求和竞争对定价的影响,难以适应迅速变化的市场,缺乏灵活性。一般而言,此定价方法适用于市场上销售量大、市场需求稳定的产品。

(二)目标利润定价法

目标利润定价法又叫投资收益定价法,是根据企业的总成本和计划的总销售量,加上按投资收益率确定的目标利润额作为定价基础的一种方法。其基本公式为:

$$P=\frac{C(1+r)}{Q}$$

公式中，P 为单位产品价格，Q 为预计销售量，r 为目标利润率，C 为总成本。

目标利润定价法的优点在于计算简便，有利于加强企业管理的计划性。其不足之处是没有考虑市场需求和竞争因素。一般只适用于市场销量稳定或市场占有率高的产品，以及市场中的垄断性企业，而且这种方法要求较高，企业必须有较强的计划能力，预测销售量成为关键，如果无法保证销售量的实现，则企业将无法实现目标利润。

二、需求导向定价法

需求导向定价法是指根据市场需求强度、消费者对产品价值的认识程度及其对产品的感觉差异来确定价格的定价方法。这种方法不是根据产品的成本进行价格的确定，而是随着市场和消费者需求的变化而变化，符合现代市场营销中以消费者需求为中心的营销理念。主要包括认知价值定价法和逆向定价法。

（一）认知价值定价法

所谓认知价值定价法，就是根据购买者对产品价值的理解度，即以产品在消费者心目中的价值高低为基础来确定产品价格的方法。认知价值定价与现代市场定位观念相一致，价格的高低反映出产品的市场定位，贴切目标人群对该产品的价值认知和理解，反映出产品价值的市场接受水平，因此，根据认知价值定价可以获得良好的市场反响。

（二）逆向定价法

逆向定价法是指企业通过市场调研，根据消费者能够接受的最终销售价格，在计算企业的成本和利润后，逆向推算出产品的批发价和零售价。这种方法不以实际成本为依据，而以市场需求为定价出发点，力求使价格为消费者所接受，因而能够反映市场需求状况，有利于加强与中间商的良好关系，能使产品迅速向市场渗透，定价比较灵活，可根据市场供求状况及时调整。

三、竞争导向定价法

所谓竞争导向定价法，是指企业在制定商品价格时，主要以同类竞争对手的定价为依据，与竞争商品价格保持一定的比例，而不过多考虑成本及市场需求因素的定价方法。这种方法常常是企业为了应对激烈的市场竞争而采取的特殊定价方法。竞争导向定价法主要包括随行就市定价法、产品差别定价法和投标定价法。

（一）随行就市定价法

在一个竞争比较激烈的行业中，某个企业根据市场竞争格局，跟随行业中主要竞争者的价格，或行业的平均价格，或市场上一般采用的价格来定价。这种定价方法在实践中运用相当普遍，除了完全垄断市场，不论在完全竞争市场、寡头垄断市场还是垄断竞争市场，随行就市定价都是同质产品市场惯用的定价方法。

（二）投标定价法

在商品和劳务交易中，由招标人发出招标公告，投标人竞标投标，密封递价。这种方法的显著特点是招标方只有一个，处于垄断地位，而投标方则有多个，处于相互竞争的地位，招标人可以择优选择价格。因而被广泛应用于建设项目承包、成套设备交易、大宗采购、矿产资源开发等领域。

第三节 定价的基本策略

企业根据成本、需求和竞争等因素确定了产品的基本价格,选择不同价格还要根据复杂的市场情况以及消费者的心理因素,采用灵活多变的价格策略。

一、新产品定价策略

(一)撇脂定价策略

在产品生命周期的导入期,把价格定得很高,以获取最大利润,犹如在鲜奶中撇取奶油,所以称为"撇脂定价"策略。一般而言,对于全新产品、受专利保护的产品、需求的价格弹性小的产品、流行产品、未来市场形势难以测定的产品等,可以采用撇脂定价策略。从实践看,采取撇脂定价需要具有以下条件:

1. 市场有足够的购买者,需求缺乏弹性,即使价格很高,需求非但不会减少,反而会激发起购买欲望。
2. 暂时没有竞争对手推出同样的产品,本企业的产品具有明显的差别化优势。
3. 当有竞争对手加入时,本企业有能力转换定价方法,通过提高性价比来提高竞争力。
4. 本企业的品牌在市场上有传统的影响力。

在上述条件具备的情况下,企业就应该采取撇脂定价的方法。

(二)渗透定价策略

渗透定价策略与撇脂定价策略正好相反,是指在新产品投放市场的初期,将价格定得较低,以吸引大量顾客,提高市场占有率。从实践看,渗透定价需要具有以下条件:

1. 需求对价格极为敏感,低价可以刺激市场迅速增长。
2. 企业的生产成本和经营费用会随生产经营规模和经验的增加而下降。

二、心理定价策略

心理定价策略是根据不同类型的消费者在购买产品时的不同心理因素来制定价格,促进销售的一种定价方法。常用的心理定价策略有以下几种。

(一)尾数定价

尾数定价,也称零头定价或缺额定价,即给产品定一个零头数结尾的非整数价格。大多数消费者在购买产品时,尤其是购买一般的日用消费品时,乐于接受尾数价格。如0.99元、9.98元等。消费者会认为这种价格经过精确计算,购买不会吃亏,从而产生信任感。同时,价格虽离整数仅相差几分或几角钱,但给人一种低一位数的感觉,符合消费者求廉的心理愿望。这种策略通常适用于基本生活用品。

(二)整数定价

整数定价与尾数定价正好相反,企业有意将产品价格定为整数,以显示产品具有一定质量。整数定价多用于价格较贵的耐用品或礼品,以及消费者不太了解的产品,对于价格较贵的高档产品,顾客对质量较为重视,往往把价格高低作为衡量产品质量的标准之一,容易产生"一分价钱一分货"的感觉,从而有利于销售。

(三)声望定价

声望定价即针对消费者"便宜无好货、价高质必优"的心理,对在消费者心目中享有一定声望,具有较高信誉的产品制定高价。不少高级名牌产品和稀缺产品,如豪华轿车、高档手表、名牌时装、名人字画、珠宝古董等,在消费者心目中享有极高的声望价值。购买这些产品的人,往往不在乎产品价格,而最关心的是产品能否显示其身份和地位,价格越高,心理满足的程度也就越大。

(四)习惯定价策略

有些产品在长期的市场交换过程中已经形成了为消费者所适应的价格,称为习惯价格。企业对这类产品定价时要充分考虑消费者的习惯倾向,采用"习惯成自然"的定价策略。对消费者已经习惯了的价格,不宜轻易变动。降低价格会使消费者怀疑产品质量是否有问题。提高价格会使消费者产生不满情绪,导致购买的转移。在不得不需要提价时,应采取改换包装或品牌等措施,减少抵触心理,并引导消费者逐步形成新的习惯价格。

(五)招徕定价策略

这是适应消费者"求廉"的心理,将产品价格定得低于一般市价,以吸引顾客、扩大销售的一种定价策略。采用这种策略,虽然几种低价产品不赚钱,甚至亏本,但从总的经济效益看,由于低价产品带动了其他产品的销售,企业还是有利可图的。

(六)如意定价策略

在不同的国家、地区的不同消费群体中,由于民族风俗习惯、文化传统和信仰的影响,往往存在对某些数字的偏爱或忌讳。例如,在我国的商场和超市的商品定价中,乐于采用消费者偏爱的"8"和"6",认为"8"代表发财,"6"代表六六大顺、吉祥如意,比较讨巧;西方人讨厌"5"和"13",认为这些数字不吉利;日本人则偏爱偶数定价的产品,因为他们讲究对称、平衡和谐和圆满。

三、折扣定价策略

折扣定价是指对基本价格作出一定的让步,直接或间接降低价格,以争取顾客、扩大销量。主要的折扣定价策略有以下几种形式。

(一)数量折扣

数量折扣是指按购买数量的多少,分别给予不同的折扣,购买数量愈多,折扣愈大。其目的是鼓励大量购买,或集中向本企业购买。数量折扣包括累计数量折扣和一次性数量折扣两种形式。累计数量折扣规定顾客在一定时间内,购买商品若达到一定数量或金额,则按其总量给予一定折扣,其目的是鼓励顾客经常向本企业购买,成为可信赖的长期客户,它尤其适合于不宜一次大量购买易变质的产品,如食品、蔬菜、水果等。一次性数量折扣规定一次购买某种产品达到一定数量或购买多种产品达到一定金额,则给予折扣优惠,其目的是鼓励顾客大批量购买,促进产品多销、快销。

数量折扣的促销作用非常明显,企业因单位产品利润减少而产生的损失完全可以从销量的增加中得到补偿。此外,销售速度的加快,使企业资金周转次数增加,流通费用下降,产品成本降低,从而导致企业总盈利水平上升。

运用数量折扣策略的难点是如何确定合适的折扣标准和折扣比例。假如享受折扣的数量标准定得太高、比例太低,则只有很少的顾客才能获得优待,绝大多数顾客将感到失望;购买数量标准过低、比例不合理,又起不到鼓励顾客购买和促进企业销售的作用。因此,企业应结合产品特点、销售目标、成本水平、企业资金利润率、需求规模、购买频率、竞争者手段以及传统的商业惯例等因素来制定科学的折扣标准和比例。

(二)现金折扣

现金折扣是对在规定的时间内提前付款或用现金付款者所给予的一种价格折扣,其目的是鼓励顾客尽早付款,加速资金周转,降低销售费用,减少财务风险。采用现金折扣一般要考虑三个因素:折扣比例;给予折扣的时间限制;付清全部货款的期限。

由于现金折扣的前提是商品的销售方式为赊销或分期付款,因此,有些企业采用附加风险费用、治理费用的方式,以避免可能发生的经营风险。同时,为了扩大销售,分期付款条件下购买者支付的货款总额不宜高于现款交易价太多,否则就起不到"折扣"促销的效果。

提供现金折扣等于降低价格,所以,企业在运用这种手段时要考虑商品是否有足够的需求弹性,保证通过需求量的增加使企业获得足够利润。此外,由于我国的许多企业和消费者对现金折扣还不熟悉,运用这种手段的企业必须结合宣传手段,使购买者更清楚自己将得到的好处。

(三)功能折扣

中间商在产品分销过程中所处的环节不同,其所承担的功能、责任和风险也不同,企业据此给予不同的折扣称为功能折扣。对生产性用户的价格折扣也属于一种功能折扣。功能折扣的比例,主要考虑中间商在分销渠道中的地位、对生产企业产品销售的重要性、购买批量、完成的促销功能、承担的风险、服务水平、履行的商业责任,以及产品在分销中所经历的层次和在市场上的最终售价等。功能折扣的结果是形成购销差价和批零差价。

鼓励中间商大批量订货,扩大销售,争取顾客,并与生产企业建立长期、稳定、良好的合作关系是实行功能折扣的一个主要目标。功能折扣的另一个目是对中间商经营的有关产品的成本和费用进行补偿,并让中间商有一定的盈利。

(四)季节折扣

有些商品的生产是连续的,而其消费却具有明显的季节性。为了调节供需矛盾,这些商品的生产企业便采用季节折扣的方式,对在淡季购买商品的顾客给予一定的优惠,使企业的生产和销售在一年四季都能保持相对稳定。例如,啤酒生产厂家对在冬季进货的商业单位给予大幅度让利,羽绒服生产企业则为夏季购买其产品的客户提供折扣。

季节折扣比例的确定,应考虑成本、储存费用、基价和资金利息等因素。季节折扣有利于减轻库存,加速商品流通,迅速收回资金,促进企业均衡生产,充分发挥生产和销售潜力,避免因季节需求变化所带来的市场风险。

(五)回扣和津贴

回扣是间接折扣的一种形式,它是指购买者在按价格目录将货款全部付给销售者以后,销售者再按一定比例将货款的一部分返还给购买者。如对于进入成熟期的消费者,开展以旧换新业务,将旧货折算成一定的价格,在新产品的价格中扣除,顾客只支付余额,以刺激消费需求,促进产品的更新换代,扩大新一代产品的销售。

四、差别定价策略

所谓差别定价或需求差异定价,也叫价格歧视,是指企业按照两种或两种以上不反映成本费用比例的差异价格销售某种产品或服务。主要有以下形式:

(一)按顾客差别定价

企业根据不同消费者消费心理、消费习惯、购买目的等差异,把同一种商品或服务按照不同的价格卖给不同的顾客。例如公园、旅游景点、博物馆将顾客分为学生、老年人和一般顾客,对学生和老年人收取较低的费用;电力公司将用电类型分为居民用电、商业用电和工业用电,并对不同的用电者收取不同的电费;再如会员制下的会员与非会员的价格差别;国外消费者与国内消费者的价格差别等。不同类型的顾客对同一产品的需求强度不一,对价格的敏感程度也不一,制定差别价格,为企业促进销售和获取最大收益提供了可能。

(二)按产品形式差别定价

企业按产品的不同型号、不同式样制定不同的价格,但不同型号或式样的产品价格之间的差额和成本之间的差额是不成比例的。比如:市面上的42英寸平板电视比32英寸平板电视的价格高出很多,可其成本差额远没有这么大。

(三)按不同地区差别定价

同一商品在不同的地区市场销售,可能会制定不同的价格。如同样的海鲜产品,在大连和兰州,扣除运费以外,售价仍会不同,兰州的价格肯定会大大高于大连的价格,因为对大连的顾客来说,吃海鲜很平常;而对兰州的顾客来讲,海鲜是稀罕物,需求很强烈,价格自然可以定得很高。

(四)按销售时间差别定价

同一产品或服务的价格随着季节、日期甚至钟点的变化而变化,如电信公司制订的晚上、清晨的长途电话费用可能只有白天的一半;航空公司或旅游公司在淡季的价格便宜,而旺季一到价格立即上涨。同一产品在不同时间段里的效用是完全不同的,顾客的需求强度也是不同的。在需求旺季时,可以提高价格,需求淡季时,价格需求弹性较高,可以采取降低价格的方法吸引更多顾客。这样可以促使消费需求均匀化,避免企业资源的闲置或超负荷运转。

差别定价法是许多企业采用的一种常见的定价方法。这种方法比单一价格销售产品更能增加销量,获得更多的"消费者剩余"。通常情况下,一个顾客购买商品实际付出的价格,不会高于他愿意支付的价格,对于同一商品,不同顾客愿意支付的价格是不同的。所以商家应针对这种需求差异,采用多种差别价格,实现顾客的不同满足感,从而将这些"消费者剩余"尽可能多地转化为企业的利润。

思考题

1. 影响企业定价的因素有哪些?
2. 薄利一定多销吗?请结合需求价格弹性理论评价这种说法。
3. 定价的基本方法有哪些?
4. 举例说明企业如何运用顾客的消费心理进行定价。
5. 举例说明新产品在什么情况下适合采用撇脂策略。

案例讨论

雷克萨斯挑战奔驰

丰田公司认识到全世界有大量的消费者希望得到和承担一辆昂贵的汽车。在这群人中,许多消费者愿意买奔驰,但又认为价格过高了。他们希望购买像奔驰同样性能的车,并且价格要合理。这给了丰田一个想法,开发一辆能与奔驰竞争甚至定位于更高价值的轿车。

丰田的设计者和工程师开发了雷克萨斯汽车并开展多方位的进攻。新汽车像雕塑品,安装精良,内部装饰豪华,丰田的广告画面旁边显示的是奔驰,并写上标语:这也许是历史上第一次,只需花 36 000 美元就能买到值 73 000 美元的高级轿车。丰田努力挑选能高度胜任的经销商和精心设计陈列室,并把销售作为汽车设计的工作之一,陈列室有宽敞的空间,布置了鲜花和观赏植物,免费提供咖啡,备有专业的销售员。经销商开列了潜在客户的名单,向他们寄发手册,内含 12 分钟戏剧性体现雷克萨斯汽车功能的录像带。例如,录像带显示工程师把一杯水放在引擎上,当奔驰引擎发动时,水发生抖动,而雷克萨斯却没有,这说明雷克萨斯有更平稳的引擎和提供更稳定的驾驶。录像带更戏剧性地展示,把一杯水放在操纵盘旁,当雷克萨斯急转弯时,水不溢出来——这令人兴奋。购买者向他们的朋友到处介绍,成了雷克萨斯的最好的销售员(免费的)。

资料来源:千寻文档。

讨论题:针对雷克萨斯的挑战,奔驰可以通过降价促销吗?

课后实践

1. 目的

认识企业产品定价的依据和影响因素,了解企业产品定价的主要方法和策略。

2. 内容和任务

选取本地典型企业进行参观调查,了解该企业产品定价的主要步骤以及运用的定价方法和策略。完成小组报告。

3. 步骤

(1)师生一起共同寻找调查企业。

(2)布置实训目的及任务,并提出相应要求。

(3)将班级成员分成若干组,每组 5~8 人,分组时注意小组成员在知识、性格、技能方面的互补性,并进行合理分工,选出小组长,以协调小组工作。

(4)实施参观调查。

(5)整理调研资料,撰写小组调研报告。

(6)教师组织各小组调研报告的交流与讨论。由各组组长组成评审团,对各代表发言情况进行评分。将各组最后得分计入每人的平时成绩。

(7)教师最后进行总结。

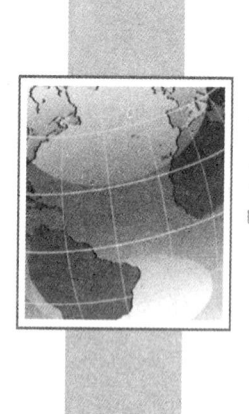

第八章
分销策略

引例

宝洁和沃尔玛：对手变盟友

一份战略联盟协议让沃尔玛和宝洁化干戈为玉帛，成为供应链中的合作伙伴，从而结束了二者长期敌对的局面。

宝洁是消费型产品的全球领导者，零售巨擘沃尔玛是它最大的客户之一。在 20 世纪 80 年代中期，这两家巨型企业之间的关系变得剑拔弩张。宝洁的促销力度很大，给零售商很大的折扣优惠。沃尔玛趁机以超出常规的购买量大量吃进并囤积宝洁的产品。这就给宝洁造成了很多麻烦，它生产太多，伤害了现金流。为了提高现金流，宝洁于是提供更多的推广优惠，而沃尔玛的反应是买得更多，于是这两家公司之间的恶性循环就这样持续下去。

凯梅尼(Jennifer M. Kemeny)和亚诺威茨(Joel Yanowitz)在《反省》(*Reflections*)一书中对此的描述是："两家公司所采取的应对措施都在尽力破坏对方成功的可能性。"于是，宝洁下决心要化敌为友，向沃尔玛抛出了成立战略联盟的橄榄枝。

"第一个难题是如何组建一支由双方管理人员所组成的运作团队，"凯梅尼和亚诺威茨说，"他们举行了数天的研讨会，通过运用系统思维工具，在共同的商业活动将会给双方带来的结果方面达成了共识。来自宝洁和沃尔玛的管理者们发现，彼此的举措原来可以是合理的，而不是自利的行为。"

充分理解对方的需要之后，这两家公司在双赢战略的基础上开始合作，而宝洁也无须再向沃尔玛提供折扣。"这个战略实施非常成功，于是被推而广之。宝洁甚至几乎停止了所有的降价推广活动，为此它几乎得罪了整个零售业。但是这样做的结果却是，宝洁的盈利大幅攀升。"

为了使合作可以运转，这两家公司把软件系统连接到一起，很多信息都实现了共享。据报道，现在，当沃尔玛的分销中心里宝洁的产品存货量低时，它们的整合信息系统会自动提醒宝洁要补货了。

该系统还允许宝洁通过人造卫星和网络技术远程监控沃尔玛每个分店的宝洁产品专区的销售情况，而网络会把这些信息实时反映给宝洁的工厂。宝洁的产品无论何时在收银台扫描，这些工厂都可以知道。这些实时信息使宝洁能够更准确地安排生产、运输，以及为沃尔玛制定产品推广计划。节省下来的库存费用就使得宝洁可以向沃尔玛提供更加低价的产品，这样沃尔玛就能继续它的"每日低价"策略了。

资料来源：http://www.xuexila.com。

【营销启示】 在分销渠道中,各成员间只有建立良好的合作伙伴关系,才能是实现共赢。

第一节 分销渠道及其类型

一、分销渠道的概念与特征

(一)分销渠道的概念

分销渠道是指产品(服务)从生产领域进入消费领域过程中,由提供产品或服务有关的一系列相互联系的机构所组成的通道。美国著名的市场营销学家菲利普·科特勒认为,分销渠道是"某种产品或服务从生产者转移到消费者的过程中,取得这种产品或服务的所有权或协助所有权转移的所有组织与个人"。分销渠道的成员主要包括：生产商、中间商、服务性企业和消费者(用户)。

(二)渠道的特征

1. 分销渠道反映某产品(服务)价值实现全过程所经由的整个通道。其起点是制造商,终点是最终消费者或工业用户。

2. 分销渠道是一群相互依存的组织和个人。这些组织或个人共同为解决产品实现问题而发挥各自的作用,因共同的经济和社会利益结成共生伙伴关系。同时渠道成员也有各自的独立经济利益,他们之间有时也会发生矛盾和冲突,需要管理和协调。

3. 分销渠道的实体是购销环节。商品在渠道中通过一次或多次购销活动转移所有权或使用权,流向消费者或工业用户。购销次数的多少,说明了渠道的层次和参与者的多少,表明了渠道的长短。值得一提的是,代理商并未与被代理商发生购销关系,没有取得商品的所有权,仅仅是帮助被代理商销售而已。渠道的长短决定于比较利益的大小。

4. 分销渠道是一个多功能系统。它不仅要发挥调研、购销、融资、储运等多种职能,在适宜的地点,以适宜的价格、质量、数量提供产品和服务,满足目标市场需求,而且要通过渠道各个成员的共同努力,开拓市场,刺激需求,同时还要面对系统之外的竞争,自我调节与创新。

二、分销渠道的类型

按流通环节的多少,可以将分销渠道分为直接渠道和间接渠道；按参与各环节中间商数目的多少,分销渠道又可以分为宽渠道和窄渠道两大类型,如图8-1所示。

(一)直接渠道与间接渠道

1. 直接渠道

直接渠道又称零阶渠道,是生产者(制造商)将产品直接销售给最终消费者(用户),中间不经过任何中间商的渠道类型。这种直销的主要方式有上门推销、邮销、互联网直销及厂商自设机构销售。直销是工业品销售的主要方式,大型设备、专用工具及需要提供专门服务的工业品,几乎都采用直销渠道。随着科学手段的完善,消费品直销渠道也得到了长足发展。

2. 间接渠道

间接渠道是指有一级或多级中间商参与,产品经由一个或多个商业环节销售给消费者(用户)的渠道类型。中间商在商品流转的始点同生产者相连,在其终点与消费者相连,从而有利

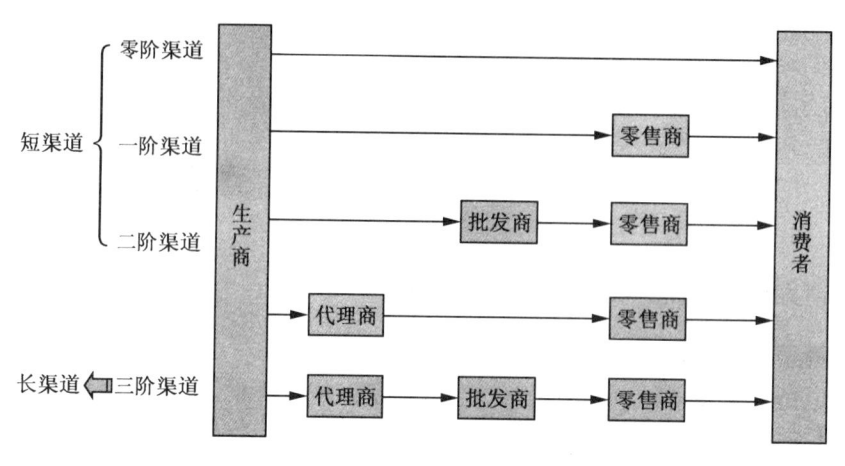

图 8—1　消费品渠道模式

于调节生产与消费在品种、数量、时间与空间等方面的矛盾。既有利于满足生产厂家和目标顾客的需求,也有利于生产企业产品价值的实现,更能使产品广泛地分销,巩固已有的目标市场,扩大新的市场。但是,对制造商而言,渠道层级越多就越难协调和控制,会给渠道的管理与控制带来许多不便。

(二)长渠道与短渠道

分销渠道的长短一般是按通过流通环节的多少来划分的。因此,可以将上述零阶渠道称为直接渠道,将一阶渠道、二阶渠道称为短渠道,将三阶及以上渠道称为长渠道,如图 8—1 所示。

(三)宽渠道与窄渠道

渠道宽窄取决于渠道的每个环节中使用同类型中间商数目的多少。企业使用的同类中间商多,产品在市场上的营销面广,称为宽渠道;反之,企业使用的同类中间商少,称为窄渠道。渠道的宽窄是相对而言的,受产品性质、市场特征和企业营销战略等因素的影响,渠道的宽度结构大致有以下三种类型。

1. 独家分销渠道

独家分销渠道是指企业在目标市场上或目标市场的一部分地区内,仅指定一家中间商经营其产品。独家分销渠道是窄渠道,如图 8—2 所示。

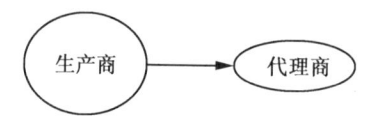

图 8—2　独家分销渠道

独家分销渠道的优点是:中间商能获得企业给定的产品的优惠价格,不能再代销其他竞争性的相关产品。对于独家经销商而言,经营有名气的企业产品,可凭名牌产品树立自己在市场上的声望和地位,同时可获得制造商广泛的支持,所以能提高中间商的积极性。对于制造商而言,易于控制产品的零售价格,易取得独家经销商的合作。其缺点是因缺乏竞争,顾客的满意度可能会受到影响,经销商对制造商的反控力较强。

此种模式适用于技术含量较高、需要售后服务的专用产品的营销,如机械产品、耐用消费品、特殊商品等。具体而言,如新型汽车、大型家电、某种品牌的时装等。例如,东芝在进入美国市场的早期,将80%的产品交给史勒伯百货连锁店销售。

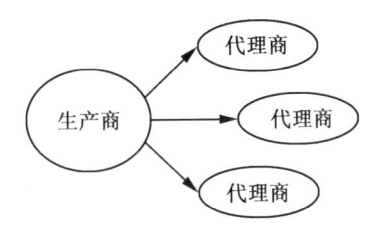

2. 选择性分销渠道

选择性分销渠道指在同一层次上或一定区域内,精选少数符合要求的中间商经销本企业的产品,即从入围者中选择一部分作为经销商。选择性分销渠道通常由实力较强的中间商组成,能有效地维护制造商品牌信誉,建立稳定的市场和竞争优势。这类渠道多为消费品中的选购品和特殊品以及工业品中的零配件等。选择性分销渠道是中宽度渠道,如图8-3所示。

图8-3 选择性分销渠道

选择性分销渠道的优点是:比密集性营销能取得经销商更大的支持,同时又比独家营销能够给消费者购物带来更大的方便,一般来说,消费品中的选购品和特殊品适宜采用选择性分销渠道。其缺点有:中间商的竞争较独家性渠道时激烈,而且选择符合要求的中间商较困难。消费者和用户在选购商品时会进行商品的比较,所以没有密集性渠道那么方便顾客。

3. 密集性分销渠道

密集性分销渠道是指在同一层次上使用较多的中间商,即凡符合厂家最低要求的中间商均可参与渠道。一般来说,产品的营销密度越大,销售的潜力也就越大。密集性分销渠道是宽渠道,如图8-4所示。

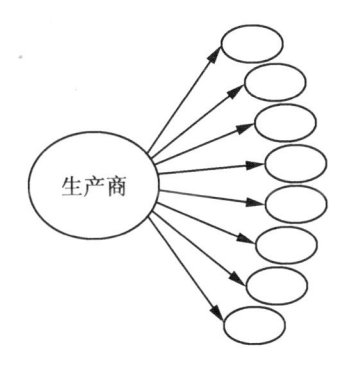

图8-4 密集性分销渠道

密集性分销渠道的优点是:市场覆盖率高、便利顾客。其缺点是:市场竞争激烈,价格竞争激烈,导致市场混乱,有时会破坏厂家的营销意图;渠道的管理成本(包括经销商的培训、营销系统支持、交易沟通网络的建设等费用)很高。

第二节　批发商与零售商

介于生产者和消费者之间、专门从事产品流通经营活动、促成买卖行为发生和实现的组织和个人统称为中间商。中间商又按在流通过程中所起的不同作用分为批发商和零售商。

一、批发商

批发商是指介于生产者和零售商之间从事产品的买卖交易及其他流通活动的流通机构（企业和个人）。在流通市场所交易的商品交易量中批发商的交易达50%以上。其主要业务如表8—1所示。

表8—1　批发商的主要业务

业　务	内　容
经营管理	批发业务的计划、组织、管理
洽谈、交易	作为顾客的购买机构，同生产者进行洽谈、交易
促销活动	开展人员推销、广告、营业推广、公共关系等促销活动
产品的储存和处理	产品的接受、储存、管理、订货处理、包装、出货
运送	给地方配送和调整远距离运输
库存管理和信息处理	对库存、账簿、交易记录、财务分析的记录等进行管理
保全	产品的安全和保护
定价	根据产品的附加值制定价格
财务和预算管理	提供信用、借款、投资、预测现金的收支
对顾客的指导和援助	协助顾客努力销售，提供有关市场和产品的信息，进行指导

（一）对生产者的业务

批发商收集、分散众多的产品，减轻生产者的经济负担。为此，生产者能够专心从事生产和加工活动以及开发适合顾客需求的优质产品。批发商较生产者更能直接同零售商打交道，从而可以迅速获取正确的市场信息并及时传达给生产者。

（二）对零售商的业务

批发商为其顾客的零售商进行需求预测，帮助选择采购商品。这样做可以减轻零售商的负担，不需零售商亲自选择或调整作为商品供应源的生产者。如果零售商直接从生产者采购产品，产品选择的范围就会大大受到制约，但批发商备有各种生产者的产品，零售商只需在少量的时间就可以从批发商采购到丰富、齐全的产品。

批发商把大量采购的产品按照客户的需要量销售给零售商，因此可以说，批发商进行运输、保管和库存管理等物流和信息管理较生产者和零售商自己进行效率更高，更合理。批发商的这种批发作用有效地减轻生产者和零售商在这方面的负担。正因为在生产者和零售商之间介入了批发商，所以既能使生产者安心稳定地从事生产活动，也能使零售商专门从事销售活动。

二、批发商的种类

批发商的种类繁多,可以根据不同的分类基准分成各种类型,这里按照通常的所有权关系和经营方式,将其分为以下三大类。

(一)经销批发商

经销批发商,是指独立从事产品买卖的批发商。他们先将产品买进,然后再以批发的形式将产品卖出去。经销批发商可根据其履行职能程度分为完全职能批发商和有限职能批发商两类。

1. 完全职能批发商

完全职能批发商是指能履行作为批发商的所有职能,向生产者和零售商提供各种服务的批发商。完全职能批发商根据其目标市场的大小、经营产品的多寡,又可分为综合批发商、有限批发商和专业批发商。综合批发商综合经营各领域的多品种产品;有限批发商只经营某些特定种类产品;专业批发商专业经营一种或几种极其有限的产品,如体育用品、乐器、照相器材、西装等。

2. 有限职能批发商

有限职能批发商是指只履行一部分职能,向生产者和零售商提供有限服务的批发商。有限职能批发商主要包括现金批发商、巡回批发商、直送批发商、函售批发商等。

(1)现金批发商只用现金交易,既不赊账也不负责运送。(2)巡回批发商也可称卡车批发商,把产品装上汽车,定期按一定的线路巡回向其顾客零售商送货,其特点在于同时执行销售、运送、收款、接受订货等职能。直送批发商的显著特征是不库存产品。当接到零售商和业务用户的订单后,就立即与生产者联系,并由生产者按照双方议定的条件和送货时间,直接将产品运送给客户。(3)直送批发商自己不承担运送、保管等物流职能,但从收到订单之时起到顾客收到货物为止一直拥有产品所有权,并承担该期间可能出现的一切风险。这种批发商一般经营装卸困难的高大产品和不需要收集、打散、选择且大量购买的煤炭、木材、石油、化学药品等。(4)函售批发商先将产品目录邮送给零售商、业务用户和社会团体,再根据其返回的订单进行邮售。一般经营宝石、香水、自然食品和汽车零部件等。现金订货,并按订货金额给予适当的折扣。

(二)代理批发商

代理批发商和经销批发商的最大区别在于后者拥有产品所有权,而前者不拥有产品的所有权。代理批发商只进行买卖的洽谈,谋求销售的促进,他们获取产品销售价格一定比例的手续费。代理批发商一般可分为代理商和经纪商。

1. 代理商

代理商是指根据定期协议代理买方或卖方的批发商。

生产者代理商是指代表生产者销售产品的代理商。生产者代理商是独立的,通常代表2个或2个以上的生产者,几乎和制造商的营业所一样从事着销售活动,接受订货。一般来说,生产者代理商明确地规定了其销售地区,也不能同时代理竞争企业的产品,但可以代理相互补充的产品。代理商和制造商的关系要用文件形式予以明确规定,还要确定好销售条件,如销售地区、销售价格、订货处理、运送、服务、保证等。

销售代理商,是指在生产者授权范围内销售其特定产品线或生产者所有产品的代理商。他们对产品除不拥有所有权外,进行着批发商所进行的一切活动。销售代理商发挥着生产者的市场营销部门应起到的作用,与其他代理商不同,不受销售地区的制约,而且对价格、促销、渠道等拥有完全的权限。销售代理商在他们所代表的卖方的广告、市场调研、信用策略等方面扮演着重要角色。

2. 经纪商

经纪商是指为买卖双方牵线搭桥,协助双方进行洽谈的代理批发商。换句话说,经纪商的主要目的就是把买主和卖主结合起来,既不直接与金钱打交道,也不直接拥有产品。不制定价格,几乎不承担风险。他们对顾客提供特定产品和市场的专门知识。

(三)制造商的销售公司或分支机构

制造商的销售公司由制造商建立、专门负责本公司产品销售的批发机构。这种机构承担与市场、产品的销售有关的所有活动,如市场信息的收集、反馈、产品上市推广、销售、促销、渠道、库存、运输等。

三、零售商

零售是指将产品或服务直接销售给最终消费者的过程中所涉及的一切活动。零售商,是指将产品或服务直接销售给最终消费者、处于渠道最末端的中间商(包括企业和个人)。

零售商具有以下一些特点:

第一,零售商的销售和服务对象为直接消费者,主要是个人消费者,也包括集团消费者,如机关、团体、学校等。

第二,零售商处于产品流通的终点,零售交易结束后,产品脱离流通领域,进入消费领域。

第三,零售商分布面广、分布点多。如在美国,1995年有零售企业220余万家,从业人员近2 200万人。1994年,日本零售业的从业人员为738万人,约占全从业人员的15%。在中国,1996年有零售商店1 400万个,从业人员3 200万人。

第四,零售商是联系制造商、批发商与消费者的桥梁,它一方面向批发商或制造商购进产品,另一方面再把产品销售给消费者。

第五,零售商一般多为小规模经营,销售数量零星,交易次数频繁。

(一)零售商的职能

当今社会,我们的日常生活不能没有零售商的存在,我们几乎从零售商获取所有与衣、食、住相关的物品。零售商在我们的日常生活中发挥着极其重要的职能。

1. 商流职能

零售商把消费者和产品结合起来。在生产者和消费者分离的现代社会,要让消费者购买和消费产品,首先就必须让消费者知道并理解产品的存在及用途。零售商对消费者要承担作为传达产品信息的信息源的作用和传送产品有效性的教育职能。

2. 物流职能

零售商提高产品的地点效用,在现代社会,产品的生产地和消费地不同,一般在两者之间隔得较远,产品通过从生产地运送到消费地而提高价值。这种作业即使不是零售商直接进行,但结果等于零售商所为,因产品的地点转移而使价值增加。

3. 信息收集职能

在高度发达的现代社会,最重要的不是"如何制造产品",而首先是"制造什么"的问题。换言之,就是首先要制造市场所需要的产品。为此必须以市场及消费者的信息为基础。零售商平常置身于市场,直接接触消费者,最容易获得有关消费者的真实信息。零售商将如此获得的信息反馈给制造商或批发商,并使其反映在所要销售的产品上。

4. 标准化职能

零售商必须使产品适合消费者现实购买的需要。零售商通常从批发商或制造商大量购进产品,这时考虑到规模效益,降低单位产品的成本。然而,零售商在将这些产品卖给消费者时,却要按消费者的消费分成小份后进行销售。这样消费者就可以按当前所需量购买。例如,米店大量购进散装大米,然后将其分装成10千克、5千克等后进行销售。

5. 储存职能

制造商生产的大量产品在抵达消费者之前由批发商、零售商购入和保管。正因为批发商和零售商承担了这一职能,所以产品在出售之前可以储存在离市场最近的地方。

(二)零售商的种类

零售商随时代的变化、经济的发展要面对残酷的竞争。为了战胜竞争,就必须按市场的要求不断进行自身改革、不断创新。结果诞生了各种各样的零售商。零售商可以根据不同的分类标准划分为各种类型。例如,按产品线的深度和宽度可将其划分成专卖店、百货商店、方便商店、超级市场等;按价格竞争方式分成折扣商店、仓储商店、平价商店、量贩店等;按管理方式可以分为独立商店、连锁商店、特许专卖店、消费合作社等;按是否店铺销售可分为有店铺零售商和无店铺零售商,本书决定按此分类,因为只有这种分类才能将各种零售商包含进来。

1. 有店铺零售商

(1)一般零售店。这是最常见的一种小规模商店,如食品店、衣料品店、日用杂品店、服装店、书店、药店、面包店等。

(2)专卖店。专卖店一般位于繁华街道上,经营鞋、服装饰品、钟表、珠宝、家具、家用电器、体育用品等专门用品,或者专门销售较高级的衣料、食品等选购品,或者专门经营某一品牌产品,如宝姿专卖店、比利牛仔专卖店、雷俊专卖店等。这类店有两个特点:一是产品线较少而产品项目较多;二是较一般零售店具有高级店铺氛围,店铺营业员以丰富的产品知识和训练有素的姿态为顾客提供咨询和其他服务。

(3)百货商店。百货商店形成了装有各种各样产品、文化、服务、信息、游戏(消遣)等要素的都市空间。百货商店的最大特色是:第一,齐全的产品,产品组合广、深、长,能让顾客实现一次购物;第二,优美的环境,能使其成为顾客轻松、享受、游玩的场所;第三,方便,为顾客提供购物咨询、购物指导、信贷购物、配送制度等。

(4)超级市场。国际自助服务机构(ISSO)定义超级市场为"商场面积400㎡以上、主要销售食品的自助服务式商店"。超市起初是经营食品,现在无论是经营规模还是经营产品品种都发生了很大变化。从规模来看,既有营业面积120㎡以下的超市,也有1 500㎡以上的大型超市。从经营品种来看,既有经营单一或少数品种的专门超市,如食品超市、衣料超市,也有经营各种产品的综合超市,甚至量贩店也算作其中。超级市场最大的特点就是自助服务,扩大购买者的自由度,使其从中获得自由选购产品的乐趣。

(5)平价商店。平价商店1948年起源于美国,是一种薄利多销的大规模零售店,起初主要销售电器具、家庭用品、照相机等耐用消费品。现在经营品种多种多样,除耐用消费品外,还有食品、日用品、特殊品等。已经发展到了可以和百货商店相提并论的程度。平价商店的基本特点是自助服务、现金支付、薄利多销、快速周转。

(6)方便商店。方便商店是营业面积在300㎡及以下的超市型零售业形态。方便商店的特点有5个;其一是设置地点,一般考虑方便一定地域的利用者,所以多设在居民区附近或较多人群通过的街道的拐角处；其二是经营产品多为饮料食品及日用杂货类；其三是自助服务；其四是营业时间长，一般为24小时营业，原则上全年无休；其五是大多采用连锁经营形式，追求规模效益。

以上是六种主要的有店铺零售商。此外还有折扣商店、仓库商店等一些新的零售业态。

2. 无店铺零售商

上述有店铺零售商是指通过店铺销售产品和服务的零售商。与此相反，无店铺零售商则是一种不设销售场所、不经店铺销售产品和服务的零售商。无店铺零售商较店铺零售商更显示出高度增长趋势，尤其是信息技术的进步将会使其有长足的发展。无店铺销售可以分为以下三大类。

（1）上门推销，也称直接推销。访问销售是由推销员上门访问消费者进行推销产品的一种销售方式。从推销（访问）的对象来看，直接推销有三种形式：第一，一对一推销，即挨家挨户上门推销，如雅芳公司。第二，一对多推销，即推销员上办公室推销或利用家庭和其他聚会，展示推销产品并接受订单；第三，多层次推销，即建立起多层级的推销员网络系统。由上级推销员向所属下级推销员一级一级地往下进行推销。推销员根据其推销金额和事先规定好的级别金额提成比例获取报酬，如安利公司。

（2）直接营销。根据直接营销协会（DMA）的定义，直接营销是指运用一种或多种广告媒体引起消费者可度量的反应，并且不管其在何处都能进行交易的双向市场营销系统。从上述定义来看，直接营销的重点在于引起消费者可度量的反应，也就是获得顾客的订单。直接营销特点有三：一是要运用媒体，包括一种和多种；二是交易不受顾客所处地点的限制；三是营销系统的双向性。直接营销包括通讯销售、目录销售、电话营销、电视营销、网络营销、电子购物等主要形式。

（3）自动售货机销售。自动售货机销售如名称所示，是由机械自动进行销售的一种销售方法，自70年代以来在发达国家得到了迅速发展，尤其在日本无处不有。它可以销售饮料、牛奶类、酒类、香烟、杂志、咖啡、信封、邮票、明信片类、面包食品类、电池类、其他小型标准化日用品等。自动售货机的销售方法不受场所、时间和人员的限制，对卖主和买主都非常方便。

3. 零售商的营销决策与经营管理

零售商的营销决策主要包括以下几种：

（1）目标市场及市场定位决策：在零售经营中，目标市场处于关键地位，零售商要想成功，首先就要正确选择目标市场，并进行科学的市场定位。

（2）地点决策，主要应考虑以下几点：

①商圈也就是指零售店的顾客分布的地区范围，经营者要对商圈的构成、特点、范围以及影响商圈规模变化的情况进行实地调查和分析。

②交通条件，一方面要方便顾客到达，客流通畅，周边有足够的停车场地；另一方面要方便零售店装卸货物和经营作业。

③客流情况，包括街道特征、客流类型、客流规模、客流目的、速度和滞留时间等。

④地形特点，包括地理、地形、地貌、顾客能见度以及对流动顾客的注意力吸引度等。

⑤城市规划，包括全市及附近的短期规划和长期规划。

（3）经营商品组合与服务决策：

①产品配置，包括经营范围和档次、商品质量、商品组合的宽度和深度。

②服务组合，零售商应根据其主要消费群来构建其服务组合。

③商店气氛,包括店面装饰、殿堂陈设、卫生与人文气氛。
④价格决策,零售商一般要从消费者、竞争和成本三个方面来分析研究其价格策略。
⑤促销决策,包括策略指导、方法采用和效果评估三个方面。促销方法一般有以下四个方面：广告促销、销售促进、公共关系和个人推销。
⑥形象决策,零售企业形象是企业的无形资源,企业形象的建立一般要经过外部情报、店铺印象、销售行动、建立感情四个阶段。

第三节 分销渠道策略与管理

一、影响分销渠道选择的因素

每一个企业都要根据各种主客观条件选择或创新分销渠道。

(一)产品因素

1. 产品的物理化学特点。易毁、易腐产品,应尽量缩短渠道途径,迅速把产品出售给消费者,如牛奶、水果、肉类与蔬菜等。考虑到产品运输和储存的条件及费用,体积过大或过重的商品,如大型设备、煤炭、木材等,尽可能选择直接渠道。

2. 产品单位价值的高低。一般而言,商品单价越低,分配路线越长;反之,单价越高,分配路线越短。

3. 产品式样。时尚程度较高的产品,即式样或款式较易发生变迁的产品,如各种新奇玩具、时装等,应尽可能缩短分配路线,采用较短渠道分销,以求速售。款式不易变化的产品,分销渠道可以长些。

4. 技术性与销售服务。多数工业品及耐用消费品中的家用电器,具有高度技术性或需要经常服务与保养,可由生产者直接供应消费者或用户,以及经极少数零售商供应。

5. 标准产品与专用产品。通用的、标准的、用户比较分散的产品,例如通用机械、量具刀具等,宜用间接形式销售。专用产品,例如专用设备、特殊品种规格的产品,需要量较大的原材料和燃料等,应由产需双方直接签订供货合同。

6. 开发的新产品。为了尽快把新产品投入市场,一般应采用强有力的推销手段去占领市场。生产企业往往不惜为此付出大量资金,组成推销队伍,直接向消费者推销,在情况许可时,也应考虑利用原有的渠道途径。

(二)市场因素

1. 目标市场范围。市场范围越大,越需要中间商提供服务,分销渠道相应越长;相反,则可短些。

2. 市场的地区性。工业品市场集中时,适合直接销售。消费品市场亦可区分出密度较高地区,直接售予零售商,一般地区则采用传统的分配路线,即经批发商售予零售商。

3. 消费者购买习惯。顾客对各种各样的消费品购买习惯,包括愿意付出的价格、购买场所的偏好,以及对于服务的要求,均直接影响分配路线。如消费品中的便利品,需要采用传统的分配路线。而特殊品,则可以选择较短的分配路线。

4. 商业的季节性。具有季节性的商品,均应充分发挥中间商的作用,以不失时机地组织好采购和销售。

5. 竞争状况。同类商品的分配方法,在选择分配路线时,应注意研究和参考。一般地说,采取竞争品同样的分配路线,比较容易占领市场,除非有绝对把握,不宜另辟蹊径。

(三)企业自身因素

1. 商誉与资金。企业声誉越大、资金越雄厚,越可自由选择分配路线,甚至建立自己的销售网点,采取产销合一的方法经营;反之,必须依赖中间商提供服务。

2. 管理能力与经验。有的企业虽在生产方面表现了卓越的知识和技能,但在市场营销方面却经验甚少。因而有必要物色可靠和有力的代理商,如选择不当或中间商未能尽力,势必使整个企业业务受到影响。

3. 可能提供的服务。生产者对其产品大做广告或愿负担广告费用,中间商多乐于代其销售,生产者能提供充分的售后服务,或能按零售商要求建立陈列柜,或经常派服务与修理人员驻店,则亦能增加中间商经销的兴趣。

4. 其他营销策略。如企业需要控制零售价格,或要求大量增进推销力量,均会影响渠道途径的选择。

(四)经济形势及有关法规

1. 经济形势。整个社会经济形势好,发展快,企业选择分销渠道的余地较大;反之,当出现经济萧条、衰退时,市场需求下降,企业就必须减少一些中间环节,使用较短的渠道。

2. 有关法规。国家法律、政策,如专卖制度、进出口规定、反垄断法等,也会影响分销渠道的选择。

二、分销渠道设计

分销渠道的设计是指建立以前从未存在过的渠道或对已经存在的渠道进行变更的策略活动。分销渠道设计是为了实现营销目标,对各种备选渠道结构进行评估和选择,从而开发新型的营销渠道或改进现有营销渠道的过程。

(一)分析目标市场顾客对渠道服务产出水平需求

渠道服务产出水平是指渠道策略对顾客购买商品和服务问题的解决程度。设计市场营销分销渠道的第一步,是要了解目标市场上的顾客购买什么商品、在哪里购买、何时购买和怎样购买,分析顾客的这些购买特点对分销渠道服务水平的要求。这些要求通常表现在以下方面:单位购买批量的大小;交货时间的长短;空间便利性;商品多样化;服务支持。

(二)确定渠道目标与限制

渠道目标是渠道设计者对渠道功能的预期,体现着渠道设计者的战略意图。渠道目标的确定首先必须是以消费者的需求为核心。渠道设计的目标主要有以下几个方面:

1. 顺畅,保证产品以最短的时间送到消费者手中。这主要是满足目标消费者时间上便利的要求。

2. 便利,使顾客方便购买。

3. 开拓市场,增加新顾客、发现新用途。非传统渠道使得消费者能在方便的地方购买商品和得到服务。

4. 提高市场占有率,增加新顾客、提高重复购买率、激活休眠客户。

5. 扩大品牌知名度,增强顾客对产品的认知,树立产品在顾客心目中的地位。

6. 经济性,建立低成本的渠道策略使企业能赢得需求弹性大的市场部分,将费用节约的好处让给消费者,并通过挑战竞争对手的价格而获得满意的利润。

7. 市场覆盖面及密度,销售网点的建立和维护。制造商往往通过两条以上竞争的渠道通路销售同一商标的货物,或销售两种商标的基本相同的产品。

8. 控制渠道,实现高效率的渠道网络和渠道整合。为了实现以上目标,我们首先要考虑两个匹配,即产品与市场的匹配和渠道与客户购买行为的匹配。

(三)确定渠道结构备选方案

明确了企业的渠道目标后,企业就要设计几种渠道方案以备选择。一个渠道选择方案需要明确包括三方面的要素。

1. 是否需要中间商,中间商类型。不需要中间商的方案是直销方案。使用中间商则首先要确定可以利用的中间商类型。根据目标市场及现有中间商的状况,可以参考同类产品经营者的现有经验来选择中间商类型。

2. 使用中间商的数目。企业必须要决定在每一渠道层次利用中间商的数目,由此形成分销渠道的宽度类型,即密集型分销、选择性分销或独家分销。

3. 规定渠道成员的条件与责任。各方案必须明确渠道成员参与条件与应负的责任。在交易关系组合中,这种责任条件主要包括:

(1)价格政策。即生产商制订的价格目录和折扣标准。生产商必须确信其折扣可使中间商感到是公平合理的。

(2)销售条件。即付款条件和生产商承诺。

(3)经销商的区域权利。主要指分销商的地区特许经营权。

(4)各方应承担的责任。通常通过制定相互服务与责任的条款来具体规定相互提供的服务项目和各自应承担的责任。

(四)评估主要渠道方案

评估主要渠道方案的任务,是解决在那些看起来都可行的渠道结构方案中,选择出最能满足企业长期营销目标的渠道结构方案。因此,必须运用一定的标准对渠道进行全面评价。其中常用的有经济性、可控制性和适应性三方面的标准。

1. 经济性标准。企业的最终目的在于获取最佳经济效益,因此,经济效益方面主要考虑的是每一条渠道的销售额与成本的关系。

2. 可控制性标准。企业对渠道的控制力方面,自销当然比利用销售代理更有利。

3. 适应性标准。市场需求和由此产生的各个方面的变化,要求企业有一定的适应能力。

三、分销渠道管理

企业进行分销渠道设计以后,还必须做好分销渠道的管理工作。

(一)选择渠道成员

选择渠道成员是指生产商决定由谁来分销其产品的过程。选择渠道成员应该有一定的标准,如经营规模、管理水平、经营理念、对新生事物的接受程度、合作精神、对顾客的服务水平、其下游客户的数量以及发展潜力等。

营销渠道成员选择的重要性与厂商选择的渠道密度高度相关。渠道密度越小,如选择独家渠道,则渠道成员的选择越重要;反之,若渠道密度越大,如选择密集渠道,则渠道成员选择的重要性就相应减小。

1. 渠道成员选择的原则

对于选择渠道成员的决策者来说,在选择之前,首先确立一套选择渠道成员的原则是至关重要的。

不同行业的厂商,选择渠道成员的原则不同。市场的不同发展阶段,厂商选择渠道成员的原则也不同。但总的来说,厂商选择渠道成员需要遵循如下一些基本原则。

(1)相互认同原则:这是最基本的原则。厂商与渠道成员之间的合作前提在于厂商与渠道成员之间的相互认同。

(2)进入目标市场原则:这是最重要的原则。让厂商的产品迅速进入目标市场,以方便目标市场的消费者就近地购买到本厂商的产品。这就要求渠道经理、渠道总监或其他决策者在选择渠道成员时需要注意该渠道成员当前是否在目标市场拥有渠道通路及拥有销售场所等。

(3)产品销售原则:这是最核心的选择。厂商选择渠道成员的核心目的在于通过渠道成员帮助厂商完成营销目标,因此厂商在选择渠道成员作为合作伙伴的时候,通常都比较注重渠道成员的实际销售能力。

(4)形象匹配原则:这是最普遍的原则,也就是人们通常所说的"门当户对"。一个渠道成员的形象必然代表着厂商的企业形象。对于拥有卓越品牌的厂商来说,尤其要重视对渠道成员形象的考虑。在通常情况下,知名厂商总是与资金实力雄厚、商誉好的渠道成员结为合作伙伴或战略合作伙伴。例如 IBM、HP 与英迈、佳杰;IBM、HP、TOSHIBA 与神州数码等。

2. 渠道成员的评估及选择

在营销渠道成员选择的实践中,选择之前,通常要对潜在的渠道成员进行统一的考核或评估。考核或评估的通常做法是通过对评估标准各项的重要性进行加权,然后根据调查获得的每个潜在渠道成员的数据和信息进行逐项评分,汇总各项评分后得出总分,最后根据总分数的高低进行排序选择。这种评估方式比较适合于准备在某个区域采取选择型或专营性渠道结构的厂商。

在评估之后,就可以实施选择了。在通常情况下,厂商可以根据自身的具体情况,结合对潜在渠道成员的评估结果确定选择策略。

随着市场竞争的加剧与渠道关系的复杂化,厂商选择渠道成员的策略也在不断地发生着变化。单一的选择策略越来越少,而更多的情况是,厂商根据市场、行业、产品及竞争特点等采用不同的策略组合来新建、调整或重构渠道体系。

(二)激励渠道成员

生产者不仅要选择中间商,而且要经常激励中间商,使之尽职。因为生产者不仅通过中间商销售产品,还要把产品销售给中间商。这就使得激励中间商的工作不仅十分必要,而且非常复杂。渠道成员激励是指厂商为促进渠道成员努力完成公司制定的渠道目标而采取的各种激励或促进措施的总称。

渠道激励的分类方法有很多种。依据激励措施针对对象的不同,可以分为针对总代理、总经销的激励以及针对二级代理甚至零售终端的激励。依据激励实施时间的不同,可以分为年度激励、季度激励和月度激励等。依据激励采取手段的不同,可以分为直接激励和间接激励等。

事实上,在营销实践中,厂商大多同时采用两种或两种以上的激励方式配合使用,这样可以根据厂商设计的渠道激励目标组合成各种各样的激励方案,以达到最大的激励效果。下面将重点讲解依据激励对象分类和依据激励手段分类的几种常用的激励方案。

1. 依据激励对象分类

(1)对总代理、总经销的激励

①年终奖励。厂商事先设定一个销售目标,如果总代理商或总经销商在规定的时间内达

到了这个目标,则按照事先的约定给予奖励。若为区域总代理制或总经销制,则为兼顾不同地区差异,可以分别设立不同等级的销售目标,其奖励额度也随不同的销售目标而不同。这样做一方面是为了体现公平,另一方面则为不同地区的总代理商或总经销商描绘出一个需要其不断努力发展才能达到的希望远景。

针对年终销售目标奖励,常见的奖励方式有销售额的折扣率、出国旅游、出国考察等,或者选择一些有助于总代理商或总经销商进一步发展所需的实物或服务,如奖励汽车、配置计算机、管理软件或组织人员培训等。

②阶段性奖励。厂商根据不同的特定阶段,为总代理商或总经销商制定一个销售目标,如果在这个特定阶段内,总代理商或总经销商完成了这个销售目标,则给予阶段性奖励。

例如,在中国IT市场上,很多厂商都对总代理商或总经销商设定了特别的暑假销售奖励和寒假销售奖励等。

另一方面,更多的厂商将年终奖励分解为4个季度的阶段性奖励来执行。因为年终奖励作为一种结果性奖励,对厂商来说不仅不容易控制,而且存在很大的风险;而分解为4个季度的阶段性奖励之后,不仅易于控制,而且能够更大地发挥激励的作用。相应地,有些公司将阶段性奖励的周期分得更细,如以月度为周期,甚至不少公司以周为单位进行奖励。例如,一些日用消费品厂商对渠道成员的激励大多如此。

(2)对二级代理商或经销商的激励

对二级代理商或经销商的激励,不仅可以加速产品的流通和渠道能力,而且还能够起到培养渠道成员忠诚度的作用。不过在执行对二级代理商或经销商的激励政策时,应该把握好一个度的问题,应该着重将奖励的考核依据放在实际的销售量上,否则可能造成短期的"销售繁荣",实则形成"窜货",这将直接导致价格体系混乱,影响市场的正常发展。为此,厂商必须高度重视这个问题。

(3)对零售终端的激励

除了鼓励总代理商或总经销商、二级代理商或二级经销商之外,还应该激励零售商,增加他们进货、销货的积极性。常见的激励方法有提供一定数额的产品进场费、货架费、堆箱陈列费、POP张贴费、人员促销费、店庆赞助、年终返利、商店DM的赞助等。在对零售终端的激励中,售点服务人员或营业员作为最小单位的特定的"零售终端",加强对其进行管理并有效调动他们的积极性,对于实现或超额完成预定目标至关重要。典型的例子莫过于人们在夏天外出用晚餐时遭遇的众多啤酒小姐的推销,这就是一种通过对服务人员或营业员的激励来实现或超额完成销售目标的做法。

(4)对消费者的激励

消费者不仅是产品或服务的最终购买者、使用者,更是渠道系统中基本的渠道成员。但消费者与其他基本渠道成员相比,又具有很大的特殊性。如果厂商不针对消费者进行有效的激励,即便对其他渠道成员投入再大再多的激励,恐怕激励效果也未必很好,因为要达到甚至超额完成渠道目标,最终是需要消费者的购买才能实现,否则产品或服务还是停留在渠道系统中。对消费者常见的激励方法有即买即送、免费试用、累计消费数量或次数或消费金额后优惠、折扣或降价、免费送货、上门服务等。

尽管对消费者的激励非常重要,但事实上,除非厂商的竞争对手不是很强大,而且厂商自身有足够的营销费用能摆脱其他渠道成员开展直销,否则厂商针对消费者的激励仍需要渠道成员的高效配合才能产生作用。

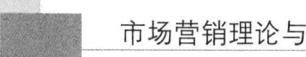

2. 依据激励手段分类

（1）直接激励

所谓直接激励，就是指通过给予渠道成员物质或金钱的奖励来激发其积极性，从而实现公司的销售目标。在营销实践中，厂商多采用返利的形式奖励渠道成员的业绩。

①过程返利：这是一种直接管理销售过程的激励方式，其目的是通过考察市场运作的规范性以确保市场的健康发展。在通常情况下，过程激励包括以下内容：铺货率、售点气氛（即商品陈列生动化）、安全库存、指定区域销售、规范价格、专销（即不销售竞品）、守约付款等。

②销量返利：这是为直接刺激渠道成员的进货力度而设立的一种奖励，其目的在于提高销售量和利润。在营销实践中，有三种形式的销量返利：

第一，销售竞赛：就是对在规定的区域和时段内销量第一的渠道成员给予奖励。

第二，等级进货奖励：就是对进货达到不同等级数量的渠道成员给予一定的奖励。

第三，定额返利：就是对渠道成员达到一定数量的进货金额给予一定的奖励。

销量返利的实质就是一种变相降价，可以提高渠道成员的利润，无疑能促进渠道成员的销售热情。但事实上，销量返利大多只能创造即时销售，从某种意义上讲，这种销量只是对明日市场需求的提前支取，是一种库存的转移。销量返利的优点是可以挤占渠道成员的资金，为竞争厂商的市场开发设下路障。但缺点是若处理不好，可能造成渠道成员越区销售，导致窜货，从而扰乱市场。

（2）间接激励

所谓间接激励，就是指通过帮助渠道成员进行销售管理，以提高销售的效率和效果来激发渠道成员的积极性和销售热情的一种激励手段。

间接激励的方法很多。例如，帮助渠道成员建立进销存报表；帮助渠道成员进行客户管理；帮助渠道成员确定合理的安全库存数以及帮助渠道成员进行客户开发、攻单；等等。

四、评估渠道成员

评价渠道成员是指生产商定期按一定标准对中间商的表现进行评价。如果中间商不能达到标准，必须迅速找到主要原因，采取改进措施。如果在一定期限内无法改进，就要考虑放弃或更换中间商。

五、渠道冲突管理

渠道冲突指的是渠道成员发现其他渠道成员从事的活动阻碍或者不利于本组织实现自身的目标，从而发生的种种矛盾和纠纷。冲突是渠道运作的常态，许多企业不希望出现渠道冲突，但是，适当的渠道冲突却是有益的。在渠道体系中如果没有渠道冲突发生，可以认为是企业的市场覆盖面出现了盲区。因此，公司的渠道政策应当是如何管理渠道冲突以提高效率，而不是单纯地去消除渠道冲突。目前，我国各大中小企业在自己的运作经营过程中都面临着不同程度的渠道冲突问题，那么如何对营销渠道的冲突进行管理，如何依据自身的特点进行渠道冲突的良好协调，就成了企业管理者思考的主要问题。

（一）渠道冲突常见的类型

1. 水平渠道冲突。指的是同一渠道模式中，同一层次中间商之间的冲突。产生水平冲突的原因大多是生产企业没有对目标市场的中间商数量分管区域作出合理的规划，使中间商为各自的利益互相倾轧。这是因为在生产企业开拓了一定的目标市场后，中间商为了获取更多的利益,必然要争取更多的市场份额,在目标市场上展开"圈地运动"。例如,某一地区经营A家企业产品的中间商,可能认为同一地区经营A家企业产品的另一家中间商在定价、促销和售后服务等方面过于进取,抢了他们的生意。如果发生了这类矛盾,生产企业应及时采取有效措施,缓和并协调这些矛盾,否则,就会影响渠道成员的合作及产品的销售。另外,生产企业应未雨绸缪,采取相应措施防止这些情况的出现。

2. 垂直渠道冲突。指在同一渠道中不同层次企业之间的冲突,这种冲突较之水平渠道冲突要更常见。例如,某些批发商可能会抱怨生产企业在价格方面控制太紧,留给自己的利润空间太小,而提供的服务(如广告、推销等)太少;零售商对批发商或生产企业,可能也存在类似的不满。垂直渠道冲突也称作渠道上下游冲突。一方面,越来越多的分销商从自身利益出发,采取直销与分销相结合的方式销售商品,这就不可避免要同下游经销商争夺客户,大大挫伤了下游渠道的积极性;另一方面,当下游经销商的实力增强以后,不引心目前所处的地位,希望在渠道系统中有更大的权利,向上游渠道发起了挑战。在某些情况下,生产企业为了推广自己的产品,越过一级经销商直接向二级经销商供货,使上下游渠道间产生矛盾。因此,生产企业必须从全局着手,妥善解决垂直渠道冲突,促进渠道成员间更好地合作。

3. 多渠道冲突。随着顾客细分市场和可利用的渠道不断增加,越来越多的企业采用多渠道营销系统即运用渠道组合、整合。多渠道间的冲突指的是生产企业建立多渠道营销系统后,不同渠道服务于同一目标市场时所产生的冲突。例如,美国的李维牌牛仔裤原来通过特约经销店销售,当它决定将西尔斯百货公司和彭尼公司也纳为自己的经销伙伴时,特约经销店表示了强烈的不满。

因此,生产企业要重视引导渠道成员之间进行有效竞争,防止过度竞争,并加以协调。

不同渠道间的冲突在某一渠道降低价格(一般发生在大量购买的情况下)或降低毛利时,表现得尤为强烈。

(二)渠道冲突原因

产生渠道冲突的原因似乎特别分化,从本质上讲,造成冲突的原因有以下几种。

1. 目标不一致

渠道成员之间是一种竞合关系。渠道成员有着某些共同的目标,作为个体又有其自身的目标,这些目标在某些情况下会产生矛盾,从而引发冲突。例如,渠道成员对长期目标的追求与短期目标的追求常常出现不一致的情况,从而会出现采取不同的销售措施,而这些措施会干扰其他成员目标的实现,进而引发渠道冲突。

2. 利益不一致

渠道成员之间不仅有着某些共同的利益,也有各自的利益,当渠道成员为获取个体利益时可能会干扰其他成员的利益,从而引发渠道冲突。渠道成员之间不仅会出现长期利益与短期利益的矛盾,还会出现一些包括提成、返点、折扣、奖励等方面的矛盾。渠道成员在追求自身利益最大化的过程中往往容易出现争抢客户资源的情况,甚至进行窜货销售,从而引发渠道冲突。

3. 分工不明确

渠道成员之间的分工直接关系到各自的权、责、利和风险。渠道管理过程中难免会出现权利和责任划分不明确的情况,由于渠道成员都是趋利避险的,因此各渠道成员在出现问题时容易出现推卸责任、逃避风险的情况,例如谁负责售后服务问题、促销时各渠道成员承担的责任问题等。

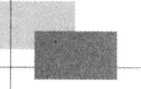

4. 沟通障碍

渠道成员的目标和利益不一致、分工不明确的问题在很大程度上是由于沟通障碍造成的，这些沟通障碍主要包括沟通不及时、沟通信息传递出现失真、成员对信息的理解出现偏差和失误等。由于沟通障碍导致不同的渠道成员在营销过程中采用不同的措施，从而引发冲突。

5. 激励不当

制造商对渠道成员销售产品会采取相应的激励措施，激励措施是一把双刃剑，使用恰当可以改善渠道的绩效，使用不当则会引发渠道冲突。过于依赖经济手段进行激励容易使渠道成员发生以追求短期经济利益实现为目标的活动，导致与整个渠道的长远目标相冲突。目前很多企业注重大客户关系管理，在进行激励的过程中往往容易忽视其他客户的利益，引发其他渠道成员的不满，从而导致出现渠道冲突的行为。

6. 决策领域有分歧

价格决策正是一个典型的例子。许多零售商认为价格决策属于他们的决策领域，而有的制造商则认为他们才有权定价。制造商在有些情况下支持1975年废除的《公平贸易法》，因为该法给予其零售定价权，从而扩展了他们的决策领域。尽管正式的《公平贸易法》已废除，但公平交易仍大量存在。这样一来，制造商巧妙地告知零售商：如果他们不接受制造商的定价建议，就会失去货物的供应。那些在激烈竞争的市场中需要定价灵活性的零售商时常感到制造商试图通过操纵定价侵入其领域。这有时会导致长期的激烈冲突。

(三)渠道冲突的解决方法

解决渠道冲突的典型方法包括以下几点。

1. 超级目标法

当企业面临竞争对手时，树立超级目标是团结渠道各成员的根本。超级目标是指渠道成员共同努力，以达到单个公司所不能实现的目标。渠道成员有时会以某种方式签订一个它们共同寻找的基本目标的协议，其内容包括渠道生存、市场份额、高品质和顾客满意。从根本上讲，超级目标是单个公司不能承担而只能通过合作实现的目标。通常，只有当渠道一直受到威胁时，共同实现超级目标才会有助于冲突的解决，才有建立超级目标的必要。对于垂直性冲突，一种有效的处理方法是在两个或两个以上的渠道层次上实行人员互换。例如，让制造商的一些销售主管去部分经销商处工作一段时间，有些经销商负责人可以在制造商制定有关经销商政策的领域内工作。经过互换人员，可以提供一个设身处地为对方考虑问题的位置，便于在确定共同目标的基础上处理一些冲突。

2. 建立人员互换机制

在渠道一体化的情况下，渠道成员之间通过互派人员来加强沟通。例如，企业与经销商之间互相参与对方的渠道优化管理会议和方案论证来增加彼此的了解，从对方角度考虑问题，在共同目标导向下处理冲突。

3. 成立渠道成员委员会

这一机构由企业高层管理者代表及选举出的分销商或经销商主管组成。定期讨论渠道内的各种问题和对策，这样更易涉及一些被忽视的冲突隐患。

4. 完善信息系统和沟通机制

渠道合作成员之间建立信息传递机制，通过优化信息技术，共享优势资源，营造一个各方直接交流的平台，从而改变渠道成员之间的信息不对称情况，有助于消除渠道内部的误解和冲突。

5. 建立专门冲突处理机构

企业应成立一个负责处理渠道成员抱怨的专门机构。主要着眼于冲突的微观层面,注重对具体突发事件的处理,并能积极做好媒体、质检局、消费者协会等相关部门的公关工作,及时向高层负责人反馈,以求迅速合理地解决问题。

6. 法律战略

冲突有时要通过政府来解决,诉诸法律也是借助外力来解决问题的方法。对于这种方法的采用也意味着渠道中的领导力不起作用,即通过谈判、劝说等途径已没有效果。一旦采用了法律手段,另一方可能会完全遵守其意愿改变其行为,但是会对诉讼方产生不满,这样的结果可能使双方的冲突增加而非减少。从长远来看,双方可能会不断发生法律纠纷问题而使渠道关系不断恶化。

7. 退出

解决冲突的最后一种方法就是退出该营销渠道。事实上,退出某一营销渠道是解决冲突的普遍方法。一个企图退出渠道的企业应该要么为自己留条后路,要么愿意改变其根本不能实现的业务目标。若一个公司想继续从事原行业,必须有其他可供选择的渠道。对于该公司而言,可供选择的渠道成本至少不应比现在大,或者它愿意花更大的成本避免现有矛盾。当水平性或垂直性冲突处在不可调和的情况下时,退出是一种可取的办法。从现有的渠道中退出可能意味着中断与某个或某些渠道成员的合同关系。

思考题

1. 什么是分销渠道?与市场营销渠道有什么区别?
2. 分销渠道有哪些主要职能?
3. 选择分销渠道应考虑哪些因素?
4. 如何对分销渠道分类?可以分为哪些类型?
5. 密集渠道和选择渠道各适应哪些产品?
6. 如何评价渠道方案?
7. 选择中间商应考虑哪些因素?

案例讨论

案例一 华为的渠道建设:从直销到分销

2000年初,当笔者采访华为企业网事业部渠道总监陈凛时,他说:"目前,华为就是自己网络产品的总代理。"面对笔者的惊诧,陈凛心平气和地接着说:"这是不得已而为之,因为大的分销商还不愿意代理国产网络产品。"经过艰苦的研发,当第一款网络产品——Quidway2501问世之后,一个最切实的问题出现了:怎么做这个市场?电信市场与网络市场最大的不同就在于销售模式:前者是直销,后者是分销。而1997年的华为还从未做过分销。与数据网络产品的研发一样,华为的渠道建设同样走过了一条颇为艰难之路。

就像陈凛所说,华为不是没有想过像国外网络厂商一样建立一套完整而有序的销售体系。但是,当华为带着自己的产品找到当时一些著名的网络产品分销商和集成商的时候,最先听到的却是:华为是干什么的?

当时，国产网络刚刚起步，网络市场还是由国外产品一统天下。尽管华为已在通信市场如日中天，但在数据通信市场，华为的知名度几乎是零。了解了华为的来头之后，再看看华为还不成系列的低端产品，那些大的分销商们只是摇头。没办法中的办法，就是华为做起了自己产品的总经销，直接发展中小型分销商。这时，华为已经想好了该怎么走。

1998年10月，华为公司渠道拓展部成立，开始正式建立华为的渠道体系。尽管困难重重，但华为的目标很明确："渠道建立是第一目标，销售业绩还是其次。"一定要在进入市场的初期，严格按照网络市场的规则，建立起完善的渠道体系。在招募经销商的过程中，华为把门槛调低，不论规模大小，只要愿意代理华为的产品，就可以加入。华为准备培养一批中小分销商，熟悉华为、了解华为的产品，真正能把华为的产品推向市场。在华为的渠道计划里，发展中小分销商绝不是一时的权宜之策，华为要与他们共同成长，建立一个有战斗力的团队。基于这种思路，华为在对代理商的支持和培训方面，从一开始就下了很大功夫。1999年10月，华为第一个代理商级授权培训中心在北京成立，同期开展面向特约代理商和最终用户的培训工作。

华为做直销起家，市场上拼杀的销售人员都身手不凡。在华为的销售渠道尚未建立之际，华为发挥直销的优势，对高端数据通信产品，如ATM和接入服务器，通过华为原有的直销渠道进行，并且通过这种方式逐渐树立自己的品牌。但渠道体系起来之后，华为就严格地再从直销方式转向渠道销售。当时，还有一些销售人员出于习惯，总是忍不住自己去签单。华为明确提出：决不能让直销进渠道，一定要保证分销商的利益，谈客户可以，但签单一定要让分销商去。

在建立渠道的同时，华为以提高整体产品质量等措施来吸引最终用户接受华为的产品，通过最终用户对华为品牌的认可来争取集成商和分销商，逐渐打开了分销渠道格局。到1999年10月，经过一年多的努力，华为的渠道建设取得了初步的战果，在全国建立了七大代理销售体系，发展了30多家代理商，低端产品的分销网络已经建立起来。华为利用其在全国的33个办事处和35个用户服务中心，以及及时供货、提供备件等方面来支持当地的分销商和代理商。

在华为脚踏实地的努力之下，华为产品开始获得市场的认同。这时，国内知名的几家总代理开始与华为洽谈合作。

今年春节刚过，华为正式宣布了2001年网络产品渠道政策。在分销线上，引入大分销商及高级分销商，港湾网络、和光两家IT知名分销商首次加盟华为，并将全面负责华为所有网络产品在全国的销售及渠道建设。行业线上，保留高级认证代理商和一级代理商，分别负责面向区域行业项目和全国性行业大客户的销售。

华为花了大量心血建立起来的渠道，这时已经非常成规模了，而且运作得很有效率。为什么要再动干戈，进行这样一次大规模的调整呢？难道就是因为港湾网络、和光两大分销商愿意加盟呢？是不是华为就为了摘掉了带在自己头上的总经销的大帽子？想摘这顶帽子，去年就能摘了，为什么要等到这个时候？

在渠道策略发布会上，华为企业网事业部总监路新谈到了华为在渠道乃至整个企业网方面的发展思路。任何市场在发展到一定阶段之后都一定要细分，华为认识到一个企业要成为自己领域内的领导者就必须在核心价值上超前于其他竞争者，也就是通常所说的"形成核心竞争力"的问题。这就要求企业将自己的全部精力投入提升核心价值中，否则战线拉得太长，必定会将自己拖垮。其实专注于自己的核心价值，是任何场上都早晚要面临的转变，当然这是需要内外部条件都发展到一定阶段才能实现的。比如，市场向成熟期转变、核心价值应经形成并得到认可等。从厂商到消费者，从研发生产到销售服务，在整个供求价值链上，华为的核心价值就在于多年专注于网络的技术沉淀及人才积累。但光有产品是不行的，必须得卖出去才能形成市场，分销商及SI、ISV等的核心价值就是对市场的准确把握和强大的客户资源，这也是产品销售的关键。华为希望借助他们的力量将自己的产品及服务带给更多的用户。现在，企业网用户面临一天比一天严峻的市场竞争，当成本在一定水平之下时，他们对效率更为重视。而通过与分销商的深入合作，华为可以提高整个渠道成员的技术实力，可以满足不同用户不同技术深度、不同反应速度的需求，同时，分销商的介入也可以有助于实现更具针对性的服务，从而使客户获得最高效率的贴近服务，大大提高服务的效率。

前段时间热点之一的"渠道扁平化"概念，其实不论对于华为还是用户来说，渠道都是一把双刃剑，相对立的两个方面分别是成本和效率，服务正是集中体现效率的地方。扁平化无疑是对成本的单一追求，但现在，用户同样面临一天比一天严峻的市场竞争，当成本在一定水平之下时，他们对效率更为重视，要找到成本与效率的最佳组合。在这种情况之下,华为摈弃了"渠道扁平化"的流行概念,放弃了对成本的单一追求。新的渠道构成也是在扁平化和立体化之间找一个结合点。立体化的服务体系既可以满足用户不同技术深度、不同反应速度的需求,同时也与分销体系有许多共同点,换句话说,正是由于服务不能扁平化,才需要渠道去支持针对性服务的实现。华为的网络产品渠道调整就是希望能在扁平化与立体化之间找到一个平衡点,在成本与效率之间占据最佳结合点,建立富有弹性的多样化渠道体系。引入大分销,借此进一步简化渠道管理、改善物流,使坚持技术导向的华为更专注于企业核心竞争力的提高和核心技术的创新,而加强与各级代理商的合作,更好地提高对金融、公安、财政等行业用户和中小企业的产品供应和服务质量。我们不难看到,华为网络产品的此次渠道变革乃是华为基于对整个用户的需求变化和竞争格局的变化这两大关键要素。

在今年的"2001年阳光行动"中,华为推出的主题就是合作。在华为看来,这是一个合作的年代,每一个社会单元都有其核心价值,渠道中也是如此。厂商的价值在于产品、技术的供应上;经销商的价值在于产品流通和客户需求采集上;系统集成商的价值在于方案集成和客户个性化需求满足上;独立软件开发商的价值在于对方案的丰富和业务外包的承接者;还有服务供应商的价值在于本地服务的供应上。这些价值,对于客户而言,没有孰重孰轻,都是相当重要的。只有把这些价值有机地合成在了一起,才能给客户带来最完善的服务。厂商由于是价值产生的源泉,他负有一个责任把这些力量集合起来,这只是责任,而不是权力。而且合作过程就是价值实现的过程,每个角色在价值交接的时候是互相影响的,没有谁控制谁的可能。"以客户为中心"的理念不光在产品设计上,还被华为体现在了渠道建设上。

今天,华为的渠道建设已经调整到位,但华为没有就此止步。华为在与经销商的合作中,保持合作的动态性、保持开放姿态、保持学习姿态,促使渠道中的各个角色根据产品特点和客户需求的变化,选择最佳的合作链来实现产品的传递,目的是给客户带来最恰当的产品和服务。在渠道建设中,华为更长远的目标是促进整个团队文化上的融合与渗透,从而带来合作上的长久。

资料来源:中华文本库(作者:李瀛寰)。

讨论题:
1. 华为是如何根据企业的不同发展阶段实施不同的渠道策略?
2. 结合华为的渠道策略谈谈该企业是如何实现对渠道成员有效管理的。

案例二 娅丽达移动电商的蜕变秘诀

娅丽达是一个成立了20年的金牌女裤品牌,在全国各地有专卖店和商场专柜近2 000个,这在过去一直是我们引以为傲的优势和资本,但在移动电商来临的时候,却成为我们转型中最大的痛点。

为什么?我们做移动端会触及线下店的业绩,初始时公司内部因为体系大就很难达成一致方向。互联网时代,时机又很重要,一旦错过风口,再跟上脚步就会很难,而统一内部思想会花费很多时间,且原有的传统电商想实现新增长很难(虽然做天猫淘宝之类的不愿意承认自己是传统电商,但是移动电商的迅速发展,亦不由得他们不承认了),天猫的流量都是用大笔的广告费推出来的,运营成本实在过高。在现在整体消费力度下降的大环境下,真的不必要在传统电商上投入过多了,所以我们决定进军移动电商领域。

试水移动电商的迷茫

2013年农历八月十五,娅丽达开始做微博和微信公众号,用的有赞系统,有赞系统的营销玩法挨个玩了一遍,而且是高管层带头和团队全员一起参与到游戏中。同时也做了很多亲近粉丝的活动,然而并没有什么作用。当时作为一个传统企业里的新部门,在企业内部以各种眼光看结果的时候,可以想象当时电商部在中间所处的尴尬位置。2014年,一年的时间,我们都在做电商业务的基础工作,做微信公众号、做商城,但是带来的转化却很少。当时很多粉丝微信还没有绑定银行卡,我们从教他们绑银行卡开始,中间还会遇到很多不愿意绑卡的情况,前期打基础的时候真的很不容易,从内到外都很有压力。没有一个特别亮眼的玩法的时候,团队的不停尝试阶段是很迷茫、很痛苦的。

混沌中迎来曙光

起初的一年内没有什么起色,庆幸的是娅丽达的最高层一直认定移动社交电商是趋势,不断地给予人员、物质和精神的多方面支持。说到转折呢,是在2015年"3·15"微商假货、"三无"产品的大量曝光。这对于微商来说可谓是灭顶之灾难,而对娅丽达这种有一定品牌影响力的企业反而成了优势,市场开始重新洗牌。借助娅丽达20多年的品牌背书,我们开始做全员分销,在线上开始招募代理,当月业绩超过2014年一年的线上业绩,出现了大爆发的喜人势头,一下子在互联网同行圈里传开,先是河南区有几十家代理一起培训复制模式,随后开始在西安等地进行复制。娅丽达在移动电商方面迎来了黑暗尽头的耀眼曙光。

移动社交电商的三招必杀

借势大风口建立分销帝国。在全民创业的时代,我们的模式不同于压货、投钱的微商模式。玩起了全员开店,首先从员工内部开始,只需要下载有赞微小店即可一键分销商品。把广告推广的费用用于分销商们的分销利润,大家双赢谁会拒绝呢现在我们已经有29万分销商。

成立娅丽达商学院。移动社交电商时代,每天都在变化,娅丽达女裤全员分销模式成功了,但这一切只是刚刚开始,除了给参与者直接的利益价值,还要为参与者输出更多的价值,那就是学习,只有学习才会更好地持续发展,于是,娅丽达商学院成立了,并通过三个模块为所有的参与者输出价值,让大家与娅丽达一起成长:

1. 内部员工培养计划。做社交的裂变传播,首批种子用户应该是企业的员工以及加盟商,他们的分享与信任背书一定程度上刺激着身边的人。

2. 分销商全方位培养。给分销商们培训产品知识的同时,也要提升他们的营销技能。他们通过商学院学到的知识不仅适用于娅丽达的分销,对个人能力也是种提升。

3. 分享模式,服务同行,共同发展。很多同行业的商家,也想学习娅丽达的移动社交电商模式,对于这些我们是不保留的,在互联网时代就应该遵循这八个字:精进自己,分享他人。

粉丝员工化的深入参与

小米的参与感一度激发了很多企业的复制,娅丽达也是一样,最初是策划了一场关于时尚建议的互动玩法,结果很不理想。不痛不痒的建议无法使用户真正感受到自己对产品带来的影响,参与度很低,导致无分享欲望,发现了这个不足后立即改变策略:让用户参与深入产品的源头来——女裤版型的设计。

我们的设计师在设计阶段就会把小样发给线上各级代理,由这批铁杆粉丝根据他们在一线对市场需求的感知提出修改反馈意见。经过这么一个过程,把我们和市场需求深度链接起来。

货样不再是只在设计室内,而是由设计室到粉丝再回到设计室完善,然后再投入大批量生产。对分销代理来说,因为参与到了娅丽达的运营中,销售的热情一下子爆发出来,线上的业绩也带动起来了。

资料来源:http://www.xuexila.com【市场营销】弘达。

讨论题:

1. 娅丽达是如何走出困境的?
2. 互联网时代如何加强渠道建设?

课后实践

1. 目的

(1)认识现实中的分销渠道及其成员特点。

(2)认识互联网渠道发展的重要性。

2. 内容与要求

(1)选择并观察某城市的商业中心,列出所有商业店铺、经营机构名称,并进行基本分类,如批发商、零售商、代理商、物流商等。

(2)在每类组织中选择1家进行访问调查,了解其服务内容、上下游服务对象和业务关系、使用互联网状况。

(3)汇总调研资料和讨论结果,最终形成调研报告。

3. 步骤

(1)教师布置实训目的及任务,并提出相应要求。

(2)将班级成员分成若干组,每组 5~8 人,分组时注意小组成员在知识、性格、技能方面的互补性,并进行合理分工,选出小组长,以协调小组工作。

(3)各小组由组长负责,确定调研目的地,拟订调研提纲。

(4)实施调研。按计划分工实施调研,完成第一手资料的收集与整理。

(5)整理调研资料,撰写小组调研报告。

(6)教师组织各小组调研报告的交流与讨论。由各组组长组成评审团,对各组代表发言情况进行评分。将各组最后得分计入每人的平时成绩。

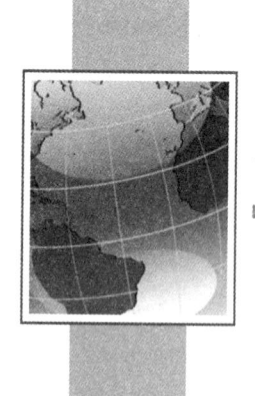

第九章
促销策略

引例

"再来一瓶",这样简单粗暴有效的促销方法,为什么会消失?

抽奖奖品代替"再来一瓶"

之前饮料和啤酒行业普遍采用"再来一瓶"的赠饮促销,普遍中奖率较高,大多在20%左右,但随着劳动力和原材料成本的压力加大以及渠道商配合上的问题,企业利润受到很大的影响,很难继续坚持。

于是各家企业近年突然改变了做法,用旅游、手机话费等作为抽奖奖品搞促销。

而曾经红极一时的"开盖赠饮"、"再来一瓶"的促销活动,今年已经销声匿迹,取而代之的是整箱优惠。只有极少数品牌还在坚持,不过活动覆盖范围、中奖率或兑奖时间都有所缩小。

"再来一瓶"暗藏隐患众多

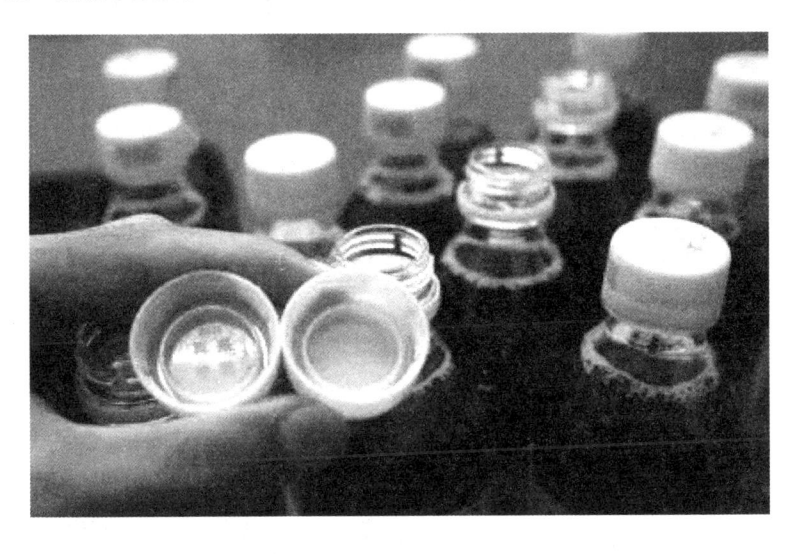

自2010年,康师傅发动大规模"15亿瓶大赠送——再来一瓶"促销运动。靠这一方式,康师傅提升了市场份额,为开发新品、培育新品争取了足够的时间。

由于营销相当成功,2011年康师傅继续这一做法。不过随着影响面的扩大,各种意料之外的恶性循环也开始出现:

首先是网络上出现各种"秘笈",用来看是不是有中奖的瓶盖;另外出现了有厂家专门大量生产假冒的中奖瓶盖来兑换;随后出现了经营户中奖瓶盖兑换难,有些门店开始不接受消费者兑换的恶性循环。

据业内分析人士认为,康师傅后期饮料业务的巨大下滑与其"大规模的促销方式、中低端的定位以及在产品方面的追随创新"这种营利模式不无关系。

当然,"再来一瓶"的营销活动逐渐消失的原因除了它背后的隐患之外,与行业主流群体的替换也存在很大关联。

粉丝经济早已取代价格战

随着各大品牌争相面世,饮料企业们发现,来自消费者的情感共鸣,对销量的拉动远比促销来得持久和忠诚,因而,在具体操作中,粉丝经济取代了价格战。

比如农夫山泉在继"东方树叶"被网友们戏称奇葩又难喝的茶饮料之后,在今年4月推出的新品果味茶饮料——茶π,而且还重金请来了90后、00后的偶像BIGBANG作为其新品的代言人,消费人群定位十分明确,以此带动粉丝经济。

又比如通过在"跑男"、"我是歌手"等综艺节目以及各项赛事和高端论坛的出镜的矿泉水品牌百岁山,通过粉丝经济成功地从华南区域品牌跻身全国性品牌。而据悉百岁山去年的销售增幅在30%以上。

粉丝经济和娱乐营销成了饮料企业与消费者沟通的最重要方式。

促销活动结合网游和奥运元素取代单一化

在促销方面,可口可乐、康师傅等大品牌都做过的"开盖赠饮"、"再来一瓶"这样的促销活动,今年全线销声匿迹,更说明促销活动的单一化以及市场盈利已经不能靠买赠活动来拉动了。

如今年是奥运年,各饮料品牌将促销活动和奥运会相结合。可口可乐推出了"奥运点赞双瓶"包装,一瓶可乐上写着"秒懂我的"、"超赞的"等22个形容词,旁边一瓶则是"金牌同事"、"金牌老爸"等18个名词,一共可以组成396个搭配。

康师傅与李宁合作举办路跑联赛,借奥运品质提升运动爱好者对康师傅的品牌认同。

雪碧的推广则通过和英雄联盟等电竞网游合作,在游戏里设置雪碧道具,也很受年轻消费群体的欢迎。

品牌偏向年轻化,不能仅靠是换包装

"再来一瓶"这样的促销活动一旦旺季动销起来,摊销的促销费用并不高,杠杆的效应比较明显。而且如今口味清淡的近水饮料成为市场新宠。

去年,统一"海之言"、"小茗同学"一举大获成功之后、百事可乐"维动力"、康师傅"海晶柠檬"、娃哈哈"C驱动"等产品相继入市,今年近水饮料新品迭出,娃哈哈推出升级后的"轻透小檬"系列,其属性为轻水果味的水饮料,其中"轻透小檬"比一般柠檬水更清淡。近水饮料又称为"清淡饮料",这类饮料配方以水、维生素、微量矿物质为主,颜色近乎透明,但又比纯净水多了那么一点味道。它之所以能迅速流行,就是缘于它兼具清澈透明的外观和一定功能性的特点。

所以业内常用"似水不是水,有味似无味"来定义它。而这一趋势的变化已经不是简单的市场促销能满足的了。

资料来源:快消品经销商(ID:kuaixiao6699),2016—09—26 12:00。

【营销启示】 在互联网时代,单一传统促销方式遇到了巨大挑战,必须要充分利用各种新媒体,实现有效的整合营销传播。

第一节 促销与促销组合

促销策略是市场营销组合的一个重要因素之一。随着企业竞争的加剧和产品的增多,以及消费者收入的增加和生活水平的提高,在买方市场上的广大消费者对商品要求更高,挑选余地更大,因此企业与消费者之间的沟通更为重要,企业更需加强促销,利用各种促销方式使广大消费者和用户加深对其产品的认识,以便使消费者愿意多花钱来购买其产品。

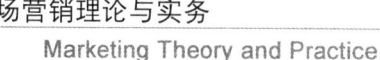

一、促销的含义及其作用

(一)促销的含义

从市场营销的角度看,促销是企业通过人员和非人员的方式,沟通企业与消费者之间的信息,引发、刺激消费者的消费欲望和兴趣,使其产生购买行为的活动。促销具有以下几层含义:

1. 促销工作的核心是信息沟通。成功的信息沟通是企业与消费者之间达成交易的前提条件。如果企业未能选择恰当的方式成功地将自己生产经营的产品或服务的相关信息传递给市场,消费者对企业生产经营的产品一无所知或者没有正确的认知,自然不会产生任何购买欲望和购买行为。只有在成功的信息传递的前提下,企业生产经营的产品和服务才能引起消费者的注意,进而产生购买欲望,并实施实际购买行为。

2. 促销的目的是引发、刺激消费者的欲望,进而产生购买行为。在消费者可支配收入既定的条件下,消费者是否产生购买行为主要取决于消费者的购买欲望,而外界的刺激和诱导能够明显影响消费者的购买欲望。促销正是通过各种传播方式把产品或服务等有关信息传递给消费者,以激发其购买欲望,进而产生购买行为。

3. 促销的方式有人员促销和非人员促销两类。人员促销,亦称直接促销或人员推销,是指企业使用专业推销人员向消费者推销商品或服务的一种促销活动,适合消费者数量少、比较集中的情况。非人员促销,又称间接促销或非人员推销,是指企业通过各种媒体传递商品或服务等有关信息,以促使消费者产生购买欲望、发生购买行为的一系列促销活动,包括销售促进、广告、公共关系等。它适合于消费者数量多、比较分散的情况。通常,企业在实际促销活动中会将人员促销和非人员促销结合运用。

(二)促销的作用

促销在企业市场发展中有其特别的意义和作用。

1. 传递信息,强化认知。在现代市场中,消费者由于存在着多元选择和购买惯性,往往在新产品推向市场时,很少会受到消费者的关注和选择。在这种状态下,运用促销技术,鼓励消费者试用新产品,就是一个非常现实的问题。1992年新年伊始,娃哈哈公司推出一个新产品"娃哈哈果奶"。在其推出之初无人问津,根本原因是由于消费者对一个新的产品带有一种本能的陌生感,娃哈哈如何使自己成为市场领袖,挤占市场呢? 一个新产品促销战略很快形成,中心点就是"娃哈哈果奶免费大赠送",在杭州主要媒体发布赠送消息,报刊广告上设计果奶赠券,几日之内在各固定售点发放产品。这次大赠送,娃哈哈公司送出产品30多万元,但果奶市场却一下子被打开了。当年娃哈哈果奶销售额近2亿元,净利润达4 000万元。在娃哈哈果奶的成功中,最初运用大赠送的促销手段,鼓励消费者尝试新产品,并最终赢得市场青睐,实在功不可没。

2. 突出特点,诱导需求。扩大产品消费有两方面:其一是增加现有消费群体的消费量;其二是扩大消费群体。所以促销对产品而言,或者通过SP活动,展示产品的新用途;或者向更大范围推广产品。也有的促销设计中,对上述二者兼而有之。格兰仕是中国炊用微波炉第一品牌,其市场占有率在同类产品中达20%以上,但如果比照中国城市家庭数量而言,格兰仕微波炉的销售仅仅只占很小的比例。所以扩大销售就必须让更多的家庭接受它。一本叫作《格兰仕菜谱》的烹饪书出版了,书中汇集了多种精美的菜肴制作方法,而这些美味丰富的菜肴只需通过微波炉就能够制作。于是许多潜在消费者从中看到了微波炉的功能,销量自然也就上升了。

3. 培养偏爱，扩大销售。显然，促销实际上包含了一种利益的承诺，一旦产品交付了也就是实现了利益承诺，所以在这里促销的进一步积极意义也只在于通过消费者对利益承诺的认可，鼓励消费者再次购买。养生堂龟鳖丸为了保证服用者连续购买的积极性，曾经推出过一项促销措施，凡持有产品包装盒，即可享受某种条件的优惠。其目的就是要对消费者再次购买形成激励，以至于形成购买习惯。

4. 保持主动，赢得竞争。促销常被用来抵制竞争者们的各种活动，使自己在竞争中占据主动地位。仍以娃哈哈果奶为例，随着市场的深入，娃哈哈果奶已经席卷全国，这时许多模仿式产品尾随而入。1994年，娃哈哈果奶推出一项新的促销方案：500万元大赠送；在每一箱娃哈哈果奶中，都有一张设计精美的十二生肖课程表，只要集齐十二生肖，就可获得5 000元奖学金。集齐十二生肖至少需要12箱果奶，设计精美的生肖课程表与奖励刺激的配合，有效地激发了孩子们的购买兴趣，使果奶销量稳步上升。这样娃哈哈果奶不仅有效地抵制了来自不同方向的竞争，稳稳地保有了自己的市场份额，而且在某种意义上增加了现有消费群体的消费量。

二、促销组合

(一)促销组合的概念

现代营销学认为，促销的具体方式包括人员推销、广告、销售促进、公共关系四种。企业把这四种促销形式有机结合起来构成的有机组合即为促销组合。不同的促销方式有着不同的作用与特点，与一定的营销目标相联系，体现了企业不同的促销策略。这四种方式可以独立发挥作用，也可以组合使用，而且组合使用往往能达到1+1>2的效果。

(二)促销组合的影响因素

促销组合就是企业根据产品的特点和营销目标，综合各种影响因素，对各种促销方式的选择、编配和运用。促销组合是促销策略的前提，在促销组合的基础上，才能制定相应的促销策略。因此，促销策略也称促销组合策略。

促销策略从总的指导思想上可分为推式策略和拉式策略两类。推式策略是以中间商为主要促销对象，把产品推进分销渠道，推向最终市场。推式策略一般适合于单位价值较高的产品，性能复杂、需要做示范的产品，根据用户需求特点设计的产品，流通环节较少、流通渠道较短的产品，市场比较集中的产品等。拉式策略是以消费者为主要促销对象，培养潜在购买者对产品的需求和兴趣，使消费者向中间商直接购买该产品。对单位价值较低的日常用品，流通环节较多、流通渠道较长的产品，市场范围较广、市场需求较大的产品，常采用拉式策略。

促销组合和促销策略的制定，其影响因素较多，主要应考虑以下几个因素：

1. 促销目标。促销目标是企业从事促销活动所要达到的目的，无目标的促销活动达不到理想的效果。企业在营销的不同阶段，促销目标会有所不同，因此，需要根据不同的促销目标，采用不同的促销组合和促销策略。

2. 产品因素。主要包括：(1)产品的性质。不同性质的产品，购买者和购买目的就不相同，因此，对不同性质的产品必须采用不同的促销组合和促销策略。一般说来，在消费者市场，因市场范围广而更多地采用拉式策略，尤其以广告和营业推广形式促销为多；在生产者市场，因购买者购买批量较大，市场相对集中，则以人员推销为主要形式。(2)产品的市场生命周期。促销目标在产品市场生命周期的不同阶段是不同的，这决定了在市场生命周期各阶段要相应选配不同的促销组合，采用不同的促销策略。

3. 市场条件。市场条件不同,促销组合与促销策略也有所不同。从市场地理范围大小看,若促销对象是小规模的本地市场,应以人员推销为主;而对广泛的全国甚至世界市场进行促销,则多采用广告形式。从市场类型看,消费者市场因消费者多而分散,多数靠广告等非人员推销形式;而对用户较少、批量购买、成交额较大的生产者市场,则主要采用人员推销形式。此外,在有竞争者的市场条件下,制定促销组合和促销策略还应考虑竞争者的促销形式和策略,要有针对性地不断变换自己的促销组合及促销策略。

4. 促销费用。企业开展促销活动,必然要支付一定的费用。费用是企业经营者十分关心的问题,并且企业能够用于促销活动的费用总是有限的。因此,在满足促销目标的前提下,要做到效果好而费用省。企业确定的促销预算额应该是企业有能力负担的,并且是能够适应竞争需要的。为了避免盲目性,在确定促销预算额时,除了考虑营业额的多少外,还应考虑到促销目标的要求、产品市场生命周期等其他影响促销的因素。

第二节 人员推销策略

一、人员推销的概念

根据美国市场营销协会的定义,人员推销是指企业通过派出销售人员与一个或一个以上的潜在消费者通过交谈,作口头陈述,以推销商品,促进和扩大销售的活动。推销主体、推销客体和推销对象构成推销活动的三个基本要素。商品的推销过程,就是推销员运用各种推销术,说服推销对象接受推销客体的过程。它既是一种渠道方式,也是一种促销方式。

二、人员推销的特点

相对于其他促销形式,人员推销具有以下特点:

1. 信息传递具有双向性。在推销过程中,销售人员一方面把企业信息及时、准确地传递给目标顾客,另一方面把市场信息、顾客(客户)的要求、意见、建议反馈给企业,为企业调整营销方针和政策提供依据。

2. 人员促销具有很大的灵活性。在人员推销的过程中,买卖双方当面洽谈,易于形成一种直接而友好的相互关系。通过交谈和观察,推销员可以掌握顾客的购买动机,有针对性地从某个侧面介绍商品特点和功能,抓住有利时机促成交易;可以根据顾客的态度和特点,有针对性地采取必要的协调行动,满足顾客需要;还可以及时发现问题,进行解释,解除顾客疑虑,使之产生信任感。

3. 人员促销具有选择性和针对性。在每次推销之前,可以选好具有较大购买可能的顾客进行推销,并有针对性地对未来顾客做一番研究,拟定具体的推销方案、策略、技巧等,以提高推销成功率。这是广告所不及的,广告促销往往包括许多非可能顾客在内。

4. 人员促销具有完整性。推销人员的工作从寻找顾客开始,到接触、洽谈,最后达成交易,除此以外,推销员还可以担负其他营销任务,如安装、维修、了解顾客使用后的反应等,而广告则不具有这种完整性。

5. 人员促销具有公共关系的作用。一个有经验的推销员为了达到促进销售的目的,可以使买卖双方从单纯的买卖关系发展到建立深厚的友谊,彼此信任、彼此谅解,这种感情增进有助于推销工作的开展,实际上起到了公共关系的作用。

三、人员推销的基本形式

(一)上门推销

上门推销是最常见的人员推销形式。它是由推销人员携带产品样品、说明书和订单等走访顾客推销产品。这种推销形式可以针对顾客的需要提供有效的服务,方便顾客,故为顾客广泛认可和接受。

(二)柜台推销

柜台推销,又称"门市推销"。柜台推销是指企业在适当地点设置固定门市,由营业员接待进入门市的顾客,推销产品。门市的营业员是广义的推销员。柜台推销与上门推销正好相反,它是等客上门式的推销方式。由于门市里的产品种类齐全,能满足顾客多方面的购买要求,为顾客提供较多的购买方便,并且可以保证产品完好无损,故顾客比较乐于接受这种方式。

(三)会议推销

会议推销是指利用各种会议向与会人员宣传和介绍产品,开展推销活动。譬如,在订货会、交易会、展览会、物资交流会等会议上推销产品。这种推销形式接触面广、推销集中,可以同时向多个推销对象推销产品,成交额较大,推销效果较好。

四、推销人员的管理

(一)推销人员的素质

人员推销是一个综合的复杂的过程。它既是信息沟通过程,也是商品交换过程,又是技术服务过程。推销人员的素质决定了人员推销活动的成败。推销人员一般应具备如下素质:

1. 态度热忱,勇于进取。推销人员是企业的代表,有为企业推销产品的职责,同时又是顾客的顾问,有为顾客的购买活动当好参谋的义务。企业促销和顾客购买都离不开推销人员。因此,推销人员要具有高度的责任心和使命感,热爱本职工作,不辞辛苦,任劳任怨,敢于探索,积极进取,耐心服务,同顾客建立友谊,这样才能使推销工作获得成功。

2. 求知欲强,知识广博。广博的知识是推销人员做好推销工作的前提条件。较高素质的推销员必须有较强的上进心和求知欲,乐于学习各种必备的知识。一般来说,推销员应具备的知识有以下几个方面:

(1)企业知识。要熟悉企业的历史及现状,包括本企业的规模及在同行中的地位、企业的经营特点、经营方针、服务项目、定价方法、交货方式、付款条件和保管方法等,还要了解企业的发展方向。

(2)产品知识。要熟悉产品的性能、用途、价格、使用知识、保养方法以及竞争者的产品情况等。

(3)市场知识。要了解目标市场的供求状况及竞争者的有关情况,熟悉目标市场的环境,包括国家的有关政策、条例等。

(4)心理学知识。了解并适时适地地运用心理学知识,来研究顾客心理变化和要求,以便采取相应的方法和技巧。

3. 文明礼貌,善于表达。在人员推销活动中,推销人员推销产品的同时也是在推销自己。这就要求推销人员要注意推销礼仪,讲究文明礼貌、仪表端庄、热情待人、举止适度、谦恭有礼、谈吐文雅、口齿伶俐,在说明主题的前提下,语言要诙谐、幽默,给顾客留下良好的印象,为推销获得成功创造条件。

4. 富于应变,技巧娴熟。市场环境因素多样且复杂,市场状况很不平稳。为实现促销目标,推销人员必须对各种变化反应灵敏,并有娴熟的推销技巧,能对变化万千的市场环境采用恰当的推销技巧。推销人员要能准确地了解顾客的有关情况,能为顾客着想,尽可能地解答顾客的疑难问题;并能恰当地选定推销对象,要善于说服顾客,对不同的顾客采取不同的技巧;要善于选择适当的洽谈时机,掌握良好的成交机会,并善于把握易被他人忽视或不易发现的推销机会。

(二)推销人员的甄选与培训

由于推销人员素质高低直接关系到企业促销活动的成功与失败,所以,推销人员的甄选与培训十分重要。

1. 推销人员的甄选。甄选推销人员,不仅要对未从事推销工作的人员进行甄选,使其中品德端正、作风正派、工作责任心强的胜任推销工作的人员走入推销人员的行列,还要对在岗的推销人员进行甄选,淘汰那些不适合推销工作的推销人员。推销人员的甄选有两种来源:一是来自企业内部,就是把本企业内德才兼备、热爱并适合推销工作的人选拔到推销部门工作;二是从企业外部招聘,即企业从大专院校的应届毕业生、其他企业或单位等群体中物色合格人选。无论哪种来源,都应经过严格的考核,择优录用。甄选推销人员有多种方法,为准确地选出优秀的推销人才,应根据推销人员素质的要求,采用申报、笔试和面试相结合的方法。由报名者自己填写申请,借此掌握报名者的性别、年龄、受教育程度及工作经历等基本情况,通过笔试和面试可了解报名者的仪表风度、工作态度、知识广度和深度、语言表达能力、理解能力、分析能力、应变能力等。

2. 推销人员的培训。对当选的推销人员还需经过培训才能上岗,使他们学习和掌握有关知识与技能。同时,还要每隔一段时间对在岗推销人员进行培训,使其了解企业的新产品、新的经营计划和新的市场营销策略,进一步提高素质。培训内容通常包括企业知识、产品知识、市场知识、心理学知识和政策法规知识等内容。培训推销人员的方法很多,被采用的方法有三种:一是讲授培训,这是一种课堂教学培训方法,一般是通过举办短期培训班或进修等形式,由专家、教授和有丰富推销经验的优秀推销员来讲授基础理论和专业知识,介绍推销方法和技巧;二是模拟培训,它是受训人员亲自参与的有一定真实感的培训方法,具体做法是由受训人员扮演推销人员向由专家教授或有经验的优秀推销员扮演的顾客进行推销,或由受训人员分析推销实例等;三是实践培训,实际上,这是一种岗位练兵,当选的推销人员直接上岗,与有经验的推销人员建立师徒关系,通过传、帮、带,使受训人员逐渐熟悉业务,成为合格的推销人员。

3. 销售人员的评估与激励

对推销员的合理评价决定了推销员的积极性。企业必须建立一套合理的评估指标体系,并随时注意收集有关的信息和资料。

合理的报酬制度是调动推销员积极性的关键。确定推销员的报酬应以推销绩效为主要依据,一般有以下几种形式:固定工资制、提成制、固定工资加提成制。由于推销工作的复杂性,固定工资加提成制是一种比较理想的选择。

要想调动推销员的积极性,除了对推销员的绩效的合理评价以及合理的报酬制度外,对推销员的激励也必不可少。一般来说,对推销员的激励手段主要有:奖金、职位的提升、培训机会、表扬及旅游度假等。

第三节 广告策略

一、广告的概念及作用

(一)广告的概念

广告(advertising)一词源于拉丁语(adverture),有"注意"、"诱导"、"大喊大叫"和"广而告之"之意。广告作为一种传递信息的活动,它是企业在促销中普遍重视且应用最广的促销方式。市场营销学中,广告是指广告主以付费的方式,通过一定的媒体有计划地向公众传递有关商品、劳务和其他信息,借以影响受众的态度,进而诱发或说服其采取购买行动的一种大众传播活动。

从以上广告的概念可以看出,广告是以广大消费者为广告对象的大众传播活动,广告的主体是广告主,客体是消费者或用户;广告的内容是传递商品或劳务的有关信息;广告的目的是促进产品销售或树立良好的企业形象。

(二)广告的作用

广告作为促销方式或促销手段,是一门带有浓郁商业性的综合艺术。虽说广告并不一定能使产品成为世界名牌,但若没有广告,产品肯定不会成为世界名牌。成功的广告可使默默无闻的企业和产品名声大振,家喻户晓,广为传播。广告的作用集中表现在以下几个方面:

1. 传递信息,沟通产需。广告的最基本功能是帮助消费者认识和了解各种商品的商标、性能、用途、使用和保养方法、购买地点和购买方法、价格等内容,从而起到传递信息、沟通产销的作用。实践证明,广告在传递经济信息方面,是最迅速、最节省、最有效的手段之一。

2. 激发需求,增加销售。一则好的广告,能起到诱导消费者的兴趣和感情,引起消费者购买该商品的欲望,直至促进消费者的购买行动。

3. 介绍知识,指导消费。广告通过商品知识介绍,不仅能起到指导消费的作用,也可以更好地指导消费者做好产品的维修和保养工作,从而延长产品的使用时间。

4. 开拓市场,提高企业竞争力。当一种新商品上市后,如果消费者不了解它的名称、用途、购买地点、购买方法,就很难打开销路,特别是在市场竞争激烈、产品更新换代大大加快的情况下,企业通过大规模的广告宣传,能使消费者对本企业的产品产生吸引力,这对于企业开拓市场是十分有利的。提高商品的知名度是企业竞争的重要内容之一,而广告则是提高商品知名度不可缺少的武器。精明的企业家,总是善于利用广告,提高企业和产品的"名声",从而抬高"身价",推动竞争,开拓市场。

5. 丰富生活,陶冶情操。好的广告,实际上就是一件精美的艺术品,不仅真实、具体地向人们介绍了商品,而且让人们通过对作品形象的观摩、欣赏,引起丰富的生活联想,树立新的消费观念,增加精神上美的享受,并在艺术的潜移默化之中产生购买欲望。良好的广告还可以帮助消费者树立正确的道德观、人生观,培养人们的精神文明,并且给消费者以科学技术方面的知识,陶冶人们的情操。

二、广告的设计原则

(一)真实性原则

真实性是广告的生命和本质,是广告的灵魂。广告的真实性体现在三方面。首先是广告

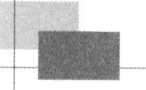

宣传的内容要真实，应该与推销的产品或提供的服务相一致，不能弄虚作假，也不能蓄意夸大，必须以客观事实为依据。其次，广告的感性形象必须是真实的，无论在广告中如何艺术处理，广告所宣传的产品或服务形象应该是真实的，与商品的自身特性相一致，不能夸大与歪曲。最后，广告的感情必须是真实的，表现的是真情实感，不是矫揉造作，以真善美的最高审美情趣去感染受众，唤起美好的感情，最终实现预期目的。

(二) 关联性原则

广告设计必须与产品关联、与目标关联、与广告想引起的特别行为关联。广告如果没有关联性，就失去了目的。广告设计必须针对消费者的需求，才能引起消费者的正视和留意，起到潜移默化的说服作用。

(三) 创新性原则

广告设计的创新性原则实质上就是个性化原则，是差别化设计策略的体现。个性化的内容和独创的表现形式和谐统一，显示出广告作品设计的独创性。广告设计中，要着力突出的是商品的个性形象，创意、造型、图案、色彩、语言、音乐等都要贯穿个性化的指导思想，才能创造出不同一般的富有个性的独特形象，增强广告的吸引力，在人们的脑海中留下深刻的印象。

(四) 艺术性原则

从某种意义上讲，广告宣传作品的设计也是艺术创作，属于精神财富创造活动的一部分。因此，在广告作品设计过程中，应该接受艺术流派的指导，以艺术化的表现手法渲染艺术化的作品意境，提高广告作品的艺术品位，然后借助艺术品位强化广告作品的市场效用。

三、广告促销方案的制定

企业的广告决策，一般包括五个重要的步骤，简称"5M"，如图9—1所示。

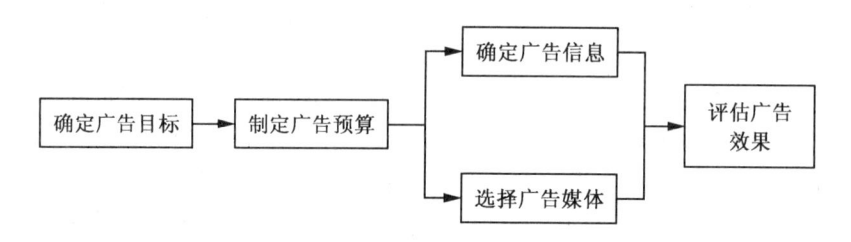

图9—1　广告方案制定的步骤

(一) 确定广告目标

企业广告决策的第一步是确定广告目标。广告目标是企业通过广告活动要达到的目的，其实质就是要在特定的时间对特定的目标受众完成特定内容的信息传播，并获得目标受众的预期反应。

企业的广告目标取决于企业的整个营销目标。由于企业营销任务的多样性和复杂性，企业的广告目标也是多元化的。根据产品生命周期不同阶段中广告的作用和目标的不同，一般可以把广告的目标大致分为告知、劝说和提示三大类。

1. 告知性广告。告知性广告主要用于向市场推销新产品，介绍产品的新用途和新功能，宣传产品的价格变动，推广企业新增的服务，以及新企业开张等。告知性广告的主要目标是为了促使消费者产生初始需求。

2. 劝说性广告。在产品进入成长期、市场竞争比较激烈的时候，消费者的需求是选择性需求。此时企业广告的主要目标是促使消费者对本企业的产品产生"偏好"。具体包括:劝说顾客购买自己的产品,鼓励竞争对手的顾客转向自己,改变消费者对产品属性的认识,以及使顾客有心理准备乐于接受人员推销等。劝说性广告一般通过现身说法、权威证明、比较等手法说服消费者。

3. 提示性广告。在产品的成熟期和衰退期使用的主要广告形式,其目的是提示顾客购买。比如提醒消费者购买本产品的地点,提醒人们在淡季时不要忘记该产品,提醒人们在面对众多新产品时不要忘了继续购买本产品等。

(二)制定广告预算

广告目标确定后,下一步,企业需要确定广告预算。合理的广告预算对企业至关重要。预算太少,会影响广告目标的实现;预算太多,则会造成浪费。确定广告预算的方法,主要也是前述的四种方法,即量力支出法、销售额百分比法、目标任务法和竞争对等法。

企业在确定广告预算时,应当考虑以下因素:

1. 产品生命周期。一般情况下,新产品一般需要大量的预算以便争取消费者试用,建立品牌知名度,而已有品牌产品的广告预算则要低得多。所以,产品在引入期和成长期前期的广告预算一般较高,在成熟期和衰退期的广告预算一般较低。

2. 市场份额。一般来说,具有较高市场份额的品牌只需要较少的广告预算就能够维持它们的市场地位,而扩大市场份额却需要大量的广告预算。因此,市场占有率越高,广告预算的绝对额越高,但面向广大消费者的产品的人均广告费用却比较低;反之,市场占有率越低的产品广告预算的绝对额也较低,但人均广告费并不低。

3. 竞争程度。广告预算的多少与竞争激烈程度的强弱成正比。在存在众多竞争者的市场中,一个企业或者说一个品牌必须要多做广告才能够有效地到达消费者。

4. 广告频率。广告频率,即为了使消费者接受品牌信息而需要重复做广告的次数,会显著影响广告预算。一般来说,广告频率的高低与广告预算的多少成正比。

5. 产品替代性。高度同质性的产品,消费者不管购买哪家企业生产的都一样,广告的效果不明显,广告预算低;高度差异性的产品,因为具有一定的垄断性,不做广告也会取得较好的销售效果,广告预算一般也较低。而具有一定的差异性但这种差异又不足以达到垄断地位的产品,因为市场竞争激烈,广告预算反而应该比较多。

(三)确定广告信息

广告的效果并非主要取决于企业投入的广告经费,而关键在于广告的主题和创意。广告主题决定广告表现的内容,广告创意决定广告表现的形式和风格。只有广告内容迎合目标受众的需求,广告表现具有独特型,广告才能引人注意,并给目标受众带来美好的联想,进而达到促进销售的目的。

广告的信息决策一般包括三个步骤:

1. 确定广告的主题。广告主题是广告所要表达的中心思想。广告主题应当显示产品的主要优点和用途以吸引消费者。对于同一类商品,可以从不同角度提炼不同的广告主题,以满足不同消费者的需要和同一消费者的不同需要。在企业广告活动中,常用的广告主题主要有:快乐、方便、传统、健康、3B(宠物、小孩和美女)等。根据国外广告专家的调查结果,广告的主题主要有食欲、健康、快乐、名望、安全、经济等44种。

2. 广告信息的评估与选择。一个好的广告总是集中于一个中心的促销主题,而不必涉及太多的产品信息。如果广告信息过多过杂,则会给消费者造成困扰,使得目标受众不知所云。

广告信息的载体就是广告文案。对广告文案的评价标准有许多,但一般要符合三点要求:其一,具有吸引力。即广告信息首先要使人感兴趣,引人入胜;其二,具有独特性。即广告信息要与众不同,独具特色,而不要人云亦云;其三,具有可靠性。广告信息必须从实际出发,实事求是,而不要以偏概全、夸大其词,甚至无中生有。只有全面客观的广告传播,才能增加广告的可信度,持久地建立企业和产品的信誉。

3. 信息的表达。广告信息的效果不仅取决于"说什么",更在于"怎么说",即广告信息的表达。广告表现的手段包括语言手段和非语言手段。语言在广告中的作用是其他任何手段所不及的,因为语言可以准确、精炼、完整、扼要地传达广告信息。如铁达时手表的"不在乎天长地久,只在乎曾经拥有"、统一润滑油的"多一份润滑,少一份摩擦"、中国移动通信公司的"我的地盘听我的"等,既简明扼要,又朗朗上口,都取得了意想不到的效果。非语言就是语言以外的、可以传递信息的一切手段,主要包括构图、色彩、音响、体语等。

(四)选择广告媒体

广告表现的结果就是广告作品。广告作品只有通过恰当的广告媒体投放才能实现广告传播的目标。作为专业的广告人员,必须了解主要媒体的特点,具体如表9-1所示。

表9-1　　　　　　　　　　　　　主要媒体的特点

媒体	优点	局限性
报纸	灵活;及时;当地市场的覆盖率大;广泛被接受;可信度高	保存性差、复制质量低、传阅者少
电视	综合视觉、听觉和动作进行表达;富于感染力,能引起高度注意;到达率高	绝对成本高;干扰多;曝光时间短;观众选择性差
直接邮寄	受众选择性高;灵活;在同一媒体内没有广告竞争;个性化	相对成本高;"垃圾邮件"形象
广播	大众宣传;地理和人口方面的选择性高;成本低	只有声音;不如电视那样引人注意;收费结构不规范;曝光时间短
杂志	地理分布和人口分布方面的选择性强;可信并有一定的权威性;复制质量高;保存期长;传阅者多	广告截止日期长;无用的发行量;无法保证版面
户外广告	灵活;重复曝光率高;成本低;竞争少	受众选择性低;缺乏创新
黄页	当地市场覆盖率高;可信度高;到达率高;成本低	竞争多;广告时间截止日期长;缺乏创新
时事通讯	很高的选择性;易控制;互动机会;成本相对较低	成本有可能无法控制
广告小册子	灵活;易控制;可以通过戏剧化的手法强化效果	过量制作会导致成本过高
电话	使用者众多;提供人员接触的机会	成本相对较高;除非利用志愿者
网络	高选择性;互动性强;成本相对较低	在某些国家仍属于用户较少的媒体

资料来源:菲利普·科特勒、凯文·莱恩著,卢泰宏、高辉译,《营销管理》(第13版),北京:中国人民大学出版社2009年版。

广告媒体的选择,需要考虑下列因素:

1. 广告产品的特征。不同的媒体在演示、形象化、解释、可信度等方面具有不同的能力。比如,一般生产资料适合选择专业性的报纸、杂志、产品说明书;而生活资料则适合选择生动形象、感染力强的电视媒体和印刷精美的彩色杂志等媒体。

2. 目标市场的特征。全国性市场适合选择全国性媒体,如中央电视台、《经济日报》等;区域性市场适合选择地区性媒体,如《广州日报》、广州电视台等;农村市场需要选择适合农民的媒体,如《南方农村报》等;城市市场则适合选择都市类媒体,如《南方都市报》等。另外,每种媒体都有自己独特的定位,每类消费者也都有自己的媒体习惯。所以,媒体选择要有针对性。

3. 广告目标。以扩大市场销售额为目的的广告应选择时效性快、表现性强、针对性强的媒体;以品牌建设为目标的广告则适合选择覆盖面广、有效期长的媒体。

4. 广告信息的特征。情感诉求的广告适合选择广播、电视媒体等媒体;理性诉求的广告则适合选择报纸、杂志等印刷类媒体。

5. 竞争对手的媒体使用情况。一般情况下,应尽可能避免与竞争对手选择同一种媒体,特别是同种媒体的同一时段或同一版面。如果中国移动和中国联通的广告登在同一种报纸的同一版面上,或者在电视的同一时段投放,效果就可能大打折扣。

6. 广告媒体的特征。各类广告媒体都有各自的广告适应性,如电视的优势是生动形象、时效性强、多手段传播,但不易保存、费用高;报纸价格便宜、易保存,但不生动等。选择广告媒体一定要对各类媒体的广告属性进行充分的把握。

7. 国家广告法规。广告法规关于广告媒体的规定是选择广告媒体的重要依据。

(五)评估广告效果

广告的效果主要体现在三个方面,即广告的传播效果、广告的销售效果和广告的社会效果。广告的传播效果是前提和基础,广告的销售效果是广告效果的核心和关键,此外也不能忽视广告对社会风气和价值观念的影响。

1. 广告传播效果的评估。主要评估广告能否将信息有效地传递给目标受众。这种评估在传播前和传播后都应进行。

2. 广告销售效果的评估。销售效果是广告的核心效果。广告的销售效果评估,主要测定广告所引起的产品销售额及利润的变化状况。测定广告的促销效果,一般可以采用比较的方法。在其他影响销售的因素一定的情况下,比较广告后和广告前销售额的变化。

3. 广告的社会效果的评估。主要评定广告的合法性以及广告对社会文化价值观念的影响。一般可以通过专家意见法和消费者评判法进行。

第四节 销售促进策略

一、销售促进及其适用性

销售促进又称营业推广,它是刺激消费者迅速购买商品而采取的各种促销措施。其目的是扩大销售和刺激人气。由于市场竞争的激烈程度加剧、消费者对交易中的实惠的日益重视、广告媒体费用上升、企业经常面临短期销售压力等原因,销售促进受到企业越来越多的青睐。

销售促进比较适合于对消费者和中间商开展促销工作,一般不太适用于产业用户。对于个人消费者,销售促进主要吸引三类人群:一是已经使用本企业产品的消费者,促使其消费更多;二是已使用其他品牌产品的消费者,吸引其转向本企业的产品;三是未使用过该产品的消费者,争取其试用本企业的产品。对于中间商,销售促进主要是吸引中间商更多地进货和积极经销本企业的产品,增强中间商的品牌忠诚度,争取新的中间商。

在产品处于生命周期的投放期和成长期时,销售促进的效果较好;在成熟阶段,销售促进的作用明显减弱。对于同质化程度较高的产品,销售促进可在短期内迅速提高销售额,但对于高度异质化的产品,销售促进的促销作用相对较小。

一般来说,市场占有率较低、实力较弱的中小企业,由于无力负担大笔的广告费,对所需费用不多又能迅速增加销量的销售促进往往情有独钟。

有时,企业也可以将销售促进与广告、公共关系等促销方式结合起来,以销售促进吸引竞争者的顾客,再用广告和公共关系使之产生长期偏好,从而争取竞争对手的市场份额。

二、销售促进的方式

(一)向消费者推广的方式

对消费者的销售促进,是为了鼓励消费者更多地使用产品,促使其大量购买。其主要方式有:

1. 赠送样品。企业免费向消费者赠送商品的样品,促使消费者了解商品的性能与特点。样品赠送的方式可以派人上门赠送,也可以通过邮局寄送,可以在购物场所散发,也可以附在其他商品上赠送等。这一方法多用于新产品促销。

2. 有奖销售。通过给予购买者以一定奖项的办法来促进购买。奖项可以是实物,也可以是现金。常见的有幸运抽奖,顾客只要购买一定量的产品,即可得到一个抽奖机会,多买多奖。或当场摸奖,或规定日期开奖。也可以采取附赠方式,即对每位购买者另赠纪念品。

3. 现场示范。利用销售现场进行商品的操作表演,突出商品的优点,显示和证实产品的性能和质量,刺激消费者的购买欲望。这是属于动态展示,效果往往优于静态展示。现场示范特别适合新产品推出,也适用于使用起来比较复杂的商品。

4. 特价包装。在产品质量不变的前提下,使用简单、廉价的包装,而售价则有一定削减,这是很受长期使用本产品的消费者欢迎的。

5. 折价券。这是可以以低于商品标价购买商品的一种凭证,也可以称为优惠券、折扣券。消费者凭此券可以获得购买商品的价格优惠。折价券可以邮寄、附在其他商品中,或在广告中附送。

(二)向中间商推广的方式

对中间商的销售促进,目的是吸引他们经营本企业产品,维持较高水平的存货,抵制竞争对手的促销影响,获得他们更多的合作和支持。其主要销售促进方式有以下几种:

1. 销售津贴。销售津贴也称销售回扣,这是最具代表性的销售促进方式。这是为了感谢中间商而给予的一种津贴,如广告津贴、展销津贴、陈列津贴、宣传津贴等。

2. 列名广告。企业在广告中列出经销商的名称和地址,告知消费者前去购买,提高经销商的知名度。

3. 赠品。赠品包括赠送有关设备和广告赠品。前者是向中间商赠送陈列商品、销售商品、储存商品或计量商品所需要的设备,如货柜、冰柜、容器、电子秤等。后者是一些日常办公用品和日常生活用品,上面都印有企业的品牌或标志。

4. 销售竞赛。为了推动中间商努力完成推销任务的一种促销方式,获胜者可以获得现金或实物奖励。销售竞赛应事先向所有参加者公布获奖条件、获奖内容。这一方式可以极大地提高中间商的推销热情。像获胜者的海外旅游奖励等已被越来越多的企业所采用。

5. 业务会议和展销会。企业一年举行几次业务会议或展销会,邀请中间商参加,在会上,一方面介绍商品知识,另一方面现场演示操作。

三、销售促进的实施

(一)确定推广目标

企业在进行销售促进活动之前,必须确定明确的推广目标。推广目标因不同的推广对象而不同。对消费者来说,推广目标主要是促使他们更多地购买和消费产品;吸引消费者试用产品;吸引竞争品牌的消费者等。对中间商而言,推广目标主要是吸引中间商经销本企业的产品;进一步调动中间商经销产品的积极性;巩固中间商对本企业的忠诚度等。对推销员来说,推广目标就是激发推销员的推销热情,激励其寻找更多的潜在顾客。

(二)选择恰当的销售促进方式

1. 塑造适宜的商业氛围

商业氛围对于激发消费者的购买欲望具有极其重要的作用。因此,商店布局必须精心构思,使其具有一种适合目标消费者的氛围,从而使消费者乐于购买。尤其应该注意营业场所设计和商品陈列设计。

2. 选择恰当的销售促进工具

企业应该根据市场类型、销售促进目标、竞争情况、国家政策以及各种推广工具的特点灵活选择推广工具。以生产商对消费者的推广形式为例,如果企业以抵制竞争者的促销为推广目的,企业可设计一组降价的产品组合,以取得快速的防御性反应;如果企业的产品具有较强的竞争优势,企业促销的目的在于吸引消费者率先采用,则可以向消费者赠送样品或免费试用样品。

3. 制定合理的销售促进方案

一个合理、完整的销售促进方案必须包括以下要素:

(1)诱因规模。即确定使企业成本/效益最佳的诱因规模。诱因规模太大,企业的促销成本就高;诱因规模太小,对消费者又缺少足够的吸引力。因此,营销人员必须认真考察销售和成本增加的相对比率,确定最合理的诱因规模。

(2)刺激对象的范围。企业需要对促销对象的条件作出明确规定,比如赠送礼品,是赠送给每一个购买者还是只赠送给购买量达到一定要求的顾客等。

(3)促销媒体的选择。即决定如何将促销信息传递给目标受众。比如印制宣传单在街上派送或者放置销售终端供顾客取阅、在报纸等大众媒体上做广告、邮寄给目标顾客等。

(4)促销时机的选择。企业可以灵活地选择节假日、重大活动和事件等时机进行促销活动。

(5)确定推广期限。推广期限要恰当,不可太短或太长。根据西方营销专家的研究,比较理想的推广期限是3个星期左右。

(6)确定促销预算。一般有两种方式确定预算:一种是全面分析法,即营销者对各个推广方式进行选择,然后估算它们的总费用;另一种是总促销预算百分比法,这种比例经常按经验确定,如奶粉的推广预算占总预算的30%左右、咖啡的推广预算占总预算的40%左右等。

4. 测试销售促进方案

为了保证营业推广的效果,企业在正式实施推广方案之前,需要对推广方案进行测试。测试内容包括推广诱因对消费者的效力、销售工具选择是否恰当、媒体选择是否恰当、顾客反应是否足够等。发现不恰当的部分,要及时进行修正。

5. 执行和控制销售促进方案

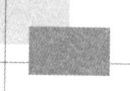

企业必须制定具体的实施方案。实施方案中应明确规定准备时间和实施时间。准备时间是指推出方案之前所需的时间,实施时间是从推广活动开始到95%的推广商品已到达消费者手中这一段时间。

6. 评估销售促进的效果

营业推广的效果直接体现了营业推广目标的实现情况。企业必须高度重视对推广效果的评价。具体的效果评价方法,一般可以采用比较法(比较推广前后销售额的变动情况)、顾客调查法和实验法等方法进行。

第五节　公共关系策略

一、公共关系的概念和特征

(一)公共关系的概念

从营销的角度讲,公共关系是企业利用各种传播手段,沟通内外部关系,塑造良好形象,为企业的生存和发展创造良好环境的经营管理艺术。

公共关系的构成要素分别是社会组织、传播和公众,它们分别作为公共关系的主体、中介和客体相互依存。

社会组织是公共关系的主体,它是指执行一定社会职能、实现特定的社会目标,构成一个独立单位的社会群体。在营销中,公共关系的主体就是企业。

公众是公共关系的客体。公众是面临相同问题并对组织的生存和发展有着现实或潜在利益关系和影响力的个体、群体和社会组织的总和。企业在经营和管理中必须注意处理好与员工、顾客、媒体、社区、政府、金融等各类公众的关系,为自己创造良好和谐的内外环境。

社会组织与公众之间需要传播和沟通。传播是社会组织利用各种媒体,将信息或观点有计划地对公众进行交流的沟通过程。社会组织开展公关活动的过程实际上就是传播沟通过程。

(二)公共关系的特征

作为一种促销手段,公共关系与前述其他手段相比,具有自己的特点。

1. 注重长期效应。公共关系是企业通过公关活动树立良好的社会形象,从而创造良好的社会环境。这是一个长期的过程。良好的企业形象也能为企业的经营和发展带来长期的促进效应。

2. 注重双向沟通。在公关活动中,企业一方面要把本身的信息向公众进行传播和解释,同时也要把公众的信息向企业进行传播和解释,使企业和公众在双向传播中形成和谐的关系。

3. 可信度较高。相对而言,大多数人认为公关报道比较客观,比企业的广告更加可信。

4. 具有戏剧性。经过特别策划的公关事件,容易成为公众关注的焦点,可使企业和产品戏剧化,引人入胜。

二、公共关系的作用

公共关系在市场营销中的作用非常重要。在市场经济条件下,企业之间的竞争非常激烈,企业要想在市场竞争中取胜,不仅要依靠技术竞争、质量竞争、价格竞争和服务竞争等手段,还要依靠信息竞争。谁在公众中获得了良好信誉,谁就能获得竞争的主动权。企业的良好信誉是无形的财富,因此,任何一个企业都必须通过公共关系,努力树立企业的良好形象和信誉,大力提高企业及其产品品牌的知名度,赢得社会公众的了解和赞许,这样才能立于不败之地。

(一)信息监测

公共关系所需监测的信息范围很广,归纳起来主要有两大类,即产品形象信息与企业形象信息。产品形象信息包括公众特别是用户对于产品价格、质量、性能、用途等方面的反映,对于该产品优点、缺点的评价以及如何改进等方面的建议。企业形象信息则包括公众对本企业组织机构的评价、对企业管理水平的评价、对企业人员素质的评价及对企业服务质量的评价等方面。根据上述动态信息的监测结果,企业公共关系人员应及时就相关问题进行评估和分析,并将信息反馈到决策层,以便进行相应的协调和控制,从而改进产品质量或管理水平。

(二)舆论宣传

公共关系作为沟通与促销组合因素之一,在刺激目标受众对企业产品或服务的需求、改善形象、提高知名度和美誉度等方面起着十分重要的作用。企业应重视通过广播、电视、报刊等大众传媒的宣传,或通过策划相关的公共关系活动,来增进公众对企业或产品的全面了解,形成全面的评价。舆论宣传相对广告而言,更加真实可信,更易为公众所接受,能使公众留下难忘的印象,但费用却微乎其微。

(三)沟通协调

企业是一定外部环境与内部条件综合作用的产物。对内而言,公共关系人员要尽力避免各种摩擦的产生,做好上情下达与下情上达工作,并为各职能部门之间的沟通做好"桥梁",同时可以借助情感沟通和心理认同,增强企业的凝聚力;对外而言,要积极争取公众对企业的理解和信任。一旦出现矛盾和纠纷,应及时进行有效的沟通,防止矛盾扩大,消除不良后果。

(四)危机处理

企业环境监测是公共关系部门的重要职能之一。信息监测工作的一个重要任务,就是通过合理的工作机制进行危机预警管理。此外,当企业遇到风险或危机事件并且足以使企业形象受到损害时,公关人员应该及时应变,妥善处理危机,将恶劣影响减少到最低限度,帮助企业重振声誉。

三、公共关系的活动方式

在不同的公关目标和情景下,企业必须选择不同的公关模式,以便有效地实现公共关系目标。一般来说,供企业选择的公关方式主要有以下两类:

(一)战略性公关方式

战略性公关方式是指主要针对企业面临的不同环境和公关的不同任务,从整体上影响企业形象的公关方式。具体包括以下五种:

1. 建设性公关。主要适用于企业初创时期或新产品、新服务首次推出之时,主要功能是扩大知名度,树立良好的第一印象。
2. 维系性公关。适用于企业稳定发展之际,用以巩固良好企业形象的公关模式。
3. 进攻性公关。企业与环境发生摩擦冲突时所采用的一种公关模式,主要特点是主动。
4. 防御性公关。企业为防止自身公共关系失调而采取的一种公关模式,适用于企业与外部环境出现了不协调或摩擦苗头的时候,主要特点是防御与引导相结合。
5. 矫正性公关。企业遇到风险时采用的一种公关模式,适用于企业公共关系严重失调,从而企业形象严重受损的时候,主要特点是及时。

(二)策略性公关方式

策略性公关指公共关系的业务类型，主要反映了公共关系的策略技巧。具体包括以下五种：

1. 宣传性公关。运用大众传播媒介和内部沟通方式开展宣传工作，树立良好企业形象的公共关系模式，分为内部宣传和外部宣传。

2. 交际性公关。通过人际交往开展公共关系的模式，目的是通过人与人的直接接触，进行感情上的联络。其方式是开展团体交际和个人交往。

3. 服务性公关。以提供优质服务为主要手段的公共关系活动模式，目的是以实际行动获得社会公众的了解和好评。这种方式最显著的特征在于实际的行动。

4. 社会性公关。利用举办各种社会性、公益性、赞助性活动开展公关，带有战略性特点，着眼于整体形象和长远利益。其方式有三种：一是以企业本身为中心开展的活动，如周年纪念等；二是以赞助社会福利事业为中心开展的活动；三是资助大众传播媒介举办的各种活动。

5. 征询性公关。以提供信息服务为主的公关模式，如市场调查、咨询业务、设立监督电话等。

四、公共关系的工作步骤

公共关系的工作步骤包括以下四个环节。

(一)公共关系调查

公关调查是为了收集资料、数据和事实证据，为制定公关计划和方案奠定基础，是公关工作的起点。公关调查的内容很广泛，主要包括组织现状、公众意见和社会环境三方面的内容。

(二)公共关系计划

公共关系是一项长期性的工作，科学的公共关系计划是公关工作取得成效的重要保证。制定公关计划，要以公关调查为基础，依据一定的原则，确定公关目标，综合公众对企业的认识、信赖的实际状况，制定科学、合理的公关计划。

(三)公共关系实施

公共关系实施是企业为了实现公关目标，对公关计划进行具体操作和管理的过程。实施过程中要充分考虑企业的发展阶段、公关目标及重点、公关预算、公关媒体等各种因素，实施有效的传播和交流，确保达到良好的公关效果。

(四)公共关系评价

公共关系评价，就是根据特定的标准，对公共关系计划、实施及效果进行衡量、检查和估计，以判断其成效。需要说明的是，公共关系评估并不是在公关实施后才评估公关效果，而是贯穿于整个公关活动之中。

思考题

1. 进行促销活动需要经历哪些阶段？各阶段的主要任务是什么？
2. 选择促销策略应考虑哪些因素？
3. 简述人员推销、广告、公共关系和销售促进的主要策略。

案例讨论

TCL 的营销管理哲学

铺天地携手小茗同学，低调冷泡快闪玩出趣

2017年9月30日至10月1日，铺天地携手小茗同学在广州白云万达广场打造了一场别开生面的Pop-up快闪盛宴！活动现场真可谓是人山人海，热闹非凡。

小茗同学是统一集团旗下知名茶饮料品牌，在竞争激烈的饮料市场中属佼佼者。它在品牌宣传上也颇有心得，常用的是电视节目植入、TVC、校园推广等宣传方式。如今一反常态，与铺天地合作，选择采用这种看似与快消饮料行业毫无交集的快闪模式，原因为何？

对于快消饮料行业而言，货架终端能更近地接触到消费者。

如今，市场上的茶饮料品牌基本趋于同质化。若品牌特性不够鲜明、不够人性化，则很难在这个数百亿级别的市场立足，小茗同学自然深谙此道。但是，光靠名字和广告，在校园的推广很明显是不够的。它还需要更大限度地走到消费者中去，提高消费者对品牌的认知度，货架终端无疑是最能接触到消费者的方式。

铺天地携手小茗同学打造的Pop-up快闪店，把终端货架搬到了现场，让更多的消费者在接触小茗同学这几款饮料的同时，感受小茗同学的品牌文化。在此过程中，铺天地别出心裁，将小茗同学的品牌形象放大，并把其认真搞笑的幽默精神融入Pop-up快闪店的主题打造中，吸引更多消费者驻足停留并引爆话题。

实际上，这并不是铺天地今年第一次与快消饮料行业合作了。2017年9月17日，铺天地携手果倍爽在广州合生广场开了家Pop-up快闪店。不仅将果宝小工坊搬到了现场，还开展手工制作等活动，让小艺术家们在释放天性的同时，增强了对品牌的认知和好感。有了这方面的经验，铺天地在与小茗同学的合作上，就更能把握其定位人群的特性，饮料的陈列和定价策略更无懈可击，使品牌推广效果更上一层楼。铺天地强大的数据支持和营销工具，助力小茗同学。

铺天地是国内首家快闪场地短租平台，致力于推动"快闪店"在国内的发展，为商业地产、品牌商提供高效、可信赖的商业地产服务。现如今的合作伙伴几乎涵盖了各个领域，如奔驰、宝马、飞利浦、西门子、小米、京东、美团等知名品牌商。凭着多年与这些品牌商们的合作经验，与小茗同学的合作更是如鱼得水。

到目前为止，铺天地合作了3 000多家购物中心，并把购物中心的中庭、广场、边厅等这些客流量非常高的空间整合到平台上。这次的Pop-up快闪店位于广州白云万达广场，正是通过这庞大的选址数据，帮助小茗同学选择适合其品牌定位的购物中心的结果。

铺天地除了提供场地租赁和选址数据外,还提供一些快闪活动数据、快闪营销 SaaS 工具等支持,帮助小茗同学做好线下的促销活动。如为小茗同学提供一些线下流量的支持,把广州这座城市里对它感兴趣的消费者引导到活动的现场,进一步提高小茗同学的品牌知名度。

总而言之,快闪店是新零售时代下的场景式营销入口,铺天地以大数据为核心,通过独特的场景搭建和快闪营销 SaaS 工具等,为小茗同学提供了一种全新的、最受年轻人青睐的营销模式。在满足消费者的参与需求的同时,使其品牌形象更加深入人心。

资料来源:飞象网,www.cctime.com,2017 年 10 月 12 日。

讨论题:
1. 与传统促销方式相比,快闪店有哪些促销作用?
2. 如何打造成功的快闪店营销?

课后实践

1. 目的
掌握各种促销方式的特点,培养实施促销活动的策划能力。
2. 内容和任务
选取一家服装企业,针对"双 11"策划线上线下的促销活动,撰写策划活动方案。
3. 步骤
(1)师生一起共同确定策划对象。
(2)教师布置实训目的及任务,并提出相应要求。
(3)将班级成员分成若干组,每组 5～8 人,分组时注意小组成员在知识、性格、技能方面的互补性,并进行合理分工,选出小组长,以协调小组工作。
(4)各小组讨论撰写策划方案。
(5)教师组织各小组交流与讨论。由各组组长组成评审团,对各组代表发言情况进行评分。将各组最后得分计入每人的平时成绩。
(6)教师最后进行总结。

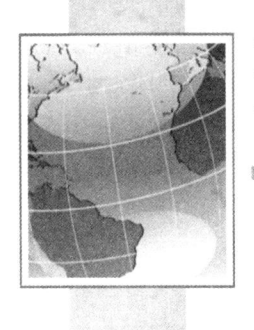

第十章
市场营销的新概念

引例

日本牧场体验营销

　　北海道是典型的海洋性气候,夏天凉爽,冬天寒冷,非常适合奶牛生活,北海道拥有黑土地资源,青草长势很好,这对奶牛的食物供应来说是天赐的。箱根牧场原先是在东京附近神奈川县箱根町的一家企业,后来搬迁到了北海道的千岁。牧场的名字之所以依然保持着"箱根"二字,这是为了表示对故土的一片怀念之心。

　　在箱根牧场种植过大豆的土地,将会种植别的植物。多年后才会重新栽种大豆,这是为了保持和发挥土壤的养分作用。奶牛场里铺着稻草,等浸泡上奶牛的屎尿后,这些稻草就会搬出去和泥土搅拌在一起发酵制成堆肥,然后施到田里去,箱根牧场做的都是有机牧业。牧场运作追求风味独特、高品质、高利润的经营理念,因此给奶牛听音乐、喝啤酒、吃药膳也是常有的事情。

　　游客来到这里,可以动手挤奶、为奶牛按摩、清扫牛舍、施肥、收割玉米和马铃薯等农作物、制作香肠或奶酪,还可以接触兔子和山羊等小动物,是很好的亲子活动场所。这里盛产全日本最鲜浓的牛乳和最优质的果蔬,因此,奶味馥郁、甜而不腻的冰激凌和巧克力是吃货们的心头爱。

　　一诺规划认为,现在很多牧场都在宣称自己的产品是绿色有机食品,无论你费多大的功夫做广告宣传,在短时间内客户很难很快认同你的品牌以及品牌黏稠度。箱根牧场则让游客参与农场劳作,与小动物亲密接触,品尝农场有机食品,逐步让客户了解和认同箱根牧场的有机食品,同时,品牌也逐步得以认同。

　　资料来源:http://www.xuexila.com【成功案例】小兰。

　　【营销启示】　充分的顾客体验是强化企业品牌价值认同的最有效途径。

第一节　新媒体营销

一、新媒体营销的概念及作用

(一)新媒体营销的概念

　　新媒体营销是指利用新媒体平台进行营销的模式。新媒体营销是基于特定产品的概念诉求与问题分析,对消费者进行针对性心理引导的一种营销模式。从本质上来说,新媒体营销是企业软性渗透的商业策略在新媒体形式上的体现,通常借助媒体表达与舆论传播使消费者认同某种概念、观点和分析思路,从而达到企业品牌宣传、产品销售的目的。新媒体相对于传统媒体来说,主要指在电信网络基础上出现的媒体形态,主要包括但不限于门户、搜索引擎、微博、微信、SNS、博客、播客、BBS、RSS、WIKI、手机、移动设备、APP等。新媒体营销并不是单一地通过上面的渠道中的一种进行营销,而是需要多种渠道整合营销,甚至在营销资金充裕的情况下,可以与传统媒介营销相结合,形成全方位立体式营销。

(二)新媒体营销的作用

新媒体营销与传统媒体营销相比,其作用主要体现在以下方面:

1. 传播速度更快、传播面更广。随着互联网技术的不断发展,新媒体传播渠道越来越多,信息发布不受时间和空间的限制,人们可以随时随地通过新媒体平台关注、分享身边的新鲜事,自由表达自己的想法,形成病毒式的扩散形态,这种传播方式更加迅速,传播面积更为广大。

2. 更能满足不同客户的需求。新媒体营销能照顾到客户的差异化,给消费者提供个性化的需求,这是传统媒体所不能够达到的。未来的消费是非常强调个性化差异的,比如在一些网站上购物能够送货到家,这就满足了一些不愿意出门的消费者,这种能满足未来消费者的营销方式具有很大的前景。

3. 节省成本。新媒体中有很多的免费资源可以用,只要你有创意,用户觉得很有趣、很感兴趣就会免费为你传播信息,大大降低了企业的市场推广成本。这是传统媒体不能做到的。

4. 互动性强。新媒体营销有多个传播点,可以实现企业与目标客户的双向沟通。随着科学技术的发展,目标客户不仅可以在新媒体平台上进行工作,还可以在新媒体平台上进行娱乐消费等,其互动性得到了极大凸显。在运用新媒体营销时,谁的互动性最强,谁达到的营销效果就可能是最好的。

二、新媒体营销的方法

随着当前新媒体工具的不断增加以及迭代更新,新媒体营销已经成为当前市场的主流营销方法。以下介绍几种常见的方法。

(一)病毒式营销

病毒式营销就是利用大众的积极性和人际网络,让营销信息像病毒一样进行传播和扩散。其中的特点就是快速复制、广泛传播并能深入印象。病毒式营销是新媒体营销最常用的网络营销手段,经常用于产品、服务的推广。对于品牌而言,用这种方法最主要的作用就是让人们对其产生印象。

(二)事件营销

事件营销就是利用有新闻价值、社会影响以及名人效应的人物或事件,通过策划、组织等技巧来吸引媒体、消费者的兴趣和关注,从而提高企业产品、服务的认知度和美誉度,为品牌的建立树立良好的形象。事件营销突发性强、信息传播广、成本低,是目前较为流行的市场推广方式。

(三)口碑营销

新媒体口碑营销就是企业利用新媒体平台,将产品的口碑以文字为载体进行营销的手段和方式。在现在这个信息爆炸、媒体泛滥、资讯快速更迭的时代,消费者对广告、新闻等资讯都具有极强的免疫力。要想吸引大众的关注与讨论，就需要创造新颖的口碑传播内容。随着营销手段的不断发展和完善，营销内容五花八门，因此，经营好口碑营销成为很多企业营销的最终目的和价值标准。

（四）饥饿营销

饥饿营销就是产品供应者故意降低产量，控制供求关系，制造"供不应求"的假象来维护产品的品牌形象，进而获得高售价、高利润的营销策略。如早期的小米手机，就是采用此方法使其品牌在短时间内被市场所熟知并引发抢购热潮。饥饿营销可以有效提升产品销售，并为未来大量销售奠定客户基础，同时也是未来对品牌产生高额的附加价值，从而为品牌树立起高价值的形象。但是运用饥饿营销，也需要看情况，并不是每一个企业都能随便拿来用的。在市场竞争不充分、消费者心态不够成熟、产品综合竞争力和不可替代性较强的情况下，饥饿营销才能较好地发挥作用。

（五）知识营销

知识营销就是通过有效的传播方法和合适的传播渠道，将企业所拥有的对用户有价值的知识传递给潜在用户。包括产品知识、专业研究成果、经营理念、管理思想和优秀的企业文化等。知识营销有一个最基本的核心点，就是要让用户在消费的同时学到新的知识。用知识来推动营销，需要我们提高营销活动策划中的知识含量。重视和强调知识作为纽带的作用，帮助消费者获取某一方面的知识。其中，教育培训行业可以说是最常利用这一手段来进行营销的。

（六）互动营销

互动营销就是通过互联网使商家与目标客户互动交流和沟通，进而达成交易的方式。新媒体相较于传统媒体，最大的特点就是互动。新媒体可以拉近企业和消费者之间的距离，产生强烈的互动。而想要有互动的产生，首先就需要抓住彼此双方的利益共同点，找到其中巧妙的沟通时间和方法，将彼此紧密连接在一起。互动营销最大的好处就是可以促使企业深入了解消费者的真正痛点，建立长期的客户忠诚，实现顾客利益最大化。

（七）情感营销

情感营销就是把消费者个人的情感差异和需求作为企业营销推广的战略设计。

如今是一个情感消费时代，消费者购买商品时所看中的已不单单只是商品质量、价格这些因素了。更多的时候是一种感情上的满足，一种心理上的认同。而通过借助情感包装、情感促销、情感广告、情感口碑、情感设计等策略来实现企业的营销目标。其最终的目的就是为了引起消费者的共鸣，为企业品牌建立一种更加立体化的形象。这种营销方式在传统媒体营销中也经常被应用。但是在新媒体营销中，其价值更是被最大化地开发。

（八）会员营销

会员营销就是利用新媒体背后的大数据，对于消费者、潜在客户的信息挖掘，来细分客户种类，并对相应的用户采取更为合适的促销手段。

会员营销，是一门精准的营销艺术，它需要通过设计完整的商业环节，把每一项工作不断做到极致，达成更高指标，来实现企业效益和规模的不断放大。

（九）软文营销

软文营销就是指企业用特定的概念诉求、摆事实、讲道理，使消费者进入商家的"思维圈"，有针对性地攻克消费者的心理，从而促进产品销售的一种文字营销方式。在新媒体平台上进行软文营销，成本低、利润高，也更容易被人们接受，进而促使客户心甘情愿地主动购买产品。

第二节 体验营销

一、体验营销的概念

体验式营销是指在销售当中,让客户参与其中,亲身体验产品的功能性,在不同产品的对比下,体现销售产品的优点,从而进行一系列产品的销售行为。体验通常是由于对事件的直接观察或是参与造成的,不论事件是真实的还是虚拟的。体验会涉及顾客的感官、情感、情绪等感性因素,也会包括知识、智力、思考等理性因素。在全面客户体验时代,不仅需要对用户做深入和全方位的了解,而且还应把对使用者的全方位体验和尊重凝结在产品层面,让用户感受到被尊重、被理解和被体贴。就像伯恩德·H. 施密特博士(Bernd H. Schmitt)在他所写的《体验式营销》(*Experiential Marketing*)一书中指出的那样,体验式营销站在消费者的感官(sense)、情感(feel)、思考(think)、行动(act)、关联(relate)五个方面,重新定义、设计营销的思考方式。此种思考方式突破传统上"理性消费者"的假设,认为消费者消费时是理性与感性兼具的,消费者在消费前、消费时、消费后的体验,才是研究消费者行为与企业品牌经营的关键。

体验营销是指企业营造一种氛围,设计一系列事件,以促使顾客变成其中的一个角色尽情"表演",顾客在"表演"过程中将会因为主动参与而产生深刻难忘的体验,从而为获得的体验向企业产生让渡价值。体验营销以向顾客提供有价值的体验为主旨,力图通过满足消费者的体验需要而达到吸引和保留顾客、获取利润的目的。在体验营销模式中,企业的角色就是搭建舞台、编写剧本。顾客的角色是演员。而联系企业和顾客的利益纽带则为体验。开展体验营销,要求企业深入体察顾客的心理,准确掌握顾客需要何种类型的体验。体验营销中的"体验"是要消费者经过自我思考与尝试去获得的解决方案。这种方案是独特的,是一种生活方式与消费者个人喜好的结合。商家要做的就是对产品的文化、功能、搭配方案的介绍及制作展示等,帮助他们找到最适合自己的方案。比如宜家把家具卖场打造成消费者寻找灵感和设计思路的地方,消费者可以根据每种产品价格、材料大小、颜色、产地等,思考出搭配方式。宜家的出现,为喜欢变革的中产阶级们提供了一个温暖的支撑。在自己的私人空间里,宜家的家具是为生活中的不断变动而设计的——一个新公寓,一段新恋情,一个新家……即使仅仅随意地逛逛宜家的商场都会让许多人振奋起来。宜家的许多空间都被隔成小块,每一处都展现一个家庭的不同角落,而且都拥有自己的照明系统,向人们充分展示那可能的未来温馨的家。几年的运作,宜家成了一个文化符号,让长久以来渴望自由消费主义的中国新兴中产阶级趋之若鹜。当消费者将自己的人生主张、价值观、生活态度借由某种商品传达时,就表明他对该品牌的感官享受超过了临界点,开始形成对这一品牌的价值主张,这是品牌体验的最高境界。

二、体验营销的类型

由于体验的复杂化和多样化,所以伯恩德·H. 施密特在《体验式营销》一书中将不同的体验形式称为战略体验模块,并将其分为五种类型。

(一)知觉体验

知觉体验即感官体验,将视觉、听觉、触觉、味觉与嗅觉等知觉器官应用在体验营销上。感官体验可区分为公司与产品(识别)、引发消费者购买动机和增加产品的附加价值等。

(二)思维体验

思维体验即以创意的方式引起消费者的惊奇、兴趣,对问题进行集中或分散的思考,为消费者创造认知和解决问题的体验。

(三)行为体验

行为体验指通过增加消费者的身体体验,指出他们做事的替代方法、替代的生活形态与互动,丰富消费者的生活,从而使消费者被激发或自发地改变生活形态。

(四)情感体验

情感体验即体现消费者内在的感情与情绪,使消费者在消费中感受到各种情感,如亲情、友情和爱情等。

(五)相关体验

相关体验即以通过实践自我改进的个人渴望,使别人对自己产生好感。它使消费者和一个较广泛的社会系统产生关联,从而建立对某种品牌的偏好。

三、体验营销的主要策略

(一)感官式营销

感官式营销是通过视觉、听觉、触觉与嗅觉建立感官上的体验。它的主要目的是创造知觉体验的体验。感官式营销可以区分公司和产品的识别,引发消费者购买动机和增加产品的附加值等。理查特(Richart)公司制作的巧克力被英国版《时尚》(Vogue)杂志称为"世界上最漂亮的巧克力"。理查特首先定位自己是一家设计公司,接着才是巧克力公司。其商标是以艺术装饰字体完成的,特别将"A"作成斜体,用来区隔"富有"(rich)与"艺术"(art)这两个字。理查特巧克力是在一个类似精致的珠宝商展示厅销售,巧克力装在一个玻璃盒子中,陈列于一个广阔、明亮的销售店。产品打光拍摄,在其产品的宣传资料中就像是件精致的艺术品或是珠宝。促销品用的是光滑、厚实的纸张,它的包装也是非常优雅。巧克力盒子是有光泽的白色,附着金色与银色的浮雕字。红色丝带封着包装盒。盒子衬里是分割成格,所以每个巧克力艺术品是摆设于自己的间隔中。对视觉感而言,巧克力本身就是个盛宴。他们有漂亮的形状,并且以不同的花样与彩饰装饰(其中的个别特殊产品系列展示着一组迷人的儿童绘画)。可以根据顾客的要求制造特别的巧克力徽章。这些巧克力是如此的贵重,因此理查特甚至还销售附有温度与湿度表的薄板巧克力储藏柜,这个柜子如同雪茄保湿器,售价650美元。

(二)情感式营销

情感式营销是在营销过程中要触动消费者的内心情感,创造情感体验,其范围可以是一个温和、柔情的正面心情,如欢乐、自豪,甚至是强烈的激动情绪。情感式营销需要真正了解什么刺激可以引起某种情绪,以及能使消费者自然地受到感染,并融入这种情景中来。在"水晶之恋"果冻广告中,我们可以看到一位清纯、可爱、脸上写满幸福的女孩,依靠在男朋友的肩膀上,品尝着他送给她的"水晶之恋"果冻,就连旁观者也会感觉到这种"甜蜜爱情"的体验。

(三)思考式营销

思考式营销是启发人们的智力,创造性地让消费者获得认识和解决问题的体验。它运用惊奇、计谋和诱惑,引发消费者产生统一或各异的想法。在高科技产品宣传中,思考式营销被广泛使用。1998年苹果电脑的iMac计算机上市仅六个星期,就销售了27.8万台,被《商业周刊》评为1998年最佳产品。iMac的成功很大程度上得益于一个思考式营销方案。该方案将"与众不同的思考"的标语,结合许多不同领域的"创意天才",包括爱因斯坦、甘地和拳王阿里等人的黑白照片。在各种大型广告路牌、墙体广告和公交车身上,随处可见该方案的平面广告。当这个广告刺激消费者去思考苹果电脑的与众不同时,也同时促使他们思考自己的与众不同,以及通过使用苹果电脑而使他们成为创意天才的感觉。

(四)行动式营销

行动式营销是通过偶像角色如影视歌星或著名运动明星来激发消费者,使其生活形态予以改变,从而实现产品的销售。在这一方面耐克可谓经典。该公司的成功主要原因之一是有出色"JUST DO IT"广告,经常地描述运动中的著名篮球运动员迈克尔·乔丹,从而升华身体运动的体验。

(五)关联式营销

关联式营销包含感官、情感、思考和行动或营销的综合。关联式营销战略特别适用于化妆品、日常用品、私人交通工具等领域。美国市场上的"哈雷牌"摩托车,车主们经常把它的标志文在自己的胳膊上,乃至全身。他们每个周末去全国参加各种竞赛,可见哈雷品牌的影响力不凡。

四、体验营销的实施模式与实施步骤

(一)体验营销的实施模式

体验营销的目的在于促进产品销售,通过研究消费者状况,利用传统文化、现代科技、艺术和大自然等手段来增加产品的体验内涵,在给消费者心灵带来强烈的震撼时促成销售。

体验营销主要有以下8种实施模式。

1. 节日模式。每个民族都有自己的传统节日,传统的节日观念对人们的消费行为起着无形的影响。这些节日在丰富人们精神生活的同时,也深刻影响着消费行为的变化。随着我国的节假日不断增多,出现了新的消费现象——"假日消费",企业如能把握好商机,便可大大增加产品的销售量。

2. 感情模式。感情模式通过寻找消费活动中导致消费者情感变化的因素,掌握消费态度形成规律以及有效的营销心理方法,以激发消费者积极的情感,促进营销活动顺利进行。

3. 文化模式。利用一种传统文化或一种现代文化,使企业的商品及服务与消费者的消费心理形成一种社会文化气氛,从而有效地影响消费者的消费观念,进而促使消费者自觉地接近与文化相关的商品或服务,促进消费行为的发生,甚至形成一种消费习惯和传统。

4. 美化模式。由于每个消费者的生活环境与背景不同,对于美的要求也不同,这种不同的要求也反映在消费行为中。人们在消费行为中求美的动机主要有两种表现:一是商品能为消费者创造出美和美感;二是商品本身存在客观的美的价值。这类商品能给消费者带来美的享受和愉悦,使消费者体验到了美感,满足了对美的需要。

5. 服务模式。对企业来说,优越的服务模式可以征服广大消费者的心,取得他们的信任,同样也可以使产品的销售量大增。

6. 环境模式。消费者在感觉良好的听、看、嗅过程中,容易产生喜欢的特殊感觉。因此,良好的购物环境,不但迎合了现代人文化消费的需求,也提高了商品与服务的外在质量和主观质量,还使商品与服务的形象更加完美。

7. 个性模式。为了满足消费者个性化需求,企业开辟出一条富有创意的双向沟通的销售渠道。在掌握消费者忠诚度之余,满足了消费大众参与的成就感,同时也增进了产品的销售。

8. 多元化模式。现代销售场所不仅装饰豪华,环境舒适典雅,设有现代化设备,而且集购物、娱乐、休闲为一体,使消费者在购物过程中也可娱乐、休息。同时也使消费者自然而然地进行了心理调节,从而还能创造更多的销售机会。

(二)体验营销实施步骤

1. 识别目标客户。识别目标客户就是要针对目标顾客提供购前体验,明确顾客范围,降低成本。同时还要对目标顾客进行细分,对不同类型的顾客提供不同方式、不同水平的体验。在运作方法上要注意信息由内向外传递的拓展性。

2. 认识目标顾客。认识目标顾客就要深入了解目标顾客的特点、需求,知道他们担心什么、顾虑什么。企业必须通过市场调查来获取有关信息,并对信息进行筛选、分析,真正了解顾客的需求与顾虑,以便有针对性地提供相应的体验手段,来满足他们的需求,打消他们的顾虑。

3. 确定顾客的体验需求。要清楚顾客的利益点和顾虑点在什么地方,根据其利益点和顾虑点决定在体验式销售过程中重点展示哪些部分。

4. 确定体验的具体参数。要确定产品的卖点在哪里,顾客从中体验并进行评价。譬如理发,可以把后面的头发修得是否整齐、发型与脸型是否相符等作为体验的参数,这样在顾客体验后,就容易从这几个方面对产品(或服务)的好坏形成一个判断。

5. 让目标顾客实施体验。在这个阶段,企业应该预先准备好让顾客体验的产品或设计好让顾客体验的服务,并确定好便于达到目标对象的渠道,以便目标对象进行体验活动。

6. 评价与控制。企业在实行体验式营销后,还要对前期的运作进行评估。评估总结要从以下几方面入手:效果如何;顾客是否满意;是否让顾客的风险得到了提前释放;风险释放后是否转移到了企业自身,转移了多少;企业能否承受。通过这些方面的审查和判断,企业可以了解前期的执行情况,并可重新修正运作的方式与流程,以便进入下一轮的运作。

第三节 绿色营销

一、绿色营销的内涵

关于绿色营销,广义的解释是指企业营销活动中体现的社会价值观、伦理道德观充分考虑了社会效益,既自觉维护自然生态平衡,更自觉抵制各种有害营销。因此,广义的绿色营销主要指企业在营销活动中谋求消费者利益、企业利益与环境利益的协调,既充分满足消费者的需求,实现企业利润目标,也要充分注意自然生态平衡。实施绿色营销的企业,对产品的创意、设计和生产以及定价与促销的策划和实施,都要以保护生态环境为前提,力求减少和避免环境污染,保护和节约自然环境,维护人类社会的长远利益,实现经济与市场可持续发展。因此,狭义的绿色营销也称生态营销或环境营销。

当然,关于绿色营销的见解不一而足。有些学者在互联网上和全美营销杂志光盘上已查找到关于绿色营销的论文1 480多篇,作者各抒己见,内容极为丰富。

二、绿色营销的特点

绿色营销与传统营销相比,具有以下特征:

1. 绿色产品是开展绿色营销的前提。消费需求由低层次向高层次发展,是不可逆转的客观规律,绿色营销是较高层次的消费观念。人们的温饱等生理需要基本满足后,便会产生提高生活综合质量的要求,产生对清洁环境与绿色产品的需要。

2. 绿色营销观念是绿色营销的指导思想。绿色营销以满足需求为中心，为消费者提供有效防止资源浪费、环境污染及损害健康的产品。绿色营销所追求的是人类的长远利益与可持续发展，重视协调企业经营与自然环境的关系，力求实现人类行为与自然环境的融合发展。

3. 绿色体制是绿色营销的法制保障。绿色营销是着眼于社会局面的新观念，所要实现的是人类社会的协调可持续发展。在竞争的市场上，必须有完善的政治与经济管理体制，制定并实施环境保护与绿色营销的方针、政策，制约各方面的短期行为，维护全社会的长远利益。

4. 绿色科技是绿色营销的物质保证。技术进步是产业变革和进化的决定因素，新兴产业的形成必然要求技术进步，但技术进步若背离绿色观念，其结果有可能是加快环境污染的进程。只有以绿色科技促进绿色产品的发展，促进节约能源和资源可再生、无公害的绿色产品的开发，才是绿色营销的物质保证。

三、绿色营销的实施

在绿色营销和绿色意识的指引下，实施绿色营销的企业必须制定绿色营销的战略和绿色营销组合。

(一)制定绿色营销战略

在全球绿色浪潮兴起的时代，企业基于环境和社会利益的考虑，制定体现绿色营销的战略计划，有利于长期发展。绿色营销战略应明确企业研制绿色产品的计划及必要的资源投入，具体说明环保的努力方向及措施。绿色营销战略应以满足绿色需求为出发点和归宿，既要满足现有与潜在绿色需求，还要促进绿色消费意识和绿色需求的发展。绿色营销带来更高的边际效益，实现合理的"绿色盈利"，从长远看是绿色营销战略实施的必然结果。

(二)制定绿色营销组合

绿色产品不仅对社会或环境改善有所贡献，而且能有效地树立良好的企业形象，适应"环境回归"热潮，为企业带来长期效益。绿色产品生命周期分析主要考虑在产品生命周期各阶段产品与包装对环境所造成的破坏和影响，力求减少资源消耗和对环境的污染。正确有效的绿色渠道是绿色营销的关键环节。不仅要慎选信誉好的绿色中间商，而且要选择和改善能避免污染、减少消耗和降低费用的储运条件。绿色价格应反映生态环境成本，包括产品所吸收的环保及环境改善支出的费用，确立环境与生态有价的基本观念，贯彻"污染者付款"原则，促进生态化、低污低耗的绿色技术的开发与应用。绿色促销是绿色媒体传播绿色企业及产品信息的行为。要利用传媒和社会活动，为企业的绿色表现做宣传；通过赞助捐赠等对有关环保的组织及活动给予经济上的支持。广告要突出绿色产品的特点，突出环保靠全社会的力量，靠每个人的贡献。广告投入和广告频率要适度，防止因广告而造成资源浪费和声、光等感官污染。

第四节　整合营销

一、整合营销的概念和特点

(一)整合营销的概念

整合营销理论产生和流行于 20 世纪 90 年代，是由美国西北大学市场营销学教授唐·舒尔茨(Don Schultz)提出的。整合营销就是"根据企业的目标设计战略，并支配企业各种资源以达到战略目标"。整合营销概念最初是以整合营销传播(Integrated Marketing Communication,简称 IMC)形式出现的。1991 年,美国市场营销学教授唐·舒尔茨提出了"整合营销"传播的新概念,认为整合营销传播是一个"管理与提供给顾客或者潜在顾客的产品或服务有关的所有来源的信息的流程,以驱动顾客购买企业的产品或服务并保持顾客对企业产品、服务的忠诚度"。舒尔茨认为,传统的以 4P(产品、价格、渠道、促销)为核心的营销框架,重视的是产品导向而非真正的消费者导向,制造商的经营哲学是"消费者请注意"。面对 20 世纪 90 年代市场环境的新变化,企业应在营销观念上逐渐淡化 4P、突出 4C。制造商的经营哲学更加"注意消费者"。

舒尔茨认为,整合营销传播的核心思想是:以整合企业内外部所有资源为手段,再造企业的生产行为与市场行为,充分调动一切积极因素以实现企业统一的传播目标。IMC 强调与顾客进行多方面的接触,并通过接触点向消费者传播一致的、清晰的企业形象。随后,整合营销传播开始扩展为整合营销。菲利普·科特勒在《营销管理》一书中认为,企业所有部门为服务于顾客利益而共同工作时,其结果就是整合营销。整合营销发生在两个层次:一是不同的营销功能——销售力量、广告、产品管理、市场研究等必须共同工作;二是营销部门必须和企业的其他部门相协调。营销组合概念强调市场营销中各种要素组合起来的重要性,营销整合与之一脉相承,但更为强调各种要素之间的关联性,要求它们成为统一的有机体。在此基础上,整合营销更要求各种营销要素的作用力统一方向,以形成合力,共同为企业的营销目标服务。

(二)整合营销的特点

整合营销就是让每个营销渠道互相关联促进、相辅相成,达到"1+1>2"的效果。在实施整合营销过程中具有许多特点:

1. 在整合营销传播中,消费者处于核心地位。
2. 对消费者深刻全面地了解,是以建立资料库为基础的。
3. 整合营销传播的核心工作是培养真正的"消费者价值观",与那些最有价值的消费者保持长期的紧密联系。
4. 以本质上一致的信息为支撑点进行传播。企业不管利用什么媒体,其产品或服务的信息一定得清楚一致。
5. 以各种传播媒介的整合运用作手段进行传播。
6. 紧跟移动互联网发展的趋势,尤其是互联网向移动互联网延伸、手机终端智能化以后,新技术对原有 PC 互联带来了前所未有的颠覆和冲击,在这个过程当中应当紧盯市场需求,整合现有的资源,包括横向和纵向的资源,成为一个移动营销价值的整合者和传播者。

二、整合营销实施过程

在整合营销的实施过程中,涉及资源、人员、组织与管理多方面的内容,在每个环节中,多有不同的要求。具体包括以下方面。

(一)资源的最佳配置和再生

整合营销要求企业的各要素资源相互关联,形成统一的有机体,实现资源的最佳配置,保证资源使用效率最大化。

(二)人员的选择与激励

在实施整合营销过程中,人是最活跃、最能动的要素,要组成有较高的合作能力和综合素质的非正式团体,保证圆满完成目标任务。企业还要通过激励措施不断增强人员信心,调动人员积极性,促使其创造性地发挥。

(三)建立学习型组织

整合营销具有动态性,参加整合营销的组成人员必须强化团体学习,进行开放性思维,形成集体智慧,做好营销工作。

(四)建立监督管理机制

高层管理力求使各种监管目标内在化,通过共同愿景培养各成员、各团队自觉服务精神;通过团队中人员、职能设置强化团队自我管理能力。在最高层的终端控制下,自觉为实现企业目标努力协调工作。

小链接

唐·舒尔茨与整合营销传播

唐·舒尔茨(Don E. Schultz),现任美国西北大学梅迪尔新闻学院整合营销传播退职荣誉教授。在1997年加入西北大学之前,他是位于达拉斯的TRACY-LOCKE广告及公共关系公司的资深副总裁。唐·舒尔茨是整合营销传播(integrated marketing communication,简称IMC)领域的创始人,整合营销传播理论与技术研究的先驱,被誉为"IMC之父";全球第一本整合营销传播专著的第一作者,该书于1997年在中国出版发行,是该领域最具权威性的经典著作。书中提出的战略性整合营销传播理论,成为20世纪末最主要的营销理论之一。整合营销传播理论产生和流行于20世纪90年代,与传统营销模式相比,它是从"以传者为中心"到"以受众为中心"的传播模式的战略转移。整合营销倡导更加明确的消费者导向理念。

第五节 关系营销

一、关系营销及其本质特征

关系营销是以系统论为基本思想,将企业置于社会经济大环境中来考察企业的市场营销活动,认为营销乃是一个与消费者、竞争者、供应者、分销商、政府机构和社会组织发生互动的作用的过程。

关系营销将建立与发展同所有利益相关者之间的关系作为企业营销的关键变量,把正确处理这些关系作为企业营销的核心。

关系营销的本质特征:

1. 信息沟通的双向性。社会学认为关系是信息与情感的交流的有效渠道,良好的关系即是渠道畅通,恶化的关系即是渠道阻滞,中断的关系则是渠道堵塞。交流应该是双向的,既可以由企业开始,也可以由营销对象开始。广泛的信息交流和信息共享可以使企业赢得支持与合作。

2. 战略过程的协同性。在竞争性的市场上,明智的营销管理者应强调与利益相关者建立长期的、彼此信任的、互利的关系。这可以是关系一方自愿或主动地调整自己的行为,即按照对方要求的行为;也可以是关系双方都调整自己的行为,以实现相互适应。各具优势的关系双方互相取长补短、联合行动、协同动作去实现对各方都有益的共同目标,可以说是协调关系的最高形态。

3. 营销活动的互利性。关系营销的基础在于交易双方之间有利益上的互补。如果没有各自利益的实现和满足,双方就不会建立良好的关系。关系建立在互利的基础上,要求相互了解双方的利益要求,寻求双方利益的共同点,并努力使双方的共同利益得到实现。真正的关系营销是达到关系双方互利互惠的境界。

4. 信息反馈的及时性。关系营销要求建立专门的部门,用以追踪各利益相关者的态度。关系营销应具备一个反馈的循环,用以连接关系双方,企业可由此了解到环境的动态变化,根据合作双方提供的信息,以改进产品和技术。信息的及时反馈可使关系营销具有动态的应变性,有利于挖掘新的市场机会。

二、关系营销的目标

关系营销更为注意的是维系现有顾客。丧失老顾客无异于失去市场、失去利润的来源。一般来说,争取新顾客的成本大大高于保持老顾客的成本。有的企业推行"零顾客叛离"(zero defection)计划,目标是让顾客没有离去的机会。这就要求及时掌握顾客的信息,随时与顾客保持联系,并追踪顾客动态。由于对企业行为绩效的感知和理解不同,表示满意的顾客,其满意的原因可能不同,只有找出顾客满意的真实原因,才能有针对性地采取措施来维系顾客。满意的顾客会对产品、品牌乃至公司保持忠诚,忠诚的顾客会重复购买某一产品或服务,不为其他品牌所动摇,不仅会重复购买已买过的产品,而且会购买企业的其他产品;同时,顾客的口头宣传有利于树立企业的良好形象。此外,满意的顾客还会高度参与和接入企业的营销活动过程,为企业提供广泛的信息、意见和建议。

三、建立持久的顾客关系

精明的企业不仅会创造顾客,还想要拥有"顾客"的一生。因此,它必须建立持久的顾客关系。

企业可以在多个层次上建立顾客关系。一般来说,企业对那些数量庞大、边际利润低的顾客,一般是谋求建立层次较低的基本关系。如洗涤剂生产厂商通常不会逐个打电话给洗衣粉家庭用户,分别了解、征询意见,而会通过广告、促销、服务电话或电子网站来建立关系。但对那些数量很少且边际利润很高的顾客,如大用户、大型零售商,企业则希望与他们建立全面伙伴关系。在这两个极端之间,企业可根据不同情况建立其他层次的顾客关系。

1. 财务层次。指通过价格优惠等财务措施来建立顾客价值和满意度。如宾馆为常客提供免费或降价服务、商场提供惠顾折扣券、民航公司对常客实施优惠方案等。

2. 社交层次。即通过社会交往来提高企业与顾客的社会化联系,与常客保持特殊关系。如企业主动与顾客保持联系,不断了解顾客需要和提供服务;向常客赠送礼品和贺卡,表示友谊和感谢;组织常客社交聚会,增强信心感等。

3. 结构层次。指使用高科技成果精心设计服务体系,使顾客得到更多消费利益,用以增强顾客关系。如批发公司通过计算及数据交换系统帮助零售商客户做好存货管理、订货、信贷等一系列工作;宾馆用其信息系统储存旅客客史档案,为其再次光临提供个性化定制服务等。

四、关系营销的具体实施

(一)组织设计

关系营销的管理必须要设置相应的机构。企业关系管理对内要协调处理部门之间、员工之间的关系,对外要向公众发布消息、征求意见、搜集信息、处理纠纷等。管理机构代表企业有计划、有准备、分步骤地展开各种关系营销活动,把企业领导者从烦琐事务中脱离出来,使各职能部门和机构各司其职、协调合作。

关系管理机构是企业营销部门与其他职能部门之间、企业与外部环境之间联系沟通和协调行动的专门机构,其作用是:手机信息资料,充当企业的耳目;综合评价各职能部门的决策活动,充当企业的决策参谋;协调内部关系,增强企业的凝聚力;向公众输送信息,沟通企业与公众之间的理解和信任。

(二)资源配置

1. 人力资源调配。一方面实行部门间人员轮换,以多种方式促进企业内部关系的建立;另一方面,从内部提升经理,可以加强企业观念并使其具有长远眼光。

2. 信息资源共享。在采用新技术和新知识的过程中,以多种方式分享信息资源。例如,用电脑网络协调企业内部各部门及企业外部拥有多种知识与技能的人才的关系;制定政策或提供帮助以削弱信息超载,提高电子邮件和语言信箱系统的工作效率;建立"知识库"或"回复网络",并入更庞大的信息系统;组成临时"虚拟小组",以便完成自己或客户的交流项目。

3. 文化整合

关系各方环境的差异会造成建立关系的困难,使工作关系难以沟通和维持。跨文化之间的人们要相互了解和沟通,必须克服不同文化规范带来的交流障碍。文化的整合是关系双方能否真正协调运作的关键。合作伙伴的文化敏感性非常敏锐和灵活,它能使合作双方共同有效地工作,并相互学习彼此的文化差异。

文化整合是企业市场营销中处理各种文化差异的高级形式。不同企业有不同的企业文化。推行差别化战略的企业文化可能是鼓励创新发挥个性及承担风险;而成本领先的企业文化,则可能是节俭、纪律及注重细节。如果关系双方的文化相适应,将能强有力地巩固企业与各子市场系统的关系并建立竞争优势。

思考题

1. 什么是新媒体营销?新媒体营销的常见方法有哪些?
2. 什么是体验营销?体验营销的常见策略有哪些?
3. 简述绿色营销概念和特点。
4. 简述整合营销的概念和特点。
5. 什么是关系营销?如何实施关系营销?

案例讨论

东风雪铁龙的"客户体验年"

车市增速放缓,消费市场也已经由卖方向买方转移。为抢占市场份额,同时让广大消费者在节后也能享受到幅度较大的购车优惠,自2016年2月14日到2月29日,东风雪铁龙全面开展了"赢利是,享利事"新春体验营销活动。开工利是在收获口碑的同时,也让东风雪铁龙在"客户体验年"刚一开年就斩获了"三利是"。

品牌利是——"年轻活力"的品牌形象卓然而立

随着消费族群年轻化趋势的到来,为全面提升品牌形象、打赢未来,东风雪铁龙同母品牌雪铁龙及时进行了全球品牌刷新,构筑起全新的视觉形象系统。以上海车展为起点,凭借全球统一的视觉元素,不但使其成为史上最具识别度的车展之一,更具深远意义的是在业界"摇身一变"出更年轻、更时尚、更具活力的全新品牌形象。

全新品牌形象的建立,使得"舒适、时尚、科技"的品牌优势更加凸显,未来的发展方向更加明晰。对于东风雪铁龙而言,让品牌的价值观尽快渗透进年轻人的生活中,是品牌多元化、年轻化发展的终极目标,更是早日跻身中国主流汽车品牌的必由之路。

产品利是——"动力科技典范"的铭牌熠熠生辉

在动力为王的时代,消费者潜意识中始终笃信动力性是衡量一辆车好与坏最直接、最关键的指标。雪铁龙品牌创始人安德烈·雪铁龙先生作为法国赛车文化的缔造者,始终致力推动赛车文化的普及和推广。为此,他不断在产品技术方面进行创新。也因此,雪铁龙不但在万众瞩目的赛道上凭借超强动力一骑绝尘,更重要的是让后人真正感受到了雪铁龙全钢车身和超卓底盘技术所带来的安全、舒适的驾乘体验。

随着小排量、低排放、轻量化时代的到来,越来越多的车企开始在中小排量车型上搭载T动力。为迎合这种变化并在未来竞争中占据有利地位,底蕴深厚的东风雪铁龙借势再度踏上动力总成升级的征程。历时三年艰辛努力,东风雪铁龙动力总成全部升级完成,"T+STT"核芯动力(1.2THP、1.6THP、1.8THP+STT智能启停系统)已经全部搭载于旗下各款主力车型,为广大消费者带来了前所未有的更高效、更经济、更环保的动力体验。

动力总成的升级完成一举奠定了东风雪铁龙"动力科技典范"的市场地位,为之佐证的是在国务院出台的购置税减半政策实施后,在东风雪铁龙全系车型中,政策惠及了80%左右的车型:搭载1.6THP发动机的T时代新C5、新C4L、C3-XR、雪铁龙全新C4PICASSO;搭载1.2THP发动机的新C4L;搭载1.6L CVVT发动机的全新爱丽舍、世嘉、C3-XR以及C4世嘉全系均属受益车型。

在开工利是新春惠民活动中,享受购置税减半政策的车型普遍受到消费者的关注。这说明消费者节能环保意识普遍增强,同时消费观念更趋理性与实际。

服务利是——"家一样的关怀"服务理念倍受认同

在新春期间购车的客户普遍都有这样的认同:在任何一家4S店,都能感受到来自法国雪铁龙世界一流品质的售后服务,感受到非常接地气的全程诚挚、及时、全面而温馨的关怀。

事实的确如此。作为全国第一家成立4S店的汽车厂商,东风雪铁龙不断深化和提升"家一样的关怀"服务理念,严格按照全球同步的服务流程和服务标准开展"一对一"尊享服务工程。此外,东风雪铁龙还建立了专业培训中心等服务人员技术培训体系,从而打造出了一个优秀的、高素质的、专业的服务团队。

目前,东风雪铁龙"一对一"尊享服务工程已经得到全国超过260万用户的高度认可。在2015年J.D.Power售后服务满意度(CSI)、售时满意度(SSI)评选中,东风雪铁龙分别获得了主流汽车品牌第一、第二的优异成绩,成为唯一一个连续三年售时和售后两项满意度排名均进入"前三甲"的主流汽车品牌。

启动红包利"市"是东风雪铁龙秉持"人性科技 创享生活"品牌主张在新春期间送给全国消费者的浓浓关爱。正所谓"赠人玫瑰,手有余香",广大消费者回馈东风雪铁龙的就是对于品牌的充分信任以及良好的口碑传播。

2016年是东风雪铁龙既定的"客户体验年",东风雪铁龙将特别注重强化新品牌形象、新产品、新技术的体验,并从产品体验、传播体验、活动体验、终端体验全维度展开。对东风雪铁龙而言,只有通过不同形式、不同模块的体验,才能让广大消费者真正对"舒适、时尚、科技"品牌优势产生认知。

资料来源:http://www.xuexila.com【成功案例】小兰。

讨论题: 在新的市场营销环境下,东风雪铁龙在强化新的品牌形象上运用了哪些新的营销理念?

课后实践

1. 目的

认识市场营销的新概念内涵及其重大意义。

2. 内容和任务

选取本地实施了新概念营销的典型企业进行调查,深入了解该企业是如何实施新概念营销的,认识实施新概念营销对企业的品牌塑造产生了哪些重要影响。

3. 步骤

(1)教师布置实训目的及任务,并提出相应要求。

(2)将班级成员分成若干组,每组5～8人,分组时注意小组成员在知识、性格、技能方面的互补性,并进行合理分工,选出小组长,以协调小组工作。

(3)各小组由组长负责,确定调研企业,拟订调研提纲。

(4)实施调研。

(5)整理调研资料,撰写小组调研报告。

(6)教师组织各小组调研报告的交流与讨论。由各组组长组成评审团,对各组代表发言情况进行评分。将各组最后得分计入每人的平时成绩。

(7)教师最后进行总结。

参考文献

1. 符国群.消费者行为学[M].第2版.北京:高等教育出版社,2010.
2. 吴健安.市场营销学[M].第4版.北京:高等教育出版社,2011.
3. 吴健安,钟育赣.市场营销学[M].应用型本科版.北京:清华大学出版社,2015.
4. 王小兵,王晓东.市场营销理论与实务[M].北京:清华大学出版社,2016.
5. 杜一凡,胡一波.新媒体营销[M].北京:人民邮电出版社,2017.
6. 纪宝成.市场营销学教程[M].第3版.北京:中国人民大学出版社,2002.
7. 甘碧群.市场营销学[M].武汉:武汉大学出版社,2002.
8. 甘碧群.国际市场营销学[M].北京:高等教育出版社,2001.
9. 梅清豪.21世纪新营销[M].上海:世界图书出版公司,2000.
10. 李强.市场营销学教程[M].大连:东北财经大学出版社,2005.
11. 方光罗.市场营销学[M].第2版.大连:东北财经大学出版社,2004.
12. 陈信康.市场营销学案例集[M].上海:上海财经大学出版社,2003.
13. 郭国庆.市场营销学通论[M].第3版.北京:中国人民大学出版社,2007.
14. 吕一林,岳俊芳.市场营销学[M].北京:中国人民大学出版社,2005.
15. 郭国庆.市场营销学[M].第4版.北京:中国人民大学出版社,2009.
16. 汤定娜,万后芬.中国企业营销案例[M].北京:高等教育出版社,2002.
17. 何永祺,张传忠,蔡新春.市场营销学[M].第4版.大连:东北财经大学出版社,2011.
18. 纪宝成.市场营销教程[M].第2版.北京:中国人民大学出版社,2008.
19. 万后芬,汤定娜,杨智.市场营销教程[M].北京:高等教育出版社,2007.
20. 吕一林.市场营销学[M].北京:科学出版社,2005.
21. 吴世经,曾国安,陈乙.市场营销学[M].成都:西南财经大学出版社,2005.
22. 梁东,刘建堤.市场营销学[M].北京:清华大学出版社,2006.
23. 王方华.市场营销学[M].上海:上海人民出版社,2007.
24. 张梦霞.市场营销学[M].北京:北京邮电大学出版社,2007.
25. 刘传江.市场营销学[M].北京:中国人民大学出版社,2008.
26. 苗月新.市场营销学[M].北京:清华大学出版社,2008.
27. 罗农.市场营销学[M].北京:清华大学出版社,2008.
28. 胡正明.市场营销学[M].济南:山东人民出版社,2008.
29. 徐文蔚.市场营销学[M].苏州:苏州大学出版社,2009.
30. 刘建钢.市场营销学[M].大连:大连理工大学出版社,2010.
31. 吴涛.市场营销学[M].北京:清华大学出版社,2011.
32. 黄金火.市场营销学[M].上海:上海财经大学出版社,2009.
33. 黄金火,吴怀涛.市场营销学[M].武汉:华中科技大学出版社,2011.

34. 张贯一. 市场营销学[M]. 武汉:华中师范大学出版社,2007.
35. [美]菲利普·科特勒等著. 营销管理(13版)[M]. 卢泰宏,高辉译. 北京:中国人民大学出版社,2009.
36. [美]菲利普·科特勒著. 营销管理(12版)[M]. 梅清豪译. 上海:上海人民出版社,2006.
37. [美]菲利普·科特勒著. 市场营销[M]. 北京:中信出版社,2005.
38. [韩]W. 钱·金,[美]勒妮·莫博涅著. 蓝海战略[M]. 吉宓译. 北京:商务印书馆,2006.
39. [美]路易斯·E. 布恩,[美]大卫·L. 库尔著. 当代市场营销学[M]. 赵银德等译. 北京:机械工业出版社,2005.
40. [美]小威廉·D. 佩勒尔特,[美]E. 杰罗姆·麦卡锡著. 市场营销学基础:全球管理视角[M]. 英文版. 北京:机械工业出版社,2005.
41. [美]小查尔斯·兰姆,[美]小约瑟夫·海尔,[美]卡尔·麦克丹尼著. 市场营销学[M]. 时启亮等译. 上海:上海人民出版社,2005.
42. [美]伯恩德·H. 施密特著. 体验式营销[M]. 张愉等译. 北京:中国三峡出版社,2001.